Gernot Graeßner und Frank Strikker (Hg.)

Coaching und Change im Blickpunkt   BAND II
Arbeitswelt, digitale Prozesse, didaktische Gestaltung –
empirische Untersuchungen

AF001961

Gernot Graeßner und Frank Strikker (Hg.)

COACHING UND CHANGE IM BLICKPUNKT

BAND II

Arbeitswelt, digitale Prozesse, didaktische Gestaltung –
empirische Untersuchungen

Bibliografische Information der Deutschen Nationalbibliothek
Die Deutsche Nationalbibliothek verzeichnet diese Publikation in der Deutschen Nationalbibliografie; detaillierte bibliografische Daten sind im Internet über http://dnb.d-nb.de abrufbar.

Bibliographic information published by the Deutsche Nationalbibliothek
Die Deutsche Nationalbibliothek lists this publication in the Deutsche Nationalbibliografie; detailed bibliographic data are available in the Internet at http://dnb.d-nb.de.

ISBN-13: 978-3-8382-1613-3
© *ibidem*-Verlag, Stuttgart 2021
Alle Rechte vorbehalten

Das Werk einschließlich aller seiner Teile ist urheberrechtlich geschützt. Jede Verwertung außerhalb der engen Grenzen des Urheberrechtsgesetzes ist ohne Zustimmung des Verlages unzulässig und strafbar. Dies gilt insbesondere für Vervielfältigungen, Übersetzungen, Mikroverfilmungen und elektronische Speicherformen sowie die Einspeicherung und Verarbeitung in elektronischen Systemen.

All rights reserved. No part of this publication may be reproduced, stored in or introduced into a retrieval system, or transmitted, in any form, or by any means (electronical, mechanical, photocopying, recording or otherwise) without the prior written permission of the publisher. Any person who does any unauthorized act in relation to this publication may be liable to criminal prosecution and civil claims for damages.

Printed in the EU

Inhaltsverzeichnis

Vorwort 7

Arbeitswelt und Coaching im Wandel

Noemi Rodríguez López
Handlungsempfehlungen zur betrieblichen Integration
ausländischer Fachkräfte in kleinen und mittelständischen
Unternehmen der Region Südostniedersachsen 15

Stefanie Liensdorf
Zielgruppenorientiertes Business-Coaching für Fach- und
Führungskräfte der Generation Y 49

Christian Piehler
Coaching in Forschungszentren: eine empirische Studie in der
Helmholtz-Gemeinschaft 105

Digitale Prozesse und Innovationen

Sybille Arnegger
Digital Academy – Lerne, die digitale Zukunft zu gestalten:
Eine Untersuchung zum Transfer in den Arbeitsalltag 143

Jochen Wannicke
Business-Coaching in der zukünftigen Arbeitswelt - Ansätze
zur Verwendung von virtueller Realität 171

Didaktische Gestaltung von Coaching und Moderation

Daniel Schwarz
Steuerung der Interpretation und Umsetzung von
Zentralanweisungen bei Bosch Rexroth. Eine Kombination
aus Erzeugungs- und Ermöglichungsdidaktik 205

Ilona Rosebrock
Providing Feedback bottom-up. An implementation guide 235

Christina Friedrich
Kognitive und emotionale Effekte von LiveVisualisierung auf Vortragsrezipienten 259

Sarah Weyl
Appreciative Inquiry als Ansatz zur Veränderung in Unternehmen 285

Herausgeber, Autorinnen und Autoren 311

Vorwort

Coaching und Change befinden sich in einem ständigen Umbruch. Diese Beobachtung spiegeln auch zahlreiche Abschlussarbeiten empirischer Art, die im Rahmen des Masterstudiengangs Business Coaching und Change Management (BCCM) an der EURO-FH, Hamburg entstanden sind. Die hier versammelten Beiträge stellen die empirischen Erträge aus Masterarbeiten der Jahre 2018/19 dar und wurden durch die Autorinnen und Autoren unter speziellen Aspekten zusammengefasst. Dabei ergaben sich drei thematische Schwerpunkte: Arbeitswelt, Digitale Prozesse und Didaktische Gestaltung von Coaching und Moderation. Diese Schwerpunkte repräsentieren zugleich Themenbereiche, die in jüngerer Zeit in Wissenschaft und Praxis intensiv diskutiert werden. Sie stellen somit eine Brücke zwischen Theorie und Anwendung dar. Die ausgewählten Themenfelder entsprechen somit dem Charakter des Studienganges, der Change Aktivitäten auf der Ebene des Organisationalen und des Personalen verknüpft. Der Blick auf Prozesse, ihre Analyse und ihre Veränderungen sind weitere Merkmale des Studiengangs. Die damit verbundenen Auseinandersetzungen und Diskussionen im Verhältnis von Theorie und Anwendung kommen in produktiver Weise in den Beiträgen dieses Bandes zum Ausdruck.

Der Studiengang BCCM hat mittlerweile ca. 300 Absolventinnen und Absolventen hervorgebracht – diese Band repräsentiert also nur einen kleinen Ausschnitt hervorragender theoretische, empirischer und anwendungsorientierter Arbeiten. Es ist nach 2019 bereits der zweite Band (Anm.1), der zeigt, in welcher Breite und Tiefe mit hohem Praxiswert aktuelle Themen von Change und Coaching untersucht werden.

Teil 1

Arbeitswelt und Coaching im Wandel ist der Startpunkt für den Band. Noemi Rodríguez López, Stefanie Liensdorf und Christian Piehler untersuchen spezifische Fragestellungen, die ihre Aktualität aus den Herausforderungen der Beschäftigung, den

Wertvorstellungen der jungen Generation und den Anforderungen an Forschung gewinnen.

In Zeiten des Fachkräftemangels bildet die Einstellung von ausländischen Fachkräften in Unternehmen eine wichtige Maßnahme, diesem Mangel entgegenzuwirken. Wesentlich für den Erfolg ist eine erfolgreiche betriebliche Integration dieser Fachkräfte. In diesem Beitrag werden von **Noemi Rodríguez López** der Fachkräftemangel in Südostniedersachsen sowie die notwendigen Kompetenzen und Fähigkeiten ausländischer Fachkräfte untersucht. Zudem wird betrachtet, ob ausländische Fachkräfte mit ihren Kompetenzen für eine Beschäftigung in kleinen und mittelständischen Unternehmen in Südostniedersachsen kompatibel sind. Abschließend werden Handlungsempfehlungen für eine erfolgreiche Integration formuliert. Titel: *Handlungsempfehlungen zur betrieblichen Integration ausländischer Fachkräfte in kleinen und mittelständischen Unternehmen der Region Südostniedersachsen.*

Seit vielen Jahren kommt der Generation Y große Aufmerksamkeit in der populärwissenschaftlichen Literatur und den Medien, aber auch in der empirischen Forschung zu. Es häufen sich gegensätzliche Meinungen und stereotypische Annahmen, wer und wie die Generation Y denn eigentlich sei, welchen Wertevorstellungen sie folge und wie sie sich im Berufsleben verhalte. Sehen sich Fach- und Führungskräfte der Generation Y mit den gleichen persönlichen Krisen und Wünschen im Arbeitsleben konfrontiert wie andere Generationen oder kristallisieren sich aufgrund ihrer vermuteten Unterschiedlichkeit komplett neue Themen heraus? Und welche speziellen Coaching-Anlässe ergeben sich hieraus für das Coaching von Generation Y-Mitgliedern? Diesen Fragen geht **Stefanie Liensdorf** in ihrer Untersuchung nach. Titel: *Zielgruppenorientiertes Business-Coaching für Fach- und Führungskräfte der Generation Y.*

Coaching hat sich bekanntermaßen zuerst in der Wirtschaft fest etabliert. Mittlerweile strahlen die Erfahrungen mit Coaching in viele andere Bereiche hinein, so auch in Forschungszentren. In einer empirischen Studie untersucht **Christian Piehler** gezielt den Einsatz von Coaching in deutschen Forschungszentren. Bei der Online-Befragung in den 18 Forschungszentren der Helmholtz-Gemeinschaft wird ein Multi-Stakeholder-Ansatz verfolgt: Ehemalige, aktuelle und potenzielle Coachees und Coaches stehen ebenso im Fokus wie die Auftraggeber und Auftraggeberinnen von Coaching. Bereits die ersten deskriptivstatistischen Auswertungen der Daten von 757 Teilnehmenden der nicht-repräsentativen Stichprobe liefern einen umfangreichen Einblick. Titel: *Coaching in Forschungszentren: eine empirische Studie in der Helmholtz-Gemeinschaft.*

Teil 2
Die Beiträge von Sybille Arnegger und Jochen Warnicke befassen sich mit **digitalen Prozessen und Innovationen**, wobei sie zum einen die interne Unternehmensperspektive und zum anderen die technischen Innovationen reflektieren.

Die Digitalisierung ist ein wesentlicher Treiber des aktuellen Umfeldes in dem sich Organisationen bewegen. Dieses Umfeld ist komplex und gleichzeitig durch schnelle und tiefgreifende Veränderungen gekennzeichnet. Es gibt viele Lernangebote am Markt, die Führungskräfte unterstützen sollen, die digitale Transformation im Unternehmen zu treiben. In dem Beitrag von **Sybille Arnegger** wird am Beispiel einer durchgeführten Learning Journey untersucht, woran der Transfer in den Alltag scheitern kann. Die aus der Analyse entwickelten Handlungsempfehlungen bieten einen Weg zu einer nachhaltigen Unterstützung von Veränderung. Titel: *Digital Academy – Lerne, die digitale Zukunft zu gestalten: Eine Untersuchung zum Transfer in den Arbeitsalltag.*

Der Beitrag von **Jochen Wannicke** befasst sich mit der Frage, ob in der zukünftigen Arbeitswelt Business-Coaching in virtuellen Realitäten einsetzbar ist, in welcher Art, mit welchen Systemen und welcher Verkörperung. Die Auswertungen führen zu dem Ergebnis, dass in der Arbeitswelt in fünf bis zehn Jahren Business-Coaching in virtuellen Realitäten theoretisch einsetzbar ist mit interagierenden Verkörperungen der beteiligten Menschen als VR-Avatare und mit von künstlicher Intelligenz gesteuerten Assistenten in Form von VR-Agenten. Titel: *Business-Coaching in der zukünftigen Arbeitswelt.*

Teil 3

Die didaktische Gestaltung von Coaching und Moderation wird von Daniel Schwarz, Ilona Rosebrock, Kristina Friedrich und Sarah Weyl aus unterschiedlichen Blickwinkeln untersucht. Eine ganzheitliche Didaktik und Feedbackprozesse sowie Visualisierungsmethoden und der wertschätzende Umgang miteinander in der Moderation werden analysiert und für Empfehlungen aufgearbeitet.

Die dynamische und flexible Anpassung der Ressourcen wie Rohstoffe, Finanzen und Wissen an die Umgebungsbedingungen ist von enormer Bedeutung im steigenden Wettbewerb. Unternehmen, die das vorhandene Wissen aufrechterhalten und schützen, haben einen wesentlichen Vorteil. Dazu benötigen sie, so die Aussage von **Daniel Schwarz**, spezifische Formen der Didaktik, die darauf abzielen, das Wissen auf die Mitarbeitenden zu übertragen und somit Informationen in der Organisation zu verteilen. Etablierte Formen wie Schulungen und Seminare stoßen jedoch aufgrund der hohen Veränderungsdynamik oft an ihre Grenzen. Titel: *Steuerung der Interpretation und Umsetzung von Zentralanweisungen bei Bosch Rexroth. Eine Kombination aus Erzeugungs- und Ermöglichungsdidaktik.*

It is a theme that everybody knows and has an opinion to: Feedback. Therefore everybody can contribute with a personal statement during ongoing discussions. This is one of the reasons for the complexity the topic brings with it: Everybody can speak to it and yet at the same time it is very individual. Against this background, **Ilona Rosebrock** describes and examines the existing feedback activities in a global pharmaceutical company. She uses her analysis to formulate recommendations for optimizing the feedback processes in this company. Her topic is: *Providing Feedback bottom-up. An implementation guide.*

Visual oder Graphic Facilitation, zu Deutsch häufig einfach Visualisierung - im Sinne von grafischer Begleitung von Gesprächen und bildhafter Übersetzung von Inhalten - erlebt seit einigen Jahren einen Boom und wird insbesondere im geschäftlichen Kontext immer häufiger angewendet. Anbieter führen als Verkaufsargument oft an, wie Visualisierung Gruppen und Individuen in

Kommunikations- und Dialogsituationen sowohl kognitiv als auch emotional positiv beeinflusst. Ob sich derartige Behauptungen bezüglich der emotionalen Wirkung wissenschaftlich belegen lassen, wird von **Christina Friedrich** anhand einer Vortragssituation experimentell untersucht und ausgewertet. Titel: *Kognitive und emotionale Effekte von Live-Visualisierung auf Vortragsrezipienten.*

Im Zuge der Globalisierung und des stetig dynamischer werdenden Marktes stehen Unternehmen ständig vor der Herausforderung sich weiterzuentwickeln und anzupassen. Die Wirtschaft, ihre Organisationen und ihre Basis – die Arbeitswelt – sind von grundlegenden Veränderungsprozessen geprägt. Neue Ansätze und Methoden sind erforderlich, die auf Nachhaltigkeit abzielen und Kommunikationsweisen und Lernprozesse ermöglichen, welche nach Anwendung der Methode weitergeführt werden. Eine dieser Methoden ist „Appreciative Inquiry" (AI). **Sarah Weyl** untersucht wie der Ansatz, der hinter AI steht, bewirken kann, dass Individuen, Teams und Organisationen ihre Kompetenzen, der komplexen und schnelllebigen Umwelt zu begegnen, erweitern. Titel: *Appreciative Inquiry als Ansatz zur Veränderung in Unternehmen.*

In diesem Band haben wir auf eine einheitliche gendergerechte Schreibweise verzichtet, um den Autorinnen und Autoren ihren persönlichen Stil überlassen zu können. Wir selbst sprechen aufgrund unserer Vorliebe bei der Lesbarkeit zwar von Autorinnen und Autoren, wollen damit aber alle Geschlechter angesprochen wissen.

Die Herausgeber
Prof. Dr. Gernot Graeßner, Euro-FH Hamburg
Prof. Dr. Frank Strikker, Euro-FH Hamburg

Anmerkung 1:
Graeßner, G./Strikker, F./ Walber, M. (Hrsg.): Coaching und Change im Blickpunkt. Industrie 4.0, kulturelle Prozesse und Professionalität. ibidem-Verlag Stuttgart 2019

Arbeitswelt und Coaching im Wandel

Handlungsempfehlungen zur betrieblichen Integration ausländischer Fachkräfte in kleinen und mittelständischen Unternehmen der Region Südostniedersachsen

Noemi Rodríguez López

In Zeiten des Fachkräftemangels bildet die Einstellung von ausländischen Fachkräften in Unternehmen eine wichtige Maßnahme, diesem Mangel entgegenzuwirken. Wesentlich für den Erfolg ist eine erfolgreiche betriebliche Integration dieser Fachkräfte. In diesem Beitrag werden der Fachkräftemangel in Südostniedersachsen sowie die notwendigen Kompetenzen und Fähigkeiten ausländischer Fachkräfte untersucht. Zudem wird betrachtet, ob ausländische Fachkräfte mit ihren Kompetenzen für eine Beschäftigung in kleinen und mittelständischen Unternehmen in Südostniedersachsen kompatibel sind. Abschließend werden Handlungsempfehlungen für eine erfolgreiche Integration formuliert.

In times of a shortage of skilled workers, hiring foreign skilled workers in companies is an important measure to counteract this shortage. A well-considered operational integration of these specialists is essential for success. This article examines the shortage of skilled workers in south-east Lower Saxony as well as their necessary skills and abilities. In addition, it is examined whether foreign skilled workers are compatible with their competencies for employment in small and medium-sized companies in south-east Lower Saxony. Finally, recommendations for a successful integration are formulated.

1. Einleitung

„Während die Nachfrage nach gering qualifizierten und ungelernten Arbeitskräften sinkt, steigt die Nachfrage nach qualifizierten und gut ausgebildeten Fachkräften noch weiter" (Hagmann & Hagmann, 2012, S. 7).

Das Thema Fachkräftemangel ist ein sehr aktuelles und sensibles Thema, das viele Branchen und sogar die Politik stark beschäftigt. Schon Altbundeskanzler Gerhard Schröder sah die Notwendigkeit von Migration, um Fachkräftemangel präventiv zu behandeln (Bild, 2013). Die Statistiken des Bundesamtes belegen unter den Zuwanderern von 2011 bis 2015 einen mehr als doppelt so hohen Akademikeranteil wie vor 1990 (Statistisches Bundesamt 2015). Die Integration in den Arbeitsmarkt gestaltet sich oft problematisch. Einige Studien wie beispielsweise die von Becker & Lübers (2014, S. 64 f.) belegen bei vielen Unternehmen Schwierigkeiten bei der Integration der Fachkräfte. Die Bemühungen diesbezüglich sind auch auf regionaler Ebene sichtbar. Verstärkte Bemühungen dienen der Eingliederung ausländischer Fachkräfte in den Arbeitsmarkt und einer intensiven Unterstützung der Unternehmen. Beispiele dafür sind verschiedene Projekte wie z. B. „passgenaue Besetzung" (Bundesministerium für Migration und Flüchtlinge, 2017), IHAFA „Integrationsprojekt Handwerkliche Ausbildung für Flüchtlinge und Asylbewerber" von der Handwerkskammer (Niedersächsisches Ministerium für Wirtschaft, Arbeit und Verkehr, 2015) sowie das Projekt „Welcome Center der Region" (Allianz für die Region, 2017). Ein gut ausgearbeitetes Integrationskonzept für die ausländischen Fachkräfte kann nicht nur in Südostniedersachsen zu einer besseren beruflichen Integration und somit zum Gesamterfolg der Unternehmen führen.

2. Definition wichtiger Begriffe

Integration

Die Literatur definiert den Begriff Integration vielfältig. Trotzdem besteht allgemein ein Konsens über die Abhängigkeit der Integration von zahlreichen Faktoren. Esser beschreibt Integration als einen subjektiven Zustand und „die Folge einer Rückgewinnung von Orientierung und [eines] Ausgleichs von Ansprüchen und Zielerreichung" (Esser 1980, S. 80 f.). Dieser Zustand kann sich zum einen aus den Lernprozessen der Akkulturation ergeben und zum anderen eine von mehreren Voraussetzungen für den Zustand der

Assimilation darstellen. Assimilation ist kein Prozess, sondern ein Zustand, der die Ähnlichkeit zwischen individuellen Migranten (Anm.1) und bestimmten Teilaspekten der Aufnahmegesellschaft beschreibt. Eine Assimilation kann nur auf die Integration erfolgen, erst dann, wenn die Grundbedürfnisse, auch jene innerhalb einer Gesellschaft, befriedigt werden (Esser 1980, S. 81). Assimilation ist der Theorie nach als die Abwesenheit von Barrieren zur Teilnahme und Teilhabe an gesellschaftlichen Prozessen zu verstehen, wie sie auch für andere Mitglieder der Aufnahmegesellschaft möglich sind (Esser 2001, S. 21 f.). Die wichtigsten Aspekte für diese Arbeit lassen sich wie folgt zusammenfassen. Akkulturation ist jener Prozess, der Zuständen der Assimilation vorausgeht und zu assimilativen Handlungen führen kann, jedoch nicht führen muss. Die Integration ist als eine von vielen Voraussetzungen der Assimilation zu betrachten, welche die Überwindung von Akkulturationsstress in den entsprechenden Bereichen mit einschließt.

Für Thomas et al. (2003, S. 127) ist Integration die Wertschätzung beider Kulturen, um „kompatible Elemente aus beiden Kulturen zu einer neuen Ganzheit zu verknüpfen, die beide Elemente enthält". Akkulturation zählt somit "[...] oft nicht bewusst ablaufenden interkulturellen Lern- und Anpassungsprozesse".

(Ausländische) Fachkräfte

Sowohl die Öffentlichkeit als auch die Literatur interpretiert und verwendet den Begriff (ausländische) Fachkräfte ganz unterschiedlich. Viele dieser Definitionen setzen Fachkräfte oft auch mit hoch Qualifizierten beziehungsweise Akademikern gleich. Die vorliegende Arbeit verwendet jedoch eine erweiterte Definition der Arbeitsagentur, welche auch die Bundesregierung (Bundesregierung 2011) verwendet. Dabei gelten als Fachkräfte allen möglichen beruflichen Anforderungsniveaus ab Anforderungsniveau zwei. Die Definition von Fachkräften grenzt sich somit von Helfer- und Anlerntätigkeiten ab, für die keine besondere Berufsausbildung notwendig ist. Aber was ist unter dem Begriff „ausländische Fachkraft" im Verlauf dieser Arbeit zu verstehen?

Ausländische Fachkräfte können Ausländer sein, die ihren Beruf, (Aus-)Bildung oder Studium im Ausland erworben haben

((Berufs-/)Bildungsausländer). Die vorliegende Arbeit befasst sich auch noch explizit mit der Betrachtung von ausländischen (Berufs-/)Bildungsinländern. Ob die hier untersuchten Fachkräfte aus der Europäischen Union oder aus einem Drittstaat kommen, findet in dieser Arbeit keine Berücksichtigung. Ebenfalls nicht berücksichtigt sind Ausländer und Menschen mit Migrationshintergrund, die über keine Migrationserfahrung verfügen und bereits seit mehreren Generationen in Deutschland leben.

Kleine und mittlere Unternehmen

Diese Arbeit greift auf eine Definition der Europäischen Union zurück, die auch vom Statistischen Bundesamtes und den entsprechenden Landesämtern genutzt wird. Da der Untersuchungsgegenstand dieser Arbeit Unternehmen und ihre Beschäftigten und nicht ihre Bilanzsummen sind, ist es ausreichend, sich lediglich an den Beschäftigtenzahlen der Unternehmen zu orientieren. Die Europäische Union unterscheidet vier verschiedene Unternehmensgrößen. Kleinstunternehmen haben maximal neun, kleine Unternehmen maximal 49 und mittlere Unternehmen maximal 249 Beschäftigte, große Unternehmen entsprechend mehr als 250 (Europäische Gemeinschaft 2003).

Südostniedersachsen

Die Region Südostniedersachsen definiert sich je nach Untersuchungsgegenstand ganz unterschiedlich (Pantazis 2006, S. 83 f.). Die Region, welche das Welcome Center der Region vertritt, liegt dieser Arbeit zugrunde. Dazu zählen neben den Städten Braunschweig, Wolfsburg und Salzgitter die Landkreise Gifhorn, Goslar, Helmstedt, Peine und Wolfenbüttel (WCdR, 2017).

Nach Angaben des Landesamtes für Statistik Niedersachsen hat die südostniedersächsische Region circa 1,1 Millionen Einwohner. Davon sind 7,5 Prozent Ausländer, somit liegt der Anteil um 0,2 Prozent höher als im Landesdurchschnitt.

In der Region gibt es insgesamt knapp 38 000 Unternehmen, von denen fast 100 Prozent (99,6) kleine und mittlere Unternehmen sind, welche 56 Prozent aller Arbeitnehmer in der Region beschäftigen. Der Rest besteht aus sehr großen, die Region extrem prägenden Konzernen wie z. B. VW, Siemens, Bosch.

3. Fachkräftemangel

Fachkräftemangel besteht bei Nichtvorhandensein von quantitativen Arbeitsfachkräften in ausreichender Zahl auf dem Arbeitsmarkt. Die Passung von Qualifikationen spielt ebenfalls eine entscheidende Rolle. Trotz hoher Arbeitslosigkeit und genügend Arbeitskräften kann durchaus ein Fachkräftemangel vorhanden sein (BA, 2011, S. 3). Das ist der Fall, wenn die Bewerber nicht die gestellten Anforderungen für die Stelle erfüllen. Diese Situation wird als „Mismatch" bezeichnet (BA, 2011, S. 4, VBW, 2012, S. 49 ff.).

Die von der Bundesagentur für Arbeit halbjährlich publizierte Fachkräfteengpassanalyse im 2017 belegt keinen flächendeckenden Fachkräftemangel in Deutschland, es bestehen jedoch Engpässe in 21 einzelnen Berufsgruppen, die entweder der Gruppe der technischen Berufe oder der Gesundheits- und Pflegebranche angehören (BA, 2017, S. 4 ff.).

Mesaros, Vanselow und Weinkopf (2009, S. 4) gehen von einem Fachkräftemangel besonders des Mittelstandes aus. Sie vermuten eine geringere Attraktivität von kleinen und mittleren Unternehmen „für potentielle Arbeit-nehmer/innen hinsichtlich Arbeitsplatzattraktivität, Entlohnung und Image. Außerdem verfügten sie häufig nicht über ausreichende personelle und finanzielle Ressourcen, um die Folgen von Besetzungsproblemen zu kompensieren bzw. aus eigener Kraft Gegenstrategien zu entwickeln."

Diese Situation findet nicht nur Bestätigung durch die Umsetzung der bereits in Kapitel eins erwähnten regionalen Projekte, sondern auch durch den Beschluss der niedersächsischen Regierung im Juli 2014 zur Fachkräfteinitiative Niedersachsen, welche die Basis einer flächendeckenden Fachkräftesicherung mittels der Gründung regionaler Fachkräftebündnisse sein soll. Verschiedene Projekte wie das „Welcome Center der Region", „Attraktive Arbeitgeber" oder „Fachkräftepotenzial Stille Reserven" sollen zusätzlich die regionale Struktur zur Fachkräftesicherung verbessern (Fachkräftebündnis Südostniedersachsen, 2017).

Nach der Fachkräfteengpassanalyse nach Bundesländern weisen Niedersachsen und Bremen einen Mangel nicht nur bei den 21 ermittelten Mangelberufen auf, sondern zusätzlich auch in den Bereichen Tiefbau sowie Versorgung und Entsorgung (BA, 2017, S. 17 f.). Auch andere Faktoren weisen auf einen Fachkräftemangel in Südostniedersachsen hin. Ein Blick auf die Wirtschaftsstruktur der Region Südostniedersachsen ergibt einen Durchschnitt der sozialpflichtigen Beschäftigten im verarbeitenden Gewerbe in Niedersachsen in Höhe von 31 %, somit 7 % über den gesamten niedersächsischen Durchschnitt[1]. Dieser Bereich, in dem die Bundesagentur für Arbeit schon heute einen Fachkräftemangel feststellt (Bundesagentur für Arbeit, 2017), ist in Südostniedersachsen sehr stark vertreten.

---

1   Die Angaben zu den Wirtschaftszweigen beruhen auf den Werten für die statistische Region Braunschweig, die sowohl Südostniedersachsen als auch die Landkreise Northeim, Osterode und Göttingen mit einschließt. Die Verfasserin hat diese Information als Grundlage genommen, weil die Angaben der einzelnen Landkreise teilweise unvollständig waren. Ergebnisse der NIW (2014, S. 54) weisen jedoch daraufhin, dass die Daten für Südostniedersachsen mit den Daten der Region Braunschweig vergleichbar sind.

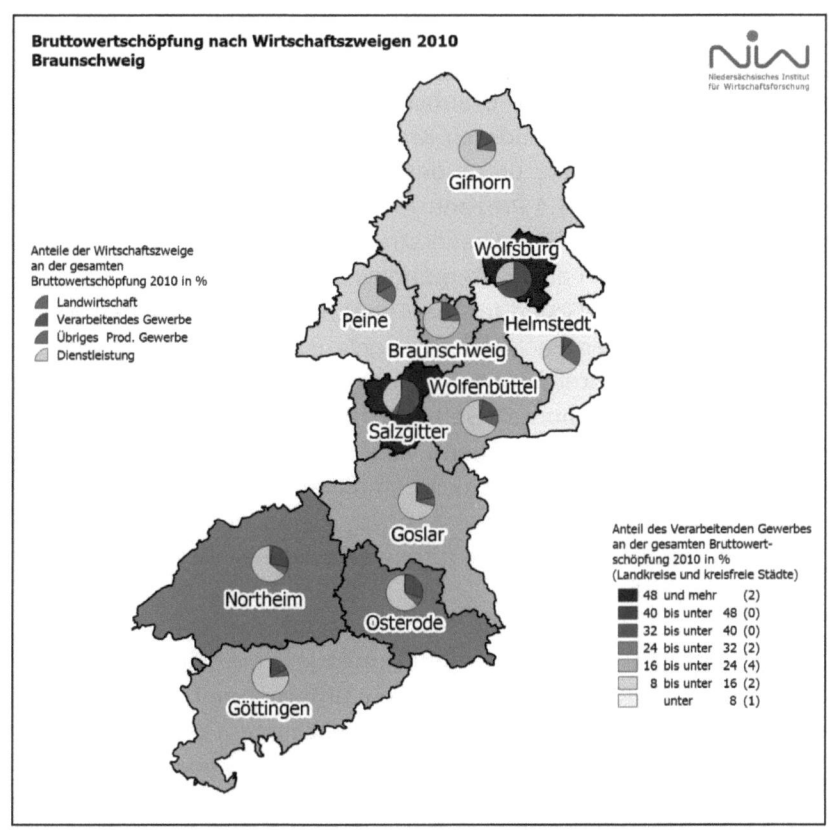

Abb. 1: Bruttowertschöpfung nach Wirtschaftszweigen (2010). Region Braunschweig. (Quelle: NIW, 2014, S. 54)

Ein bedeutender Indikator für eine mögliche Beschleunigung des Fachkräftemangels in der Region ergibt sich in den Landkreisen Gifhorn und Peine sowie in der Stadt Salzgitter im Vergleich zu Gesamtniedersachsen infolge eines hohen Anteiles an gering Qualifizierten (NIW, 2014, S. 71). Im Kontrast dazu stehen die Städte Braunschweig und Wolfsburg mit dem höchsten Anteil an hoch Qualifizierten.

Der demografische Wandel ist ein weiterer Indikator für einen zukünftigen möglichen Fachkräftemangel. Das Landesamt für Statistik Niedersachsen prognostiziert bis 1.01.2031 einen drastischen Bevölkerungsschwund für die Region Südostniedersachsen: Salzgitter (-28,9 Prozent), Helmstedt (-26,7 Prozent), Goslar (-25,6 Prozent). Außer Braunschweig mit einem Zuwachs von 5 Prozent liegen alle anderen Kreise und Städte der Region mit -12,6 bis -18 Prozent unter dem für Niedersachsen erwarteten Durchschnitt von -6,4 Prozent. Mesaros, Vanselow und Weinkopf (2009, S. 20 ff.) sehen diesen strukturellen Wandel ebenfalls als eine Ursache des Fachkräftemangels.

Ein weiterer Grund für die Annahme eines möglichen weiteren Anstieges des Fachkräftemangels ist die starke Präsenz attraktiver Großunternehmen in der Region wie beispielsweise Volkswagen, Continental, Salzgitter AG, Bosch, Siemens und andere. Diese sind überwiegend aus der Technologiebranche, die schon jetzt über einen Fachkräftemangel klagt. Außerdem haben gegenüber diesen Großunternehmen kleine und mittlere Unternehmen eine schwächere Wettbewerbsposition bei der Rekrutierung von Fachkräften.

Bei dem Thema Fachkräftemangel geht es überwiegend darum, diesen zu verhindern oder zumindest die negativen Folgen zu dämpfen. Kleinen und mittleren Unternehmen werden meist drei grundsätzliche Maßnahmen vorgeschlagen, die Nutzung des vorhandenen Potenzials wie Teilzeitangestellte oder stille Reserven, das Schaffen einer stärkeren Mitarbeiterbindung sowie die Anwerbung von neuen Mitarbeitern, unter anderem auch von ausländischen Bewerbern. Gleis (2012) empfiehlt deutschen Unternehmen, gezielt Fachkräfte aus dem Ausland anzuwerben. Laut der Bundesregierung (2015) ist Deutschland auf ausländische Fachkräfte angewiesen. Die Umsetzung dieser Maßnahmen zeigen die Bemühungen der Zentrale Auslands- und Fachvermittlung der Bundesagentur für Arbeit mit ihrem Projekt „Triple Win", bei dem Unternehmen bei der Rekrutierung von Pflegekräften direkt aus dem Ausland Unterstützung erhalten (Arbeitsagentur, 2014). Die Oskar Kämmer Schule in Braunschweig bildet in Kooperation mit drei verschiedenen Schul- und Universitätseinrichtungen aus China und mit der Unterstützung des Bundesverbandes für Wirtschaftsförderung und Außenwirtschaft chinesische Pflegekräfte aus (Braunschweiger Zeitung, 2017, S. 16 / Schüller, 2016).

4. Neue Anforderungen an das interkulturelle Personalmanagement

Diese Situation bringt veränderte Rahmbedingungen mit sich, die vor allem das Personalmanagement vor neue Herausforderungen stellt, z. B. die Einstellung ausländischer Fachkräfte. Laut der Studie zur Migration von Fachkräften nach Deutschland von Pols (2016, S. 6) sind 84 der befragten Unternehmen (neun Prozent mehr im Vergleich zu 2014) der Meinung, ausländische Fachkräfte bildeten zukünftig einen bedeutenden Faktor für den Erfolg des Unternehmens. Diese Entwicklung macht deutlich, wie wichtig es für Unternehmen ist, gute Kenntnisse über die Identifikation und die Auswahl potenziell guter ausländischer Fachkräfte zu bekommen. Der interkulturelle Anteil dürfte demzufolge für das Personalmanagement an Bedeutung gewinnen.

In Unternehmen bilden sich zunehmend Teams aus verschiedenen Kulturen. Jedes Unternehmen ist an einer reibungslosen Zusammenarbeit sowie hoher Leistung aller Mitarbeiter interessiert. Nun ist die interkulturelle Zusammenarbeit nicht selten von interkulturellen Missverständnissen und Konflikten geprägt, die zu einer unzureichenden Integration der ausländischen Mitarbeiter und somit zu einer sinkenden Produktivität führen könnte. Das Gabler Wirtschaftslexikon beschreibt Interkulturelles Management als einen Teil des internationalen Managements, welches den erfolgreichen Umgang mit Problemen in interkulturellen Situationen erreichen will (Gabler Wirtschaftslexikon, 2017). Somit ist interkulturelles Management ein kulturübergreifendes Management.

Auswahl

„Es sind nicht die Stärksten, die überleben, nicht die Intelligentesten, sondern die, die am schnellsten auf Veränderungen reagieren können." Charles Darwin (1809 – 1882).

In vereinfachter Form besteht die Aufgabe der Personalauswahl darin, die Person zu finden, die am geeignetsten für die offene Stelle ist (Weber et al., 2001, S. 166). Dafür sind bestimmte Eigenschaften und Kompetenzen vonnöten, die das Personalmanagement kennen und feststellen sollte. Bei der Aufgabe muss sich das interkulturelle Management mit sehr komplexen Angelegenheiten beschäftigen, die so in der Form im nationalen Bereich nicht auftreten (Weber et al., 2001, S. 1). Viele Unternehmen unterschätzen allerdings die Komplexität dieser Aufgaben, sodass Misserfolge oft auf ein schlechtes Personalmanagement zurückzuführen sind (Festing et al., 2011, S. 18 f.; Weber et al., 2001, S. 133).

Den richtigen Mitarbeiter zu finden, gestaltet sich oft schon bei inländischen Bewerbern als eine schwierige Aufgabe. Bei ausländischen Bewerbern fängt die Herausforderung schon bei der Betrachtung der Bewerbungsunterlagen an. Allein innerhalb von Europa hat fast jedes Land seinen eigenen Bewerbungsprozess oder eigene Standards. Die Bemühungen des Internetportals „europass" (europass, 2018), eine europaweit transparente Darstellung der Qualifikationen und Kompetenzen zu schaffen, machen deutlich, welche Vielfalt an Lebensläufen in Europa vorhanden ist. Dazu kommen noch weitere Hürden wie ungewohnte Namen und die Auswertung ausländischer Zeugnisse.

Es folgt eine kurze Erläuterung, welche einfachen und dennoch wirksamen Instrumente einem Personaler bei der Auswahl passender Mitarbeiter zur Verfügung stehen. Persönlichkeitstests bieten nach Wirth (1992, S. 169) eine Möglichkeit, den Erfolg eines Auslandseinsatzes zu prognostizieren mittels des Messens der Ausprägungen entscheidender Persönlichkeitseigenschaften. Auch Interviews werden oft durchgeführt. Dabei lässt sich ein Gesamteindruck der Bewerber gewinnen (Hennig, 2007, S. 11). Wie die weiteren Abschnitte zeigen, sind bei einem Interview mit einem ausländischen Bewerber Kenntnisse über seine Kultur von großem Vorteil. Das Anforderungsprofil bildet die Grundlage der Auswahl und dient zur Klärung der notwendigen Skills und Qualifikationen für die zu besetzende Stelle. „Jede Auswahlentscheidung kann höchstens so gut sein wie die Beschreibung der Stellenanforderung" (Clermont & Schmeisser, 1997, S. 9).

Erforderliche Kompetenzen und Schlüsselqualifikationen ausländischer Fachkräfte für eine erfolgreiche betriebliche Integration

Sprachkompetenz

Selbst wenn Deutsch nicht die Unternehmenssprache sein sollte, empfehlen die gesamte Literatur sowie Studien zu dem Thema das Erlernen der deutschen Sprache. Die Sprache, sowohl in verbaler als auch in nonverbaler Form, ist die Hauptquelle von Missverständnissen, die zu sinnlosen und schwerwiegenden Konflikten führen können. Das Erwerben der Landessprache ist zweifelsohne die wichtigste Bedingung für eine vollkommene Integration in die neue Kultur und somit auch für den beruflichen Erfolg. Ohne die Sprache des Gastlandes zu beherrschen, haben Fachkräfte kaum eine Chance auf beruflichen Erfolg (Bittner & Reisch, 1994, S. 125 ff.). In der Kommunikation kann ein Sprachmangel der Landessprache sich negativ auf die Weitergabe von Informationen und Wissen auswirken. Eine falsch verstandene Aufgabe hat normalerweise eine fehlerhafte Durchführung derselben zur Folge. Diese ist aufgrund dessen manchmal mehrfach zu wiederholen. Erhöhter Zeitaufwand und womöglich Übersetzungskosten sind einige der Folgen. Erhöhte Sicherheitsrisiken können auch eine Folge nicht verstandener Sicherheitseinweisungen sein. Mangelnde Kenntnisse in der Landessprache sind hinderlich beim Aufbau persönlicher Beziehungen. Dadurch erschwert sich ebenso der Aufbau eines „Wir-Gefühls" innerhalb der interkulturellen Teams mit einer möglicherweise negativ beeinflussten Gruppenkohäsion (Pöschl, 2008, S. 39). Jede Kultur hat ihre eigenen verbalen und nonverbalen Symbole, ihre Gestik sowie ihr Verhalten. Bei einem Nichtverstehen oder gar fehlerhaften Interpretieren derselben erhöht sich die Problematik im Hinblick auf das gegenseitige Verstehen (Thomas et al., 2003, S. 113).

Interkulturelle Kompetenz

Laut einer veröffentlichten Studie zum Thema „interkulturelle Kompetenz" (Benseler, 2003) gehen die Ansichten, was interkulturelle Kompetenz betrifft, weit auseinander. Damit die Leser dieser Arbeit dennoch einen umfassenden Einblick erhalten, hat die

Verfasserin die in der Forschungsliteratur vorhandenen, wesentlichen Merkmale interkultureller Kompetenz herausgearbeitet. Laut Wiseman (2002, S. 209) ähneln sich die meisten Definitionen hinsichtlich des Aspektes eines angemessenen und effektiven Führens von interkultureller Kompetenz in interkulturellen Kontaktsituationen. Thomas et al. (2003, S. 138) beschreiben diese als die Fähigkeit, in Situationen reflektiert, sensibel und produktiv handeln zu können, in denen Menschen aus verschiedenen Kulturen zusammenkommen und interagieren. Die Forschung hat anhand von verschiedenen Ansätzen versucht die interkulturelle Kompetenz und ihre Wirkungsweise zu erklären. Dazu finden sich einige komplexe Modelle, unter anderem konzipiert von Autoren wie Spitzberg & Cupach (1989), Wiseman (2002), Südlein (1997) und Bittner & Reisch (1994). Meyer (2004) fasste diese zusammen zu einem schematischen Modell zur interkulturellen Kompetenz und zerlegte es in drei Dimensionen: kognitive, affektive und konative Dimension. Nach der Recherche der Verfasserin ist eine große Anzahl anderer Fähigkeiten wie z. B. Ambiguitätstoleranz, Rollendistanz, Toleranz, Flexibilität, Lernbereitschaft, Kommunikationsfähigkeit, Frustrationstoleranz und Einfühlungsvermögen Bestandteil interkultureller Kompetenz. Somit ist diese nicht nur als ein Kompetenzbereich zu betrachten, sondern als Zusammenspiel unterschiedlicher Kompetenzen.

Kulturelle Intelligenz (CQ)
Bei kultureller Intelligenz handelt es sich um eine persönliche, kulturübergreifende und universelle Fähigkeit, welche angibt, inwiefern Personen fähig sind, sich an unterschiedliche kulturelle Umgebungen anzupassen und mit Personen aus anderen Kulturen erfolgswirksam zu interagieren. Menschen, die kulturell intelligent sind, verstehen, was in den unterschiedlichen Kulturen als intelligentes Verhalten gilt (Brislin et al., 2006, S. 45).

Kulturelle Intelligenz ist als mehrdimensionaler Begriff zu betrachten, bei dem verschiedene Facetten zu beachten sind. Die Verfasserin lehnt sich in diesem Abschnitt an die Konzeptualisierung von Early und Ang an, da diese den theoretischen und empirischen Untersuchungen zugrunde liegt (Ward et al., 2009).

Early und Ang (2003) haben die Struktur des von Sternberg & Dettermann (1986) entwickelten Modells „multiple foci of intelligence" auf die kulturelle Intelligenz übertragen. Diese Struktur beinhaltet vier Elemente: metakognitive CQ, kognitive CQ, motivationale CQ und verhaltensbezogene CQ, wobei Early und Ang (2003) die metakognitive CQ als einen Teil der kognitiven Komponenten erfassen.

Metakognitive CQ: Menschen mit metakognitiven Fähigkeiten sind in der Lage, interkulturelle Erfahrungen bewusst zu nutzen, um neue Strategien abzuleiten, die einen angemessenen Umgang mit anderen Kulturen ermöglichen (Ang & Van Dyne, 2008, S. 5). Fähigkeiten zu analogem und induktivem Denken spielen hierbei eine entscheidende Rolle, da diese zu einem besseren Verständnis neuer Zusammenhänge führen.

Kognitive CQ: Denken und Verhalten eines Menschen in interkulturellen Situationen sind vom Wissen über die jeweilige Kultur beeinflusst. Dieses Wissen bildet die Grundlage für eine erfolgreiche Entscheidungsfindung in interkulturellen Situationen (Ang & Van Dyne, 2008, S. 6). Menschen mit einer stark ausgeprägten kognitiven CQ können Gemeinsamkeiten und Unterschiede kulturübergreifend wahrnehmen und verstehen (Brislin et al. 2006, S. 42).

Motivationale CQ manifestiert sich in dem Interesse daran, mit Personen aus anderen Kulturen zu interagieren, und dadurch kulturelle Unterschiede zu lernen (Early & Ang, 2003, S. 154). Um erfolgreich mit anderen Kulturen interagieren zu können, ist nach Auffassung von Early & Ang (2003, S. 75) sowie von Ang & Dyne (2008, S. 6) das Vertrauen in die eigenen interkulturellen Fähigkeiten notwendig.
Verhaltensbezogene CQ ist die Fähigkeit eines Menschen, kulturell angemessenes verbales und non-verbales Verhalten zu erlernen und richtig anzuwenden (Early & Ang, 2003, S. 81; Ang & Van Dyne, 2008, S. 6). Menschen mit ausgeprägter verhaltensbezogener CQ können in interkulturellen Situationen auf eine große Auswahl kulturell angemessener Verhaltensweisen zurück-

greifen (Ang & Van Dyne, 2008, S. 6) und sind auch in der Lage, ihre eigenen Verhaltensweisen zu kontrollieren und sogar zu unterdrücken, wenn die Situation dies erfordert (Early & Ang, 2003, S. 83 ff.).

Da diese vier Elemente in einer Wechselbeziehung stehen und als zusammenhängend zu betrachten sind, müssen sie alle vorhanden sein, um in anderen Kulturen effektive Ergebnisse erzielen zu können (Early & Ang, 2003, S. 62).

Soziale Kompetenz
Laut Prechtl (2009, S. 63 ff.) stehen soziale und interkulturelle Kompetenz in Wechselwirkung und es ist sehr schwierig, diese auseinanderzuhalten. Brislin (1981) ist in seiner Annahme sogar der Auffassung, soziale Fähigkeiten seien als eine Dimension von interkultureller Kompetenz zu betrachten. Nach Bittner & Reisch (1994) und Kühlmann (1995) gehören Respekt, Vorurteilsfreiheit, Toleranz, Einfühlungsvermögen, generelles Interesse an Menschen und deren Kultur, Kooperations-, Konflikt- sowie Kommunikations-fähigkeit zur sozialen Kompetenz.

Self-efficacy und kulturelle Anpassung
Self-efficacy ist die Fähigkeit, eine stabile psychische Verfassung aufrechtzuerhalten (Mendenhall et al., 1995, S. 415). Je größer der Kulturunterschied, desto stärker gerät der Kulturschock und somit schwieriger gestaltet sich die Bewältigung dieser Situationen. Eine starke Ausprägung von Self-efficacy wirkt sich positiv darauf aus.
Die Ausprägung von self-efficacy variiert von Kultur zu Kultur. Während die asiatischen Kulturen wie Japan oder Hongkong eine sehr niedrige Ausprägung aufweisen, ist diese Fähigkeit bei europäischen Kulturen deutlich ausgeprägter (Schwarzer & Scholz, 2000). Die Fähigkeit, sich immer wieder neuen Veränderungen anzupassen, unterstützt den Integrationsprozess in einer fremden Kultur. Für Welge und Holtbrügge (2006, S. 242) sowie für Wirth (1992, S. 163) sind die Fähigkeit zur „Anpassung an das allgemeine Umfeld" und die kulturelle Anpassung entscheidende Auswahlkriterien, die den (beruflichen) Erfolg voraussagen.

Anhand dieser beiden Beschreibungen lässt sich schlussfolgern, dass für eine erfolgreiche kulturelle Anpassung eine hohe Ausprägung von Self-efficacy notwendig ist.

Familie

Auch ein wichtiger zu berücksichtigender Aspekt ist die Familie. Ist diese mit der Fachkraft eingereist, ist besonders auf die Integration der Familienmitglieder zu achten. Breuer & Gürtler (2003, S. 170) geben mangelnde Anpassungsfähigkeit und Wittkop (2005, S. 79) die Unzufriedenheit von Familienmitgliedern als Hauptgründe für die Heimkehr der Mitarbeiter an. Dies bedeutet, der Integrationsprozess der ausländischen Fachkraft hängt von der Anpassung des Partners ab (Shaffer et al. 1999, S. 471).

Fachkompetenz

„Fachkompetenz bezeichnet die Bereitschaft und Befähigung, auf der Grundlage fachlichen Wissens und Könnens Aufgaben und Probleme zielorientiert, sachgerecht, methodengeleitet und selbständig zu lösen und das Ergebnis zu beurteilen" (Becker et al., 2010, S. 222). Ohne diese wird die neue angestellte Fachkraft die erwartete Leistung nicht erbringen, was auf Dauer zur Unzufriedenheit führt.

Persönlichkeitseigenschaften

Ein entscheidender Unterschied zwischen inländischem und internationalem Einsatz besteht in der Konfrontation der ausländischen Fachkräfte mit anderen Werten und Normen. Je größer der Unterschied der beiden Kulturen ist, desto schwieriger verläuft die Anpassung und somit der Integrationsprozess. Bestimmte Persönlichkeitseigenschaften begünstigen diesen Prozess und fördern die Entwicklung der dargelegten Kompetenzen. Diese sind unter anderem Flexibilität (Rupprecht, 2007, S. 15), psychische Belastbarkeit, Selbstvertrauen, Offenheit für andere Kulturen (Jordan & Cartwrigth, 1998), Selbstständigkeit, hohe Frustrationstoleranz, intrinsische Motivation (Kühlmann, 1995, Bittner & Reinsch, 1994, Düfler, 1991) sowie eine extrem niedrige Ausprägung von Neurotizismus (Barrick, Parks & Mount, 2005, S. 751).

5 Untersuchung vorhandener Schlüsselqualifikationen und Kompetenzen ausländischer Fachkräfte sowie ihre Herausforderungen

Diese Ergebnisse beruhen auf einer Messung der in Kapitel vier bereits vorgestellten Schlüsselqualifikationen und Kompetenzen der ausländischen Fachkräfte der Region anhand eines selbst erarbeiteten Fragebogens. Das Forschungsziel des empirischen Teils ist es herauszufinden, welche Ausprägungen die Kompetenzen aufweisen und wie diese mit der Zufriedenheit der Fachkräfte zusammenhängen. Ferner geht es darum, zu erfahren, mit welchen Herausforderungen sich aktuelle ausländische Fachkräfte konfrontiert sehen.

Das Ziel bestand darin, einen Fragebogen zu entwickeln, der die Fragestellung relevanter Variablen (Kompetenzen und Schlüsselqualifikationen) bei Fachkräften aus verschiedenen Kulturen misst. Zur Erfüllung dieser Anforderungen hat die Verfasserin bei der Operationalisierung auf internationale vorhandene Skalen zurückgegriffen, die als valide und reliabel gelten und in zahlreichen Sprach- und Kulturräumen bereits Anwendung gefunden haben. Für die Messung von bestimmten Konstrukten hat die Verfasserin, basierend auf der Forschungsliteratur, ausgewählte Items konstruiert.

Die Befragung erfolgte sowohl in Englisch als auch auf Deutsch.

Für die Messung der für die Integration ausländischer Fachkräfte wichtigen Kompetenzen hat sich die Verfasserin für eine quantitative Messungsmethode in Form eines selbst zusammengestellten Fragebogens entschieden, da diese Methode eine hohe Objektivität (Sauter & Staudt, 2016, S. 9) und Diskretion aufweist sowie Anonymität für die Probanden besser garantieren kann. Die Befragung vollzog sich im Internet, da dies wichtige Vorteile gegenüber einer schriftlichen Befragung aufzeigt. Als Untersuchungsgrundlage dienten kleine und mittelständische Unternehmen aus der südostniedersächsischen Region.

Die Ergebnisse und Auswertung der Untersuchung ergaben, dass die ausländischen Fachkräfte, die sich in Deutschland bewerben, hinsichtlich des Themas Interkulturalität bereits durchaus sensibilisiert sind und schon über interkulturelle Kompetenz sowie über die notwendige Fachkompetenz verfügen. Sie bringen eine gewisse kulturelle Lernbereitschaft mit. Für diejenigen, die noch kein Deutsch sprechen, bereitet der Sprachmangel die größten Schwierigkeiten. Ist die Sprache erlernt, findet eine Verlagerung der Herausforderungen hin zum Umgang mit den Deutschen statt. Es folgt die Wahrnehmung, dass es trotz des Beherrschens der Sprache und der mitgebrachten interkulturellen Kompetenz nicht einfach ist, eine andere Kultur zu verstehen und zu akzeptieren. Anpassungsschwierigkeiten der Familienmitglieder, die niedrige Ausprägung anderer wichtiger Kompetenzen und Persönlichkeitseigenschaften wie Self-efficacy, Sozialkompetenz, Neurotizismus und in einigen Skalen der interkulturellen Intelligenz führen unter Umständen tatsächlich zu einer mangelnden kulturellen Anpassung bis hin zu einem vorzeitigen Abbruch. Für Unternehmen gilt es, Maßnahmen zu ergreifen, um Letzterem vorzubeugen.

6. Handlungsempfehlungen zur erfolgreichen betrieblichen Integration ausländischer Fachkräfte

Wie in den vorangegangenen Kapiteln verdeutlicht, beginn eine gelungene betriebliche Integration nicht erst bei der Einstellung der Fachkraft, sondern wesentlich früher.

Nach Essers (1980) Auffassung können Aufnahmegesellschaften, im aktuellen Fall die Unternehmen, mit ihrem rechtzeitigen Engagement aktiv zu einer erfolgreichen Integration beitragen, indem sie spezifische Maßnahmen anwenden mit dem Ziel, u. a. Barrieren der Assimilation abzubauen und mehr assimilative Handlungsopportunitäten anzubieten. Dieses Kapitel stellt einige dieser Maßnahmen in Form von Handlungsempfehlungen vor. Der Prozess der Gewinnung ausländischer Fachkräfte lässt sich wie folgt unterteilen:

Abb. 2: Phasen internationaler Fachkräftegewinnung (eigene Abbildung)

Empfehlungen für die Auswahl ausländischer Fachkräfte

Die zielgerichtete Auswahl für eine zu besetzende Stelle beginnt mit dem richtigen Anforderungsprofil. Ein Anforderungsprofil ermöglicht die richtige Passung der Position und der Person, von Edwards (1991) auch als „person-job-fit" bezeichnet. Das Anforderungsprofil sollte präzise sein und die genauen fachlichen sowie persönlichen Anforderungen beinhalten. Die Erstellung desselben sollte einer Anforderungsprofilanalyse folgen.

Um die Ausprägung der in Kapitel vier dargestellten notwendigen Kompetenzen und Persönlichkeitseigenschaften für die zu besetzende Stelle feststellen zu können, kann das Unternehmen ein Soll-Anforderungsprofil erstellen und mit dem Istprofil der Bewerber vergleichen.

Das Soll-Profil sowie die Feststellung von bestimmten Kompetenzen können entweder von einer dafür ausgebildeten Person oder von externen Dienstleistungsfirmen durchgeführt werden.

Die Beantwortung folgender zusätzlicher wichtiger Fragen sollte ebenfalls für die Erstellung eines Anforderungsprofils erfolgen:

- Welche Deutschkenntnisse sollte die Person mitbringen?
- Welche Berufsausbildung/Studium aus dem Herkunftsland sollte die Person nachweisen?

Bei der Auswahl ausländischer Fachkräfte empfiehlt die Verfasserin die Beachtung von folgenden Phasen:

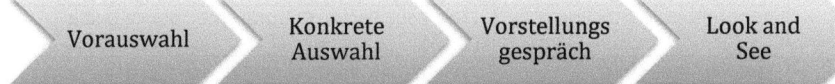

Abb. 3: Phasen internationaler Fachkräfteauswahl (eigene Abbildung)

Es empfiehlt sich, bei der Vorauswahl kostengünstige Kompetenzfeststellungsverfahren wie Lebens- und Berufserfahrungen, Auslandserfahrungen, Fremdsprachenkenntnisse, Probearbeiten etc. zu nutzen. Einige Studien (Spieß & Wittmann, 1996 und Wang & Bu, 2004) weisen einen positiven Zusammenhang zwischen der Motivation und den Fremdsprachkenntnissen bzw. früheren Auslandserfahrungen auf.

Ein erster Eindruck mittels eines Gesprächs über Internettelefonie (z. B. Skype) kann dem persönlichen Vorstellungsgespräch vorausgehen. Hier besteht eine Möglichkeit, die Motive der Bewerber/in sowie seine/ihre Vorstellungen von Arbeit und Leben in Deutschland zu erfahren. Wer sich für ein späteres persönliches Gespräch entscheidet und sich bei EURES (European Employment Services) anmeldet und dort die Stellenanzeige platziert, kann unter Umständen finanzielle Unterstützung von der (zentrale Ausland- und Fachvermittlung (ZAV)) erhalten.

Bei der konkreten Auswahl kann die Feststellung der bereits genannten erforderlichen Kompetenzen und Schlüsselqualifikationen erfolgen.

Dazu dient die Anwendung von diversen Persönlichkeitstests/Fragebogen. Hier ist auf ihre kulturübergreifende Anwendung besonders zu achten. Die Verfasserin empfiehlt zur Messung der notwendigen Kompetenzen und Persönlichkeitseigenschaften folgende kulturübergreifende Messverfahren:

Kompetenz	Verfahren
interkulturelle Kompetenz	„The development and validation of the intercultural communication sensitivity scale"
interkulturelle Intelligenz	„The Four Factor Cultural Intelligence Scale (CQS)"
soziale Kompetenz	„Tromso Social Intelligence Scale (TSIS)"
berufliche Self-efficacy	„A new occupational self-efficacy scale and its relation to personality constructs and organizational variables"
Fachkompetenz	„Fragebogen zu einigen fachlichen Fähigkeiten und dem Umgang mit anderen" (FASO)
Anpassungsfähigkeit	„Rorschach Test" und „California Test Scale F"
Persönlichkeitseigenschaften: Neurotizismus, Offenheit für neue Erfahrungen, Gewissenhaftigkeit, Extraversion, Verträglichkeit	„NEO Persönlichkeitsinventar nach Costa und McCrae"
Erhellung der ethnozentrischen Einstellung	„California Test Scale F"
multidimensionaler Persönlichkeitstest	„Minnesota Multiphasic Personality Inventory" (MMPI)

Tabelle 1: **Messverfahren zur Messung bestimmter Kompetenzen und Persönlichkeitseigenschaften (eigene Darstellung)**

Diese Persönlichkeitstests sollen weitgehend zeitlich konstante persönliche Merkmale erfassen und sind teilweise online durchführbar. Im Anschluss sollte ein Vergleich der Soll- und Istprofile erfolgen.

Eine weitere, sehr empfehlenswerte Maßnahme bei der Einstellung im mittleren und oberen Management von Fachkräften ist die Durchführung eines „Look and See" Trips. Hier handelt es sich um eine Reise, bei der die zukünftige Fachkraft samt mitreisendem/r Partner/in die Möglichkeit vor der endgültigen Entscheidung erhält, einen Eindruck vom Gastland sowie vom Unternehmen zu bekommen. Die Befragungsergebnisse dieser Untersuchung haben die große Bedeutung der Familie bei dem Integrationsprozess bestätigt. Deswegen empfiehlt es sich, bei der Planung und Durchführung den/die Partner/in/Familie (falls vorhanden) auf jeden Fall miteinzubeziehen.

Empfehlungen zur betrieblichen Integration

Die Aushändigung einer Willkommensmappe, die bei Bedarf eine sprachliche Abstimmung bzw. Übersetzung beinhalten kann, ist empfehlenswert. Die Verfasserin hat bei der Erstellung folgender Checkliste die Empfehlung einer Willkommensmappe vom RKW Kompetenzzentrum (2015) ausgewählt und diese für die südostniedersächsische Region angepasst.

Checkliste: Willkommensmappe

- *(persönliches) Begrüßungsschreiben der Geschäftsführung*
- *Informationen zum Unternehmen (Produkte, Dienstleistungen, Organigramm, Leitbild, Mitarbeiterzahl etc.)*
- *wichtige Ansprechpartnerinnen und Ansprechpartner, ggf. Kurzporträts von Mitarbeitenden*
- *Kontaktdaten des Mentors/Buddys*
- *Telefonverzeichnis, E-Mail-Adressen, Termine (z. B. Mitarbeitergespräch, Betriebsausflug und sonstige Festivitäten)*
- *Arbeitsabläufe, Arbeits- und Pausenzeitregelungen ggf. Tarifvertrag, wichtige Betriebsvereinbarungen*
- *Formulare (Dienstreiseantrag, Krankmeldung, Urlaubsantrag etc.)*
- *Bedienungsanleitungen (Telefon, Kopierer etc.)*
- *Informationen zur Arbeitssicherheit*
- *Parkplatzregelungen*
- *Informationen zum öffentlichen Nahverkehr sowie eine erste Monatskarte*
- *Informationen zu internationalen Vereinen*
- *Broschüre mit Stadtplan, Zahlen, Fakten und Daten zur Region, Anregungen zu Kultur- und Freizeitaktivitäten, Essensmöglichkeiten, Adressen und Öffnungszeiten von Ärzten, Behörden, Kitas und Schulen, Information über Mülltrennung, Erwerben von Fahrkarten etc. (dafür sind u. a. folgende Broschüren geeignet: das „Settling In" von der IWA oder das Merian Heft „Zeitorte" sowie verschiedene Broschüren der Touristik Information. Diese sind in Englisch und Deutsch gedruckt.)*
- *kleine Geschenke: Kugelschreiber, Block, Gutscheine etc.*
- *weitere:*

Tabelle 2: Checkliste für eine Willkommensmappe (In Anlehnung an das RKW Kompetenzzentrum, 2015).

Das Ziel einer Einarbeitung ist die langfristige Bindung der Fachkraft an das Unternehmen und an das Team (Engelhardt, 2014, S. 120). Bei einer gelungenen Integration kommt es auch auf

„... eine umfassende persönliche und individuelle Betreuung ausländischer Angestellter. Inwiefern diese besonders geschätzt wird, hängt auch vom Herkunftsland der neuen Beschäftigten ab. [...] Gerade Beschäftigte aus südeuropäischen Ländern schätzen persönliche und feste Ansprechpartner/-innen, die sich um sie kümmern und ihnen auch bei persönlichen Problemen helfen." (Necker, 2013, S. 49).

Kaum ein Unternehmen verfügt über die personellen und finanziellen Ressourcen im Personalmanagement, um diese besondere Betreuung anbieten zu können. Um dennoch individuell auf die ausländische Fachkraft eingehen zu können, empfiehlt die Verfasserin die Erstellung eines interkulturellen Patenschaft-Konzeptes, welches als Buddy-Programm (Buddy ist für die ausländische Fachkraft einfacher zu verstehen als der Begriff Patenschaft) eingeführt werden kann. Dieses Buddy-Konzept lässt sich als fester Bestandteil vom organisationalen Cultural Diversity Management aufnehmen und als Instrument zur Einarbeitung internationaler Mitarbeiter nutzen.

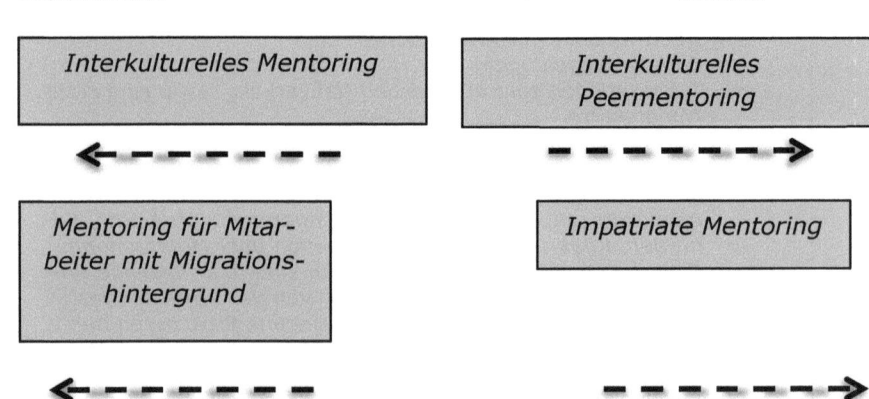

Abb. 4: **Interkulturelle Mentoringtypen organisationsintern** **(Voigt, 2013 S. 165)**

Für diese Arbeit ist das Mentoring für Mitarbeiter mit Migrationshintergrund von großer Relevanz.

Bei der Erarbeitung des Konzeptes sollen die interkulturellen Qualifikationen des Buddys im Voraus geprüft sowie auf die Freiwilligkeit für diese Tätigkeit geachtet werden. Ferner ist eine konkrete Definition der Aufgaben des Buddys sehr hilfreich. Der Buddy kennt somit seinen Aufgabenbereich und seine Grenzen. Je nach Bedarf kann es bei der Bearbeitung zur Berücksichtigung von unterschiedlichen Schwerpunkten kommen. Z. B. weisen Kommentare der Befragten auf den Bedarf einer Begleitung bei Behördengängen sowie auf besondere Unterstützung hin. Die Erarbeitung eines solchen Programms kann innerhalb des Unternehmens selbst von den Betroffenen im Rahmen eines Workshops und unter professioneller Moderationseinleitung gezielt auf den interkulturellen Bedarf des Unternehmens und der Mitarbeiter erarbeitet werden – ganz nach dem Motto „Betroffene zu Beteiligten machen". Damit das Programm nicht „einschläft", können die Buddys ein regelmäßiges Treffen vereinbaren, bei dem eine Reflexion und eine stete Optimierung des Programms erfolgen können.

Sprachliche Qualifizierung

„Fremdsprachenkenntnisse bilden eine essenzielle Voraussetzung zur wirtschaftlichen und sozialen Integration am Zielort" (Remhof, 2014, S. 106), was von den Kommentaren der Befragten bestätigt wird. Akkulturation und assimilative Handlungsopportunitäten im Bereich der Sprache, oder anders beschrieben, das Lernen, Beherrschen und Anwenden der Sprache, sind wichtige Grundvoraussetzungen für die Integration und die Unternehmensbindung ausländischer Fachkräfte. Es gibt viele Maßnahmen, die Unternehmen ergreifen können, um die sprachlichen Fähigkeiten zu fördern. Das Unternehmen kann bei der Suche eines passenden Sprachkurses unterstützen. Ferner besteht für Unternehmen die Möglichkeit der (Teil-)Finanzierung von Deutschkursen.

Eventuell bietet sich auch bereits im Heimatland der Besuch eines Sprachkurses an. Diese Kurse im Ausland sind teilweise entschieden kostengünstiger als in Deutschland. Bildungseinrichtungen wie Inlingua (Inlingua, 2018) oder das Goethe-Institut (Goethe-Institut, 2018) sind auch international vertreten und bieten somit mit ihren Abschlüssen einen deutschen Qualitätsstandard.

Es gilt auf jeden Fall, die sprachliche Qualifizierung nach der Ankunft in Deutschland weiter zu fördern. Unternehmen sollen der ausländischen Fachkraft tagsüber Zeit dafür einräumen und Inhouse Kurse anbieten. Folgendes spricht dafür: Nach der Ankunft in Deutschland ist die Fachkraft mit den neuen Eindrücken und Aufgaben so belastet, dass eine hundertprozentige Aufmerksamkeit während eines Abendunterrichts nicht mehr garantieren werden kann, was zu Frust führen kann. Der Migrationsbericht des Zentrums für Türkeistudien von Goldberg et al. (2003) zeigen, dass 30 Prozent der Personen, die einen Deutschkurs abgebrochen haben, die Berufstätigkeit und ein Drittel die Versorgung der Kinder als Grund nannten. Ferner erhöhe das Sprachangebot die Verpflichtung der Fachkraft gegenüber dem Unternehmen und „[...] abgesehen vom Inhalt diene der Kursbesuch letztlich der Bindung des Teilnehmers an das Unternehmen" (Hesseler, 1982, S. 644).

Es ist auch möglich, das Buddy-Programm der sprachlichen Förderung anzupassen, z. B. können die Buddys Möglichkeiten im Rahmen der Tätigkeiten identifizieren, wo sie ihre Schützlinge bei der Verbesserung oder beim Üben der Sprachen unterstützen können.

Familiäre Unterstützung

Die Befragung hat die Ergebnisse der Recherche bestätigt. Die familiäre Integration ist ein wesentlicher Punkt, um die Fachkraft in Deutschland zu halten. Eine Studie von Pethe (2005, S. 314 f.) stellt die soziale Integration von Familienangehörigen als Migrationshindernis fest. Der Zugang zur Erwerbstätigkeit für die begleitenden Ehepartner spielt hierbei die wichtigste Rolle, gefolgt von der Suche und Einrichtung einer Wohnung sowie dem Aussuchen von Kindergarten und/oder Schule.

Die Region Südostniedersachsen verfügt über einen Dual-Career-Service (Abschnitt 3.7.3). Die Unternehmen können, sofern diese zu den Netzwerkpartnern gehören, darauf zugreifen. Hier erhalten die Partner bei der Suche nach einem Job ebenfalls Unterstützung. Aber auch wenn die Unternehmen nicht zu diesen Netzwerken gehören, stehen ihnen viele Möglichkeiten zur Förderung und Unterstützung der Partner ihrer ausländischen Fachkräfte zur Verfügung.

Wie durch die Kommentare der Befragten deutlich geworden ist, ist die Kommunikation innerhalb der südostniedersächsischen Region in einer anderen Sprache als Deutsch sehr schwierig. Die deutsche Sprache ist unabdingbar und dies gilt auch für die Partner der Fachkräfte.

Unternehmen sollten eine finanzielle Beteiligung an den, durchaus abends zu belegenden Sprachkursen zusammen mit dem Partner anbieten.

Um die soziale Integration zu fördern, können die Unternehmen Aktivitäten arrangieren, bei denen die Partner und Familien teilnehmen können wie z. B. Grillen, Firmenläufe.

Förderung interkultureller Kompetenz

Wie die Befragung bestätigt hat, haben einige ausländische Fachkräfte aufgrund eines fehlenden Wissens über die deutsche Kultur Probleme mit dem Akkulturationsprozess. Als Vorbereitung für den Akkulturationsprozess dieser Fachkräfte empfiehlt die Verfasserin die Teilnahme an einem kulturspezifischen interkulturellen Training für Deutschland. Dieses kann deutsche Kulturstandards sowie do and don'ts vermitteln. Der Einsatz Interkultureller Trainings dient der Förderung der interkulturellen Handlungskompetenz und somit auch des Handlungserfolges. Ziel sind die Entwicklung der kognitiven, affektiven und behavioralen Komponenten dieser Kompetenz, die Wissensvermittlung über fremdkulturelle Orientierungssysteme oder Verhaltensmuster sowie die Stärkung der Fähigkeit zur emotionalen Selbstkontrolle im Umgang mit Menschen anderer Kulturen (Thomas et al., 2003, S. 181 ff.).

Die Fachkräfte können auf diese Weise erfahren, auf welchen Werten und Einstellungen das Handeln der Deutschen basiert und dadurch angemessene Verhaltensweisen entwickeln, auf die sie bei der Interaktion mit den Deutschen zurückgreifen können. Interkulturelles Lernen ist die Lerntätigkeit, bei der es zur Entwicklung von Kompetenzen kommt, die zur Verbesserung des Umganges mit Menschen aus anderen Kulturen (Kinast, 1998, S. 11) beitragen. Diese Aussage lässt erkennen, dass Integration keine Einbahnstraße ist. Im besten Fall hat sich im Unternehmen eine

Willkommenskultur etabliert, die das interkulturelle Lernen der gesamten Belegschaft als selbstverständlich erachtet. Zu bedenken ist die Einführung von ebenfalls regelmäßig stattfindenden speziellen Trainings für die deutschen Mitarbeiter zur allgemeinen interkulturellen Sensibilisierung. Diese Kombination verschiedener interkultureller Trainings könnte im Unternehmen zu einem verbesserten Umgang mit Dissonanz-Erfahrungen (Kammhuber, 2000, S. 51) führen.

Anmerkung 1: Aus Gründen der Lesbarkeit wurde im Text dieser Master-Thesis die männliche Form gewählt, nichtsdestoweniger beziehen sich die Angaben auf Angehörige aller Geschlechter.

Literaturverzeichnis

Allianz für die Region (2017). *Welcome Center.* https://www.allianz-fuer-die-region.de/welcome-center.html. Zuletzt besucht am 22.08.2017.

Ang, S. & Van Dyne, L. (2008). Handbook of Cultural Intelligence: Theory, Measurement, and Applications. Oxon: M.E. Sharpe.

BA- Bundesagentur für Arbeit (Hrsg.) (2011). *Neue Wege zur Personalgewinnung.* Nürnberg: Bundesagentur für Arbeit.

BA- Bundesagentur für Arbeit (Hrsg.) (2017). *Fachkräfteengpassanalyse.* Nürnberg: Bundesagentur für Arbeit.

Barrick, M. R.,Parks, L.,Mount, M. K. (2005). "Self-Monitoring as a Moderator of the Relationships Between Personality Traits and Performance", in: *Personnel Psychology, Volume 58 (3),* S. 745-767.

Becker, C./Lübbers, T. 2014. *Empiriegestütztes Monitoring zur Qualifizierungssituation in der deutschen Wirtschaft. Ergebnisbericht zur Welle Herbst 2013.* Berlin: GIB – Gesellschaft für Innovationsforschung und Beratung.

Becker, M., Fischer, M.& Spöttl, G. (2010). *Von der Arbeitsanalyse zur Diagnose beruflicher Kompetenzen: Methoden und methodologische Beiträge aus der Berufsbildungsforschung.* Frankfurt am Main: Internationaler Verlag der Wissenschaften.

Benseler, F. (2003). Interkulturelle Kompetenz – Grundlagen, Probleme und Konzepte. In: *Erwägen, Wissen, Ethik Jg. 14,* H.1, 137-228.

Bild.de. (2015). Um stark zu bleiben brauchen wir Zuwanderung http://www.bild.de/politik/inland/gerhardschroeder/fordert-fuer-zuwanderungspolitikagenda-2020-42381884.bild.html. Zuletzt besucht am 10.08.2017.

Bittner, A. & Reisch, B. (1994). *Interkulturelles Personalmanagement. Internationale Personalentwicklung, Auslandsentsendungen, interkulturelles Training.* Wiesbaden: Gabler Verlag.

Braunschweiger Zeitung (2017). *Aus China kommt Verstärkung.* Braunschweig: BZV Medienhaus GmbH.

Breuer, W. & Gürtler, M. (2003). *Internationales Management. Betriebswirtschaftslehre der internationalen Unternehmung.* Wiesbaden: Betriebswirtschaftlicher Verlag Dr. Th. Gabler/ GWV Fachverlage GmbH.

Brislin, R. (1981). *Cross-Cultural Encounters: Face-to-Face Encounters.* New York: Pergamon.

Brislin, R., Worthley, R., & Macnab, B. (2006*). Cultural Intelligence: UNDERSTANDING BEHAVIORS THAT SERVE PEOPLE'S GOALS. Group & Organization Management, 31(1),* 40-55. doi:10.1177/1059601105275262.

Bundesministerium für Migration und Flüchtlinge (2017), *https://www.bmwi.de/Redaktion/DE/Artikel/Ausbildung-und-Beruf/passgenaue-besetzung.html.* Zuletzt besucht am 15.08.2017.

Bundesregierung (2011). *Fakten und Position der Bundesregierung zum so genannten Fachkräftemangel.* Drucksache 17/4784. Köln: Bundesanzeiger Verlagsgesellschaft mbH.

Bundesregierung (2015). *Zuwanderung. Deutschland ist auf ausländische Fachkräfte angewiesen.* https://www.bundesregierung.de/Content/DE/Infodienst/2015/02/2015-02-12-zuwanderung/00-zuwanderung.html;jsessionid=3537972D03468C2A41457BE19BCD65DF.s5t1. Zuletzt besucht am 14.09.2017.

Clermont, A. & Schmeisser, W. (1997). *Internationales Personalmanagement.* München: Verlag Franz Vahlen.

Düfler, E. (1991). *Internationales Management in unterschiedliche Kulturbereichen.* München: Oldenbourg Wissenschaftsverlag GmbH.

Earley P. C. & Ang, S. (2003). *Cultural intelligence: Individual interactions across cultures.* Stanford: Standford University Press.

Edwards, J. R. (1991). Person-job fit: A conceptual integration, literature review, and methodological critique. In C. L. Cooper, I. T. Robertson, C. L. Cooper, I. T. Robertson (Eds.), *International review of industrial and organizational psychology*, 1991, Vol. 6 g (pp. 283-357). Oxford, England: John Wiley & Sons.

Engelhardt, S. (2014). *Neue Mitarbeiter erfolgreich einarbeiten.* 2., überarbeitete und erarbeitete Auflage. Stuttgart: W. Kohlhammer GmbH.

Esser, H.(1980). *Aspekte der Wanderungssoziologie. Assimilation und Integration von Wanderern, ethnischen Gruppen und Minderheiten. Eine handlungstheoretische Analyse.* Neuwied/Darmstadt: Hermann Luchterhand.

Esser, H. (2001). *Integration und ethnische Schichtung*. Mannheim: Arbeitspapiere – Mannheimer Zentrum für Europäische Sozialforschung.

EURES. (2018). Das europäische Portal Zur beruflichen Mobilität. https://ec.europa.eu/eures/public/de/homepage. Zuletzt besucht am 14.09.2017.

Europass. (2018). *Lebenslauf*. https://europass.cedefop.europa.eu/de/documents/curriculum-vitae. Zuletzt besucht am 31.01.2018.

Europäische Gemeinschaft (2003).*Empfehlung 2003/361/EG*. In: Amtsblatt der Europäischen Union Nr. L 124, S. 36.

Fachkräftebündnis Südostniedersachsen. (2017). Fachkräfteinitiative Niedersachsen. http://www.fachkraeftebuendnis-son.de/ueber-uns/fachkraefteinitiative-niedersachsen. Zuletzt besucht am 12.09.2017.

Festing, M., Dowling, P.J., Weber, W. & Engle, A.D. (2011). *Internationales Personalmanagement*. Wiesbaden: Gabler Verlag.

Gabler Wirtschaftslexikon. *Interkulturelles Management*. http://wirtschaftslexikon.gabler.de/Definition/interkulturelles-management.html. Zuletzt besucht am 28.09.2017.

Gleis, M; Wiechmann, B: „Neue Konzequenzen". Re-Source 25 (2012) Heft 3. S. 33-39

Goehte-Institut. (2018). https://www.goethe.de/de/lan.html. Zuletzt besucht am 01.02.2018.

Goldberg, A., Halm, D., Sauer, M. (Hg.) (2003). *„Migrationsbericht der Stiftung Zentrum für Türkeistudien"*. Münster: LIT Verlag.

Grimm, F., Herrmann, G., Mühlenkord, P. & Pols, A. (2016). *Migration von Fach- und Führungskräften nach Deutschland 2016*. Zu finden unter: https://www.bitkom-research.de/epages/63742557.sf/sec5922710f3d/?ObjectPath=/Shops/637425577Categories/Referenzen/LinkedIn_Migration_von_Fach_und_Fuehrungskraeften_nach_Deutschland. Zuletzt besucht am 09.09.2017.

Hagmann, J. & Hagmann, C. (2012). *Erfolgreich bewerben mit Migrationshintergrund*. Haufe-Lexware GmbH & Co.KG: Freiburg.

Hennig, J. (2007). *Kommunikation und Führung in China. Rekrutierung und Vorbereitung von Mitarbeitern auf den Auslandseinsatz*. Norderstedt: GRIN Verlag GmbH.

Hesseler, M. (1982). *"Erfolgskontrolle beruflicher Fortbildungsmaßnahmen in Industrieunternehmen"*. Lengerich: Westdeutscher Verlag.

Hofstede, G./Hofstede, G.J. (2009). Lokales Denken, globales Handeln: Interkulturelle Zusammenarbeit und globales Management. 4. Auflage, München: Verlag C.H. Beck.

Inlingua. (2018). https://www.inlingua.com/de/. Zuletzt besucht am 01.02.2018.

Jordan, J., & Cartwright, S. (1998*)*. Selecting expatriate managers: Key traits and competencies. Leadership & Organization *Development Journal*, 19 (2), S. 89-96.

Kammhuber, S. (2000). *Interkulturelles Lernen und Lehren*. Wiesbaden: Springer Verlag.

Kinast, E.-U. (1998*)*. *"Evaluation interkultureller Trainings"* (Diss.). Lengerich: Pabst Science Publishers.

Kühlmann, T. (1995). *Mitarbeiterentsendung ins Ausland. Auswahl, Vorbereitung, Betreuung und Wiedereingliederung*. Göttingen: Verl. für Angewandte Psychologie.

Mendenhall, M.E., Punnet, B.J., Ricks, D.A. (1995). *Global Management. Cambridge*, MA: Blackwell Publishers.

Mesaros, L., Vanselow, A., Weinkopf, C. (2009) "Fachkräftemangel in KMU: Ausmaß, Ursachen und Gegenstrategien". Bonn: Friedrich-Ebert-Stiftung.

Meyer, T. (2004): *Interkulturelle Kooperationskompetenz: eine Fallstudienanalyse interkultureller Interaktionsbeziehungen in internationalen Unternehmenskooperationen*. Frankfurt (Main)Peter Lang. Internationaler Verlag der Wissenschaften.

Necker, S. (2013). Internationale Fachkräfte erfolgreich betrieblich integrieren. In *Charta der Vielfalt. Weltoffen = Zukunftsfähig? Diversity Management & Internationalität* (S. 48-51). Berlin: Charta der Vielfalt.

Niedersächsisches Ministerium für Wirtschaft, Arbeit und Verkehr (2015). *Neues Integrationsprojekt Handwerkliche Ausbildung für Flüchtlinge und Asylbewerber*. https://www.mw.niedersachsen.de/aktuelles/presseinforma tionen/neues-integrationsprojekt-handwerkliche-ausbildung -fuer-fluechtlinge-und-asylbewerber--137944.html. Zuletzt besucht am 19.08.2017.

NIW – Niedersächsisches Institut für Wirtschaftsforschung (2014). *Basisanalyse zur Identifizierung spezifischer Handlungsbedarfe für fünf Regionen in Niedersachsen. Teil B: Region Braunschweig.* Hannover: NIW.

NLS - Niedersächsisches Landesamt für Statistik (2015).*LSN-Online Regionaldatenbank.* Abgerufen unter: http://www1.nls.niedersachsen.de/statistik/. Zuletzt besucht am 18.08.2017.

Pantazis, N. (2006). *Unternehmensgründungen in regionalen Clustern, untersucht am Beispiel der Optischen Technologien in Südostniedersachsen.* Hannover: Naturwissenschaftliche Fakultät der Universität Hannover.

Pethe, H. (2005). *Internationale Migration hoch qualifizierter Arbeitskräfte. Die Greencard-Regelung in Deutschland.* Wiesbaden: Deutscher Universitäts-Verlag.

Pöschl, I. (2008). *Synergien durch kulturelle Diversität.* St. Pölten.

Prechtl, E. (2009). *Interkulturelles Assessment Center-Prognosekraft für Auslandsentsendungen und multikulturelle Gruppen.* Lengerich: Pabst Science Publishers.

Remhof, S. (2014). *Absicht zur Arbeit im Ausland. Der Einfluss von Persönlichkeitsmerkmalen und internationaler Erfahrung.* Wiesbaden: Springer Fachmedien.

RKW Kompetenzzentrum (2015). *Fachkräfte finden und binden – Vielfalt nutzen. Alle Formulare und Checklisten zum Leitfaden.* https://www.rkw-kompetenzzentrum.de. Zuletzt besucht am 08.02.2018.

Rupprecht, H.(2007). *Expatriate Management: Sprachliche und interkulturelle Vorbereitung auf den Auslandeinsatz.* Hamburg: Druck Diplomica Verlag GmbH.

Sauter, W. & Staudt, A.-K.. (2016). *Kompetenzmessung in der Praxis. Mitarbeiterpotentiale erfassen und analysieren.* Wiesbaden: Springer Gabler.

Schüller, S. (2016). *Kämme-Schulen fassen Fuß in China.* http://www.schuellers-bwa-talk.de/kaemmer-schulen-fassen-fuss-in-china/. Zuletzt besucht am 19.09.2017.

Schwarzer, R. & Scholz, U. (2000). CROSS-CULTURAL ASSESSMENT OF COPING RESOURCES: THE GENERAL PERCEIVED SELF-EFFICACY SCALE.

Shaffer, M. A., Harrison & D. A., Gilley, K. M. (1999): Dimensions, Determinants, and Differences in the Expatriate Adjustment Process. In: *Journal of International Business Studies*, Vol. 30: 557–581.

Spieß, E./Wittmann, A. (1996). Motivation zum Auslandseinsatz bei Führungsnachwuchskräften, in: *Zeitschrift für Arbeits- und Organisationspsychologie*, Band 40 (1), S. 42-46.

Spitzberg, B.H. & Cupach, W.R. (1989). *Handbook of interpersonal competence research.* New York: Springer Verlag.

Statistisches Bundesamt (2015). *Pressemitteilung Nr. 277* vom 03.08.2015. Statistisches Bundesamt (2017). *Pressemitteilung Nr. 261* vom 01.08.20173.

Sternberg, R. J., Detterman, D. K. (1986): *What is intelligence? Contemporary Viewpoints on its nature and definition.* Norwood: Frederick A. Praeger Verlag.

Stüdlein, Y. (1997): *Management von Kulturunterschieden: Phasenkonzept für internationale strategische Allianzen.* Wiesbaden: Gabler Verlag.

Thomas, A., Kammhuber, S., Schroll-Machl, S. (Hrsg.) (2003). *Handbuch Interkulturelle Kommunikation und Kooperation - Band 2: Länder, Kulturen und interkulturelle Berufstätigkeit.* Göttingen: Vandenhoeck & Ruprecht.

Voigt, V. (2013). Interkulturelles Mentoring made in Germany. Zum Cultural Diversity Management in multinationalen Unternehmen. Wiesbaden: Springer Fachmedien Verlag.

Wang, B. C./Bu, N. (2004). Attitudes Toward International Careers Among Male and Female Canadian Business Students After 9 11, in: *Career Development International*, Volume 9 (7), S. 647-673.

Ward, C., Fischer, R., Lam, F. Z., & Hall, L. (2009). The Convergent, Discriminant, and Incremental Validity of Scores on a Self-Report Measure of Cultural Intelligence. *Educational & Psychological Measurement, 69(1)*, 85-105.

Weber, W., Festing, M., Dowling, P., Schuler, R.S. (2001). *Internationales Personalmanagement.* Wiesbaden: Springer Fachmedien.

Weggel, O. (1989) *Die Asiaten: Gesellschaftsordnungen, Wirtschaftssysteme, Denkformen, Glaubensweisen, Alltagsleben, Verhaltensstile.* München: Verlag C.H. Beck.

Welcome Center der Region (2017). http://welcome-center-der-region.de/welcome-center/regionnetzwerk/. Zuletzt besucht am 20.08.2017.

Welge, M. & Holtbrügge. (2006). *Internationales Management.* 4. Auflage. Stuttgart: Schäffer-Poeschel Verlag für Wirtschaft.

Wirth, E. (1992): *Mitarbeiter im Auslandseinsatz. Planung und Gestaltung.* Wiesbaden: Gabler.

Wiseman, R. L. (2002): Intercultural communication competence, in: Gudykunst, William B. & Mody, Bella *(Hrsg.), Handbook of international and intercultural communication,* Thousand Oaks, S. 207-224.

Wittkop, T. (2005). *Interkulturelle Kompetenz deutscher Expatriates in China. Qualitative Analyse, Modellentwicklung und praktische Empfehlungen.* Wiesbaden: Deutscher Universitäts-Verlag.

Zielgruppenorientiertes Business-Coaching für Fach- und Führungskräfte der Generation Y

Stefanie Liensdorf

Seit vielen Jahren kommt der Generation Y große Aufmerksamkeit in der populärwissenschaftlichen Literatur und den Medien, aber auch in der empirischen Forschung zu. Es häufen sich gegensätzliche Meinungen und stereotypische Annahmen, wer und wie die Generation Y denn eigentlich sei, welchen Wertevorstellungen sie folge und wie sie sich im Berufsleben verhalte. Sehen sich Fach- und Führungskräfte der Generation Y mit den gleichen persönlichen Krisen und Wünschen im Arbeitsleben konfrontiert wie andere Generationen oder kristallisieren sich aufgrund ihrer vermuteten Unterschiedlichkeit komplett neue Themen heraus? Und welche speziellen Coaching-Anlässe ergeben sich hieraus für das Coaching von Generation Y-Mitgliedern?

For many years now, Generation Y has attracted great attention in popular science literature and the media, as well as in empirical research. Conflicting opinions and stereotypical assumptions about who and how Generation Y actually is, which values it follows, and how it behaves in its professional life are becoming more and more common. Do professionals and managers of Generation Y see themselves confronted with the same personal crises and desires in working life as other generations or do completely new topics emerge due to their presumed differences? And which special coaching occasions result from this for the coaching of Generation Y members?

1. Einleitung

Was beschäftigt die Generation Y?
Der Generation Y wird zugeschrieben, dass diese sehr selbstbewusst, zielstrebig und technologieaffin ist, manchmal mit einem Hang zu Dickköpfigkeit, Ich-Bezogenheit, hoher Freizeitorientierung und Ungeduld bei der Erledigung von Arbeitsaufgaben. Doch lassen sich diese Stereotype tatsächlich im wissenschaftlichen Kontext als die wesenstypischen Merkmale der Generation Y nachweisen?

Die vermutete Unterschiedlichkeit der Generation Y führt zu einer weiteren Frage: Sehen sich Fach- und Führungskräfte der Generation Y mit den gleichen persönlichen Krisen und Wünschen im Arbeitsleben konfrontiert wie andere Generationen oder kristallisieren sich aufgrund ihrer Unterschiedlichkeit komplett neue Themen heraus? Und werden demnach Coaches, die Generation Y-Mitglieder coachen, mit neuartigen Coaching-Anlässen konfrontiert? Diesen Fragen soll in dem vorliegenden Beitrag nachgegangen werden.

Es werden zwei Hypothesen untersucht:
- **Hypothese 1:** Die Generation Y stellt besondere Anforderungen und Bedürfnisse an das heutige Arbeitsleben, welche sich von den bisherigen Generationen unterscheiden.
- **Hypothese 2:** Aus der grundlegenden Unterschiedlichkeit der Generation Y im Vergleich zu anderen Generationen ergeben sich besondere, zielgruppenspezifische Coaching-Anlässe für die Generation Y.

Zielgruppen der Untersuchung sind praktizierende und angehende Coaches, die sich auf das Coaching der Generation Y ausrichten und im Vorfeld die Wesenszüge der Generation Y, ihre lebensphasenbezogenen Probleme und Herausforderungen und daraus abgeleitete mögliche Coaching-Anlässe kennenlernen möchten.

2. Definitorische Grundlagen

Im Folgenden werden relevante Begrifflichkeiten definiert und abgegrenzt.

Coaching-Anlass

Da der Begriff Coaching-Anlass in der wissenschaftlichen Literatur nicht konkret definiert ist und oftmals divers verwendet wird (Böning & Fritschle, 2005, S. 87), wird hier eine Definition in Anlehnung an Schreyögg (2003) vorgenommen:

> Unter einem Coaching-Anlass wird die Antwort eines Coachee auf die Frage verstanden, aus welchem konkreten Grund er einen Coach aufsucht. Der Coaching-Anlass kann hierbei sowohl als Problem (zum Beispiel, wenn sich der Coachee in einer Krise befindet) als auch als Wunsch zur Weiterentwicklung seiner Fähigkeiten ausformuliert werden. Eine Abgrenzung zwischen Coaching-Anlass und Coaching-Thema findet insofern statt, als dass sich hinter der Nennung eines einzigen Coaching-Anlasses während der Einstiegsphase des Coachings im weiteren Coaching-Verlauf zusätzliche, teils verborgene Coaching-Themen ergeben können, die mit dem ursprünglichen Coaching-Anlass in Verbindung stehen und im weiterführenden Coaching-Prozess bearbeitet werden.

Sozialer Wandel

In der wissenschaftlichen Literatur existieren vielfältige Definitionen des sozialen Wandels, z.B. in Werken von Jäger (1981), Hillmann & Hartfiel (1994) und Weymann (1998). Allen Begriffserklärungen gemeinsam ist das Verständnis, dass es sich bei sozialem Wandel um die Veränderung gesellschaftlicher Strukturen handelt: „In der heutigen Soziologie wird sozialer Wandel [...] als Veränderung in der Struktur eines sozialen Systems definiert. Sozialer Wandel ist auf verschiedenen gesellschaftlichen Ebenen zu beobachten, auf der Makroebene der Sozialstruktur und Kultur, auf der Mesoebene der Institution, korporativen Akteure und Gemeinschaften, auf der Mikroebene der Personen und ihrer Lebensläufe [...]." (Weymann, 1998, S. 14).

Der soziale Wandel verändert sowohl die Rahmenbedingungen für die Sozialisation von Individuen (z.B. Arbeitnehmern) als auch von Organisationen (z.B. Unternehmen) und deren Umwelten (Pfeil, 2017, S. 16 f.).

Geißler und Meyer (2014) haben zwölf Elemente des sozialen Wandels, welche sich in Folge der sozialstrukturellen Modernisierung im Zuge der Wiedervereinigung Deutschlands entwickelt haben, herausgearbeitet. Da dieser Zeitraum etwa mit der Entstehung der Generation Y übereinstimmt, kann davon ausgegangen werden, dass die Sozialisation der Generation Y durch diese Elemente maßgeblich beeinflusst und auch die heutige Arbeitswelt hierdurch geprägt wurde. Beispielsweise sind hier die:

- „Wissens- und Bildungsgesellschaft [...] [, die]
- Dienstleistungsgesellschaft [...] [, die]
- Verringerung der sozialen Ungleichheiten zwischen den Geschlechtern [...] [, die]
- demografischen Entwicklungen [...] [, die]
- multiethnische Einwanderungsgesellschaft [...] [, die]
- pluralistische[n] Funktionseliten mit eingeschränkter Macht [...] [oder die]
- vertikale[n] soziale[n] Ungleichheiten [...]" (Geißler & Meyer, 2014, S. 458-460) zu nennen.

Seit Ende der 1960er Jahre ist ein massiver Wertewandel auf allen Ebenen der Arbeitswelt zu verzeichnen, den Klages (1989) als Wertwandelsschub bezeichnet (Pfeil, 2017, S. 146). Damit verbunden sind weitreichende Veränderungen für die Arbeitswelt, u.a.:

- Abnahme der Berufs- und Leistungsorientierung hin zu einer privat-hedonistischen Haltung,
- Trend vom Materialismus zum Postmaterialismus,
- Abbau von Pflicht-/Akzeptanzwerten und Zunahme von Selbstentfaltungswerten (Steigerung des Individualismus),
- Bedeutungszuwachs bei Autonomiewerten,
- Betonung und hohe Priorisierung der Freizeit,
- abnehmende Bereitschaft zur Unterordnung und Befolgung von Regeln,
- zunehmende Individualisierung der Wertstrukturen,
- starke Orientierung an familiären und zwischenmenschlichen Werten (Pfeil, 2017, S. 147 f.).

Auf Unternehmensebene führt der Wertewandel zu folgenden Veränderungen, u.a.:

- Abbau von Hierarchiestufen und damit verbunden Aufbau neuer Managementkonzepte und mehr Selbstbestimmung (Graf, 2002, S. 1 f.),
- Fachkräftemangel aufgrund des demographischen Wandels (Graf, 2002, S. 1 f.),
- hohe Anforderungen an Flexibilität, Wandlungsbereitschaft und Anpassungsgeschwindigkeit der Mitarbeiter aufgrund permanenter und beschleunigter Veränderungsprozesse (Graf, 2002, S. 1 f.),
- hohe Anforderungen an Sprachkenntnisse, Mobilitätsbereitschaft, interkulturelle Kompetenz, Arbeit in internationalen Teams und technologische Kompetenz der Mitarbeiter aufgrund der Globalisierung (Pfeil, 2017, S. 26).

Somit stellt der soziale Wandel einen Haupteinflussfaktor für die Herausbildung einer neuen Generation dar.

Das Generationenkonzept

Sozialer Wandel wirkt auf Mitglieder einer bestimmten Alterskohorte in der Art, dass er die Sozialisationsbedingungen für alle Sozialisationsphasen verändert. Aus dem sozialen Wandel gehen schicksalhafte Ereignisse hervor, die besonders während der formativen Phase eines Individuums (d.h. im Alter zwischen 16 und 25 Jahren) einen entscheidenden Einfluss auf dessen zukünftige Werte, Einstellungen und Verhaltensweisen haben. Aus den gemeinsam erlebten Erfahrungen der Mitglieder einer Alterskohorte entwickelt sich eine generationsspezifische Identität, welche als Hauptcharakteristik einer neu gebildeten Generation gilt. Neben der Einwirkung auf die Sozialisation von einzelnen Generationsmitgliedern und Alterskohorten wirkt sich der soziale Wandel außerdem auf die Entwicklung von Organisationen (z.B. Unternehmen) aus, woraus sich wiederum veränderte Interaktionsbeziehungen zwischen Individuen, Gruppen und Organisationen ergeben können.

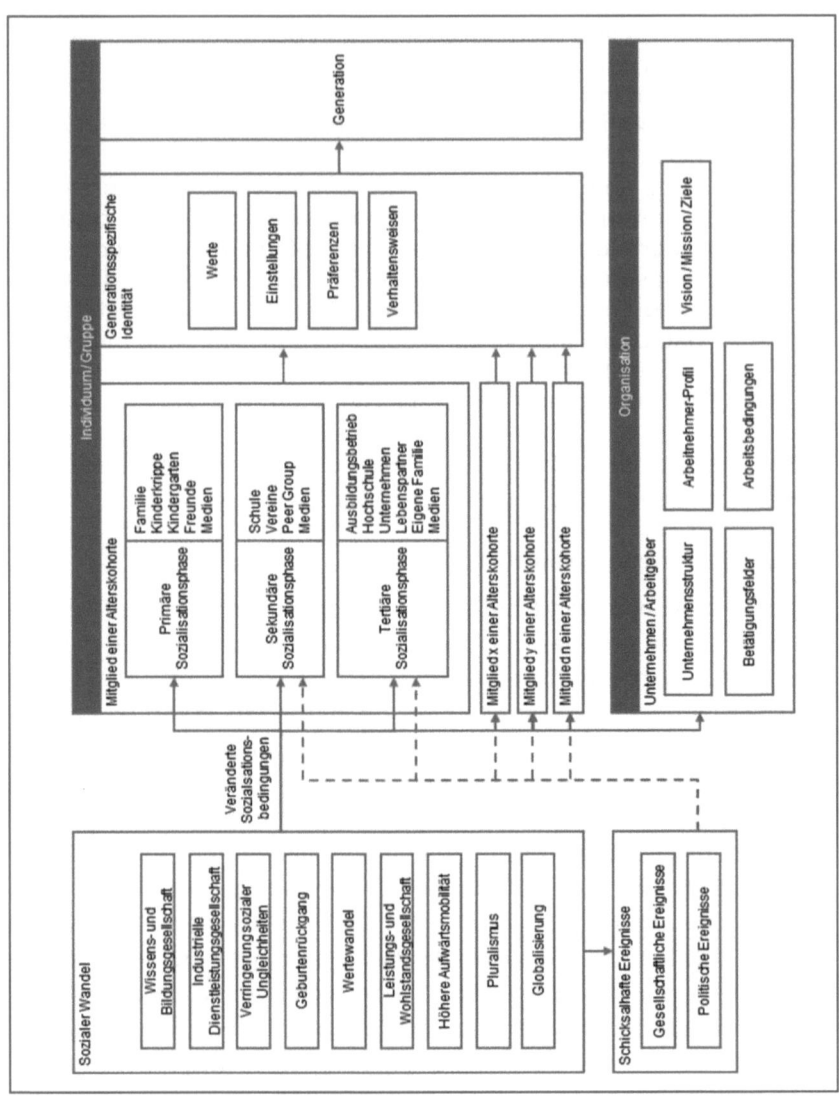

Abbildung 2.1. Einflussfaktoren für die Herausbildung einer neuen Generation (in Anlehnung an Geißler & Meyer, 2014, S. 458 ff., Pfeil, 2017, S. 16 f., 159 und Tillmann, 2010, S. 26)

Generation Y

Als Generation Y wird von Klaffke (2014) die Alterskohorte der 1981- bis 1995-Geborenen bezeichnet, d.h. im Jahre 2018 waren ihre Mitglieder zwischen 23 und 37 Jahre alt (Klaffke, 2014, S. 12). Je nach Geburtsjahrgang erlebte diese Generation ihre formative Phase ab 1997 und wurde im Sozialisationsprozess durch folgende historische Ereignisse besonders geprägt: die Terroranschläge auf das World Trade Center und das Pentagon (2001) und die nachfolgenden kriegerischen Auseinandersetzungen in Afghanistan (seit 2001) und im Irak (2003), diverse Amokläufe an Schulen (z.B. am Gutenberg-Gymnasium in Erfurt in 2002), mehrere Tierseuchen (z.B. Vogelgrippe in 2006) und Umweltkatastrophen (z.B. Tsunami im Indischen Ozean in 2004). Besonders bedeutsame politische Ereignisse waren die Einführung der gemeinsamen Euro-Währung (ab 1999), die Ausweitung der Europäischen Union von 15 auf 28 Mitgliedsstaaten (bis 2004) und die Ablösung der rot-grünen Bundesregierung durch verschiedene Regierungskoalitionen mit Übernahme des Bundeskanzleramtes durch Angela Merkel als erste Frau in dieser Führungsposition (seit 2005). Des Weiteren erlebte die Generation Y aus ökonomischer Sicht bereits einige Wirtschaftskrisen und Börsencrashs, zum Beispiel das Rezessionsjahr (2003) und die Finanz- und Weltwirtschaftskrisen seit 2007, die auch einige europäische Staaten (z.B. Spanien, Portugal, Italien, Griechenland, Irland) trafen. Aufseiten der Technologie wuchs die Generation Y mit der allgegenwärtigen Verbreitung von Computern im Privatbereich auf, zu dem ab 2007 auch ein sprunghafter Anstieg von mobilen Endgeräten hinzukam, der seit 2012 die Anzahl von stationären Computern übersteigt. Auch die Verbreitung des Internets ab Mitte der 1990er Jahre hatte einen großen Einfluss auf die gegenwärtigen Kommunikationstechniken der Generation Y, die heute weitestgehend digital ablaufen (Pfeil, 2017, S. 69).

Auf psychologischer Ebene gibt es bisher nur wenige empirische Forschungsarbeiten zur Charakterisierung der Generation Y. Diese unterscheiden und widersprechen sich in ihren Ergebnissen mitunter sehr stark (Pfeil, 2017, S. 152). Nach der Analyse einiger ausgewählter Längs- und Querschnittuntersuchungen von Twenge/Campbell (2008), Smits et al. (2011), Metzler (2014), Biemann/Weckmüller (2013) und Pfeil (2017) ergibt sich ein sehr widersprüchliches Bild über die Charakteristik der Generation Y verglichen mit anderen Generationen. Beispielsweise zeigte die Längsschnittuntersuchung von Twenge/Campbell (2008), dass die Generation Y ein wesentlich stärkeres Selbstbewusstsein und ein höheres Selbstwertgefühl, welches sogar narzisstische Züge annehmen kann, aufweist und dass dies der Grund für eine oftmals übersteigerte Erwartungshaltung gegenüber dem (potentiellen) Arbeitgeber sein könne (Twenge & Campbell, 2008, S. 863 ff.). Biemann/Weckmüller (2013) stellen hingegen in ihrem Beitrag „Generation Y – Viel Lärm um fast nichts" eine Analyse verschiedener Längs- und Querschnittstudien mit dem Ergebnis vor, dass die Generation Y sich nicht so stark von anderen Generationen unterscheidet wie oft in populärwissenschaftlichen Quellen behauptet (Biemann & Weckmüller, 2013, S. 46). Unter Betrachtung weiterer Studien hat Pfeil (2017) in seiner Dissertation typische Stereotypen der Generation Y, wie sie oftmals in der populärwissenschaftlichen Literatur angeführt werden, mit den Ergebnissen weiterer Quer- und Längsschnittuntersuchungen verglichen. Hierbei konnten folgende Stereotypen durch verschiedene wissenschaftliche Studien bestätigt werden:

- geringere Gewichtung des Stellenwerts der Erwerbstätigkeit als frühere Generationen,
- Abnahme der zentralen Bedeutung des Berufs bei der Identitätsbildung,
- Forderung eines ausgeglichenen Verhältnisses von Privat- und Berufsleben,
- stärkere Gewichtung der sozialen Aspekte im beruflichen Umfeld,
- geringeres Commitment zum Arbeitgeber
(Pfeil, 2017, S. 153).

Widersprüchliche empirische Forschungsergebnisse hingegen gab es in den von Pfeil (2017) betrachteten Studien bei den folgenden Eigenschaften:

- langfristige Motivation zum Verbleib bei einem Arbeitgeber (Unklarheit über Wichtigkeit extrinsischer Motivationsfaktoren),
- Wichtigkeit sozialer und altruistischer Werte (z.B. Freundschaften, Hilfsbereitschaft, soziales Engagement),
- Wichtigkeit von Statusattributen
(Pfeil, 2017, S. 153 f.).

Folglich konnte aus der Analyse der vorliegenden Studien kein klares Werteprofil für die Generation Y entwickelt werden. Vielmehr häuften sich im Rahmen der Analyse Hinweise darauf, dass Alterseffekte der Hauptgrund für die Unterschiedlichkeit der heute noch jungen Generation Y sein könnten. Biemann (2013) empfiehlt sogar, „[...] die Personalarbeit lebensphasenorientiert und nicht generationenorientiert [...]" (Biemann & Weckmüller, 2013, S. 47) auszurichten. Auch Bruch et al. (2010) untermauern die These, dass Alters- und Lebensphaseneffekte einen großen Einfluss auf das Verhalten eines Menschen am Arbeitsplatz haben (Bruch et al., 2010, S. 93). Aufgrund der Häufung solcherlei Stellungnahmen wurde die Betrachtungsbasis auf die so genannten Lebenszykluskonzepte, welche die aktuelle Alters- und Lebensstruktur der Generation Y-Mitglieder berücksichtigen, ausgeweitet.

Konzept der Lebenszyklen

Aus dem Forschungsfeld der *life-span development psychology* sind unterschiedliche Lebenszykluskonzepte hervorgegangen (Oertel, 2007, S. 57). Die Grundlage dieser Konzepte stellen die Lebenszyklusphasen dar, die auf Basis des Alters oder des Entwicklungsstandes eines Individuums konstituiert werden. Innerhalb der existierenden Modelle werden diesen Lebenszyklusphasen die jeweiligen Bedürfnisse des Individuums zugewiesen, die sich aus seiner biologischen, psychologischen und sozialen Entwicklung ergeben. Zusätzlich werden den Lebenszyklusphasen die jeweils typischen Normen- und Wertvorstellungen sowie Rollen und damit verbundene Rollenerwartungen (z.B. erwünschtes Verhalten, Status), ausgelöst von der Umwelt, zugewiesen. Phasenübergänge werden durch bedeutende Ereignisse ausgelöst (Oertel, 2007, S. 61 und 94).

Graf (2002) hat in ihrem Konzept zur lebenszyklusorientierten Personalentwicklung fünf relevante Lebenszykluskonzepte identifiziert:

- ***biosozialer Lebenszyklus:*** umfasst alle Lebenszyklusphasen von der Geburt bis zum Tod eines Menschen. Die Lebenszyklusphasen basieren auf dem biologischen Alter des Menschen und repräsentieren den „[...] stufenweisen Verlauf der Persönlichkeitsentwicklung [...]" (Graf, 2002, S. 47), der von verschiedenen biologischen (z.B. die mit zunehmenden Alter auftretenden körperlichen Leiden) und sozialen (z.B. familiäre Erziehung, gesellschaftliche und kulturell tradierte Wertevorstellungen, soziale Normen und Riten) Faktoren beeinflusst wird (Graf, 2002, S. 45 ff.). Für die weiteren Ausführungen wurde das acht Reifephasen umfassende biosoziale Zykluskonzept von Erikson (1988) ausgewählt (Graf, 2002, S. 49), wobei aktuell lediglich die Phasen 6 und 7 für die Generation Y zutreffen.

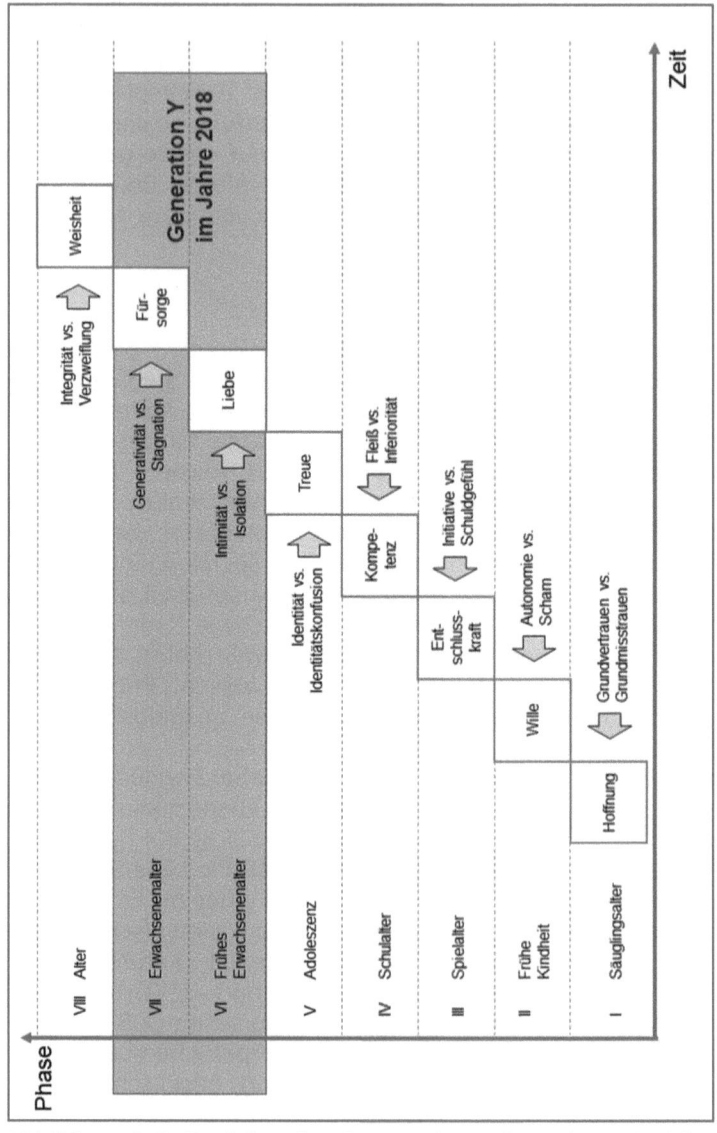

Abbildung 2.2. Position der Generation Y im Jahre 2018 im biosozialen Lebenszyklus nach Erikson (in Anlehnung an Erikson, 1988, S. 72 f.)

- *familiärer Lebenszyklus:* beschreibt die verschiedenen Stadien, Rollen und kritischen Familien-Entwicklungsaufgaben innerhalb der Familie des Individuums. Aus beruflicher Sicht ist hier besonders das Spannungsfeld Beruf und Familie von Bedeutung (Graf, 2002, S. 45). Für die Ableitung von Coaching-Anlässen wurden die acht Phasen umfassenden Zyklusmodelle von Duvall (1977), Schein (1978) und Graf (2002) herangezogen, wobei aktuell lediglich die Phasen 3 bis 5 für die Generation Y zutreffen.

Tabelle 2.1. Familiärer Lebenszyklus (in Anlehnung an Duvall, 1977, S. 144 ff., Schein, 1978, S. 49 ff. und Graf, 2002, S. 61 ff.)

Phase	Rollen innerhalb der Familie	Kritische Herausforderungen und Familien-Entwicklungsaufgaben
1) Elternabhängiges Kind	• Sohn / Tochter	• Anpassung an die Familienumgebung • Erlernen von Unabhängigkeit und Beherrschung der Umwelt • Akzeptanz der Abhängigkeit von den eigenen Eltern • Erlernen der Deutung von gewünschtem / unerwünschtem Verhalten • Durchsetzen der eigenen Bedürfnisse in Einklang mit den elterlichen Bedürfnissen • Imitieren und Identifikation mit dem elterlichen Verhalten
2) Eigene Adoleszenz	• Sohn / Tochter	• Finden der Balance zwischen totaler und teilweiser Unabhängigkeit • Ausprobieren und Lernen aus Fehlern in sicherer und unterstützender Umgebung
3) Junger Erwachsener (Single)	• Partner	• erste Beziehung und sexuelle Erfahrungen • Entscheidung für oder gegen Ehe • Finden des Partners fürs Leben

Phase	Rollen innerhalb der Familie	Kritische Herausforderungen und Familien-Entwicklungsaufgaben
4) Feste Partnerschaft / Verheiratetes Individuum	• Partner • Ehemann • Ehefrau	• Gewöhnung an gemeinsames Leben mit Partner • Aufbau eines beiderseitig befriedigenden Ehelebens • Entscheidung für oder gegen Kinder • Anpassung an die Schwangerschaft und bevorstehende Elternschaft • Integration in die neue Verwandtschaft • Erwerb von Wohnungseigentum / Hausbau • langfristige Lebensplanung inkl. finanzieller Mittel und Verbindlichkeiten • Finden einer Balance zwischen eigenen Bedürfnissen und denen des Partners • Lernen von Finanzplanung und der Fähigkeit zum Treffen langfristiger Entscheidungen • Entwicklung einer Einstellung zu Kindern (emotional und finanziell)
5) Eltern von Kleinkindern	• Ehemann – Vater • Ehefrau – Mutter • Tochter – Schwester • Sohn – Bruder	• Bewältigung der Geburt und ersten Monate des Elternseins • Akzeptanz des Elternseins (irreversible Entscheidung mit hoher emotionaler, rechtlicher und finanzieller Verantwortung) • Anpassung an Bedürfnisse der Kinder und Unterstützung in ihrer Entwicklung • Aufbau eines befriedigenden Zuhauses (für Eltern und Kinder) • Entscheidung für / gegen und ggf. Akzeptanz der wachsenden Familie (weitere Nachkommen) • Entwickeln einer Einstellung zur Kinderbetreuung und Organisation dieser (ggf. Vereinbarkeit Familie – Berufskarriere) • Überwindung finanzieller Hürden aufgrund wachsender Familie • neue Beziehungsgestaltung zu Ehepartner (Balance Kinder – Ehe) und Managen von Privatsphäre • Energiemanagement Familie – Beruf (Überwinden Energielosigkeit) • Entwickeln von Werten und Vorstellungen zur bevorstehenden Schulbildung der Kinder • Fordern, Fördern und Begleitung der Kinder in Kindergarten und ersten Schuljahren

Phase	Rollen innerhalb der Familie	Kritische Herausforderungen und Familien-Entwicklungsaufgaben
6) Eltern von Jugendlichen	• Ehemann – Vater • Ehefrau – Mutter • Tochter – Schwester • Sohn – Bruder	• Setzen von Grenzen den Kindern gegenüber und konsequente Durchsetzung dieser • Lernen des Umgangs mit Frustration, Sorgen und Enttäuschungen innerhalb der Kindererziehung • Entwickeln von Gelassenheit gegenüber den Kindern bei Konflikten, fortwährende Unterstützung und Fürsorge • Entwickeln von Empathie, besonders während der Pubertät • Finden eines Gleichgewichts zwischen Freiheit und Verantwortung für heranwachsende Kinder (Rebellion und Emanzipation der Teenager) • Umgang mit Erinnerungen / Traumata der eigenen Jugend durch Vergleich mit Jugend der eigenen Kinder • Weiterentwicklung der ehelichen Beziehung trotz multipler Familienthemen • Vorbereitung auf Auszug und damit Loslösung von den Kindern • Aufbau von Interessen und Laufbahnen für die Zeit nach der Elternschaft • Überdenken des aktuellen Modells Familie – Partnerschaft – Beruf und evtl. Anpassung
7) Eltern von erwachsenen Kindern	• Ehefrau – Mutter – Großmutter • Ehemann – Vater – Großvater • Tochter – Schwester – Tante • Sohn – Bruder – Onkel	• Entlassen der jungen Erwachsenen in die Welt der Arbeit, Universität und Ehe • Aufrechterhaltung des Zuhauses als hilfreichen Anlaufpunkt • Umgang mit Gefühlen der Leere durch Auszug der Kinder • Aufbau einer neuen Beziehung zum Ehepartner • Balancieren der Bedürfnisse der Familie, des Jobs und des Selbst • Akzeptanz der Verantwortlichkeit für eigene Eltern, Friedenschließen und ggf. Übernahme der Pflege • Finden neuer Hobbies und sinnvoller Beschäftigungen für die frei gewordene Zeit • Identifizieren mit veränderten Rollen in Familie und Job • Umgang mit verlorenen Chancen und evtl. Realisierung dieser

Phase	Rollen innerhalb der Familie	Kritische Herausforderungen und Familien-Entwicklungsaufgaben
8) Großeltern	• Ehefrau – Mutter – Großmutter • Ehemann – Vater – Großvater	• Aufbau der Beziehung zu Enkelkindern • Akzeptanz der eigenen Kinder in Elternrolle • Akzeptanz der eigenen Rolle als Mentor für jüngere Generationen • Erneuerung der Ehebeziehung • Aufrechterhaltung der Beziehungen mit der älteren und jüngeren Generation der Verwandtschaft • Handhabung von Verlusten und Alleinsein • Schließung bzw. altersgemäße Adaption des ehemaligen Familien-Zuhauses • Anpassung an die Pensionierung

- ***beruflicher Lebenszyklus:*** beinhaltet die Entwicklung des Menschen von der Berufswahl bis zum Ausscheiden aus dem Erwerbsleben, setzt sich in der Regel aus einer Ausbildungsphase sowie einem oder mehreren betrieblichen Lebenszyklen zusammen und kann beispielsweise durch Mutterschaft oder Sabbaticals unterbrochen werden (Graf, 2002, S. 45). Für die Ableitung von Coaching-Anlässen wurde das berufliche Zyklusmodell von Schein (1978) herangezogen, wobei aktuell lediglich die Phasen 1 bis 6 für die Generation Y zutreffen.

Tabelle 2.2. Beruflicher Lebenszyklus (in Anlehnung an Schein, 1978, S. 40 ff.)

Phase	Nr.	Alter	Rollen im Berufsleben
Wachstums- oder Phantasiephase	1	0-21	Schüler, Bewerber, Auszubildender
Eintrittsphase in die Berufswelt	2	16-25	Bewerber, Berufseinsteiger
Basisausbildung	3	16-25	Trainee, Neueinsteiger

Phase	Nr.	Alter	Rollen im Berufsleben
Volle Mitgliedschaft innerhalb der frühen Berufskarriere	4	17-30	neues, vollwertiges Mitglied
Volle Mitgliedschaft in der Mitte der Laufbahn	5	ab 25	vollwertiges Mitglied, Festangestellter, Vorgesetzter, Manager
Krise in der Mitte der Laufbahn	6	35-45	nicht angegeben
Späte Karriere (ohne Führungsposition)	7A	40 bis Renteneintrittsalter	Schlüsselperson, Unterstützer oder Kritiker des Managements
Späte Karriere (mit Führungsposition)	7B	40 bis Renteneintrittsalter	General Manager, Unternehmer
Rückgang und Loslösung	8	40 bis Renteneintrittsalter	diverse
Rente	9	Renteneintrittsalter	diverse

- ***betrieblicher Lebenszyklus:*** umfasst die gesamte Karriere eines Mitarbeiters innerhalb einer Organisation und fokussiert sich auf dessen Entwicklungspotential im Rahmen seiner betrieblichen Laufbahn. Für die Ableitung von Coaching-Anlässen wurde das vier Phasen umfassende Modell von Graf (2002), welches auf den Grundmodellen von Sattelberger (1995, S. 28 f.), Hall (1976, S. 57 f.) und Hilb (1992, S. 25) basiert, herangezogen.

- ***stellenbezogener Lebenszyklus:*** umfasst die „[…] Erhaltung und Förderung der Leistungsfähigkeit und -bereitschaft [des Mitarbeiters] […]" (Graf, 2002, S. 144). Das von Graf (2002) beschriebene und für die Ableitung von Coaching-Anlässen herangezogene Modell startet mit der Übernahme einer neuen Position, entweder innerhalb des bekannten oder eines neuen Unternehmens und endet mit dem Stellenwechsel (Graf, 2002, S. 141).

Der parallele Ablauf der oben genannten Lebenszyklen bewirkt vielfältige, gegenseitige Überschneidungen, Einflüsse und Abhängigkeiten (Schein, 1978, S. 23). Außerdem erhöht sich das Stressniveau eines Menschen mit dem gleichzeitigen Aufeinandertreffen von Belastungssituationen innerhalb der verschiedenen Lebenszyklen (z.B. Antritt einer neuen Stelle in einer neuen Firma mit gleichzeitiger Familiengründung). Wie das Individuum mit diesen belastungsvollen Situationen umgeht, hängt unter anderem von dessen biologischen Grundlagen (z.B. Gesundheit, Energielevel, Temperament, genetische Intelligenz), den emotionalen Erfahrungen der frühen Kindheit (z.B. Ernährung, Gesundheit im Kindesalter, Beziehung der Eltern), den internalisierten Werten innerhalb der Sozialisation, den bisher gemachten Erfahrungen und den Familienbeziehungen ab (Graf, 2002, S. 177). Hieraus ist zu folgern, dass bei der Betrachtung der aktuellen Lebenslage eines Menschen im Rahmen eines Coachings immer alle seine eigenen Lebenszyklen sowie die der beteiligten Individuen, Gruppen und Organisationen zu berücksichtigen sind.

3. Integration der Konzepte und Ableitung von Coaching-Anlässen

Die nachfolgenden Ausführungen zu Coaching-Anlässen beziehen sich speziell auf die Coaching-Zielgruppe Generation Y, genauer die Alterskohorte der im Jahre 2018 23- bis 37-Jährigen. Hierfür wurden das Konzept des sozialen Wandels, das Generationenkonzept unter Berücksichtigung der Generation Y-spezifischen Merkmale sowie das Konzept der Lebenszyklen miteinander in Verbindung gesetzt und die daraus entstehenden Veränderungen und Wechselwirkungen herausgearbeitet.

Alle nachfolgend aufgeführten Coaching-Anlässe können gleichermaßen auf Fach- und Führungskräfte der Generation Y zutreffen. Des Weiteren können einige Coaching-Anlässe auch als Ansatz für die Weiterentwicklung eines Mitarbeiters genutzt werden, wenn eine Führungskraft ein Coaching mit dem Ziel der Weiterentwicklung eines seiner Mitarbeiter in Anspruch nimmt.

Vorgehensweise zur Integration der Konzepte

Die Strukturierung der Coaching-Anlässe erfolgt auf Basis der einzelnen Phasen der Lebenszykluskonzepte. Da der Fokus dieses Beitrags auf der Generation Y liegt, werden im weiteren Verlauf Coaching-Anlässe jeweils nur für die Phasen innerhalb der ausgewählten Zyklusmodelle beschrieben, in welchen sich die Generation Y im Jahre 2018 befunden hat (in Abbildungen und Tabellen oben blau markiert). Da die Lebenszykluskonzepte bereits vor über 40 Jahren entstanden sind, werden zudem mögliche Änderungen auf Basis des sozialen Wandels erläutert, um größtmögliche Aktualität zu gewährleisten.

Jedes Lebenszyklus-Konzept wird zunächst mit ausgewählten Elementen des sozialen Wandels in Verbindung gebracht und es wird beschrieben, welche Veränderungen sich daraus ergeben. Außerdem wird herausgearbeitet, inwieweit sich besondere Generation Y-Charakteristika auf die ausgewählten Lebenszyklus-Phasen auswirken. Aus den gewonnenen Erkenntnissen sowie der in der Literatur beschriebenen Phasenverläufe werden schließlich die jeweiligen Coaching-Anlässe abgeleitet und den jeweiligen Lebenszyklus-Phasen zugeordnet.

Im Zusammenhang mit den in diesem Kapitel erarbeiteten Coaching-Anlässen konnten darüber hinaus weitere mögliche Coaching-Themen und Coaching-Ziele abgeleitet werden, die zusätzlich Aufschluss darüber geben können, worum genau es im Coaching mit einem Generation Y-Mitglied gehen kann. Diese sind im Anhang A tabellarisch aufgeführt.

Coaching-Anlässe im biosozialen Lebenszyklus

Im Rahmen des sozialen Wandels existieren eine Reihe von Besonderheiten innerhalb des biosozialen Lebenszyklus. Aufgrund des technologischen und wirtschaftlichen Fortschritts ist heute ein Rund-um-die-Uhr-Leben möglich, d.h. der Konsum, der Zugang zu Informationen und die Pflege von sozialen Beziehungen sind entkoppelt von der Tageszeit (z.B. Fernsehen on Demand, 24-Stunden-Verfügbarkeit von Internet-Informationen und sozialen Netzwerken). Dies führt laut Gross (1993) zu einem sogenannten Portfolio-Leben, welches das Leben des Menschen „[...] aufgrund gigantisch gesteigerter Wahl- und Handlungsmöglichkeiten [...] in räumlicher, zeitlicher und sozialer Hinsicht [...] [verkompliziert.]" (Gross, 1993, S. 43). Die Überforderung aufgrund der Verfügbarkeit so vieler Lebensmöglichkeiten äußert sich beispielsweise in allen Lebensphasen in Form von „[...] präsenz-psychotische[m] Immer-und-überall-dabeisein-Wollen [...] [oder einer] Optionenparalyse, d.h. bei unbegrenzter Auswahl sich für gar nichts zu entscheiden [...]" (Gross, 1993, S. 44). Des Weiteren tritt im Erwachsenenalter an die Stelle einer einzigen Midlife-Crisis eine immer schnellere Sequenz von Hoch- und Tiefpunkten mit abrupten Abbrüchen und Neuanfängen, welche sich in Form von Etappenneustarts und Sukzessiv-Ehen äußern (Gross, 1993, S. 42).

Generelles Ziel eines Coachings im Rahmen des biosozialen Lebenszyklus ist die Herstellung eines ressourcenvollen Zustandes des Coachees, welcher sich idealerweise positiv auf seine psychische und physische Gesundheit auswirkt und damit auch die angrenzenden Lebensbereiche Familie und Beruf nährt.

Aus dem biosozialen Zykluskonzept von Erikson (1988), den Einflüssen des sozialen Wandels und der Generation Y-spezifischen Merkmale ergeben sich folgende, phasenspezifische Coaching-Anlässe:

Frühes Erwachsenenalter, z.B.:
- übermäßig starke Betonung der Karriere,
- soziale Isolation: sehr starke Selbstbezogenheit.

Erwachsenenalter, z.B.:
- Drang zu schöpferischer Tätigkeit und geistiger Reproduktion,
- innere Leere, Langeweile,
- Selbstvernachlässigung.

alle Phasen innerhalb des biosozialen Lebenszyklus:
- Optionenparalyse,
- Krise bei Übergang von einer Phase in die nächste.

Coaching-Anlässe im familiären Lebenszyklus

Im Zuge des sozialen Wandels haben sich neue Familienkonzepte entwickelt. Beispielsweise ist ein Anstieg von so genannten „dual-career families" (Schein, 1978, S. 58), d.h. Familien, in denen beide Partner berufstätig sind, zu verzeichnen. Damit verbunden sind veränderte Rollen und Aufgaben aller Familienmitglieder etwa hinsichtlich der zeitlichen, räumlichen und inhaltlichen Organisation von Familie und Beruf (Schein, 1978, S. 58 ff.). Laut aktueller Zeitverwendungsstudien sind besonders Frauen von einer Doppelbelastung betroffen (Sellach & Libuda-Köster, 2017, S. 32). Gleiches gilt für Ein-Eltern-Familien (Graf, 2002, S. 65).

Im Folgenden werden solche Coaching-Anlässe aufgeführt, die einen unmittelbaren Einfluss auf das Arbeitsleben haben.

Generelles Ziel eines Coachings im Rahmen des familiären Lebenszyklus ist die Herstellung eines ressourcenvollen Zustandes des Coachees innerhalb seiner selbst gegründeten Familie, welcher sich auch positiv auf die angrenzenden Lebensbereiche der individuellen Gesundheit sowie seiner Leistungsfähigkeit im Beruf auswirkt.

Aus den familiären Zyklusmodellen von Duvall (1977), Schein (1978) und Graf (2002), den Einflüssen des sozialen Wandels und der Generation Y-spezifischen Merkmale ergeben sich folgende, phasenspezifische Coaching-Anlässe:

Junger Erwachsener (Single):
- Überlastung im ersten Job,
- Unklarheit über Lebensentwurf,
- Rollenkonflikt Privatperson versus professionellem Arbeitnehmer.

Feste Partnerschaft / Verheiratetes Individuum:
- Dual Career Couples: Unsicherheit über Zeitpunkt der Familiengründung,
- Ressourcenkonflikte im beruflichen und privaten Leben,
- Unklarheit über Regelung der Elternzeit und zukünftiger Kinderbetreuung,
- Gefühl von Energielosigkeit im Familien- und Berufsalltag.

Eltern von Kleinkindern:
- Gefühl von Unvollkommenheit in der neuen Mutter-/Vater-Rolle,
- Unklarheit über Kinderbetreuung.

alle Phasen:
- Doppelbelastung Beruf / Familie,
- Ungleichgewicht der Bereiche Arbeit – Familie – Selbst.

Coaching-Anlässe im beruflichen Lebenszyklus

Aufgrund des sozialen Wandels sind innerhalb des beruflichen Lebenszyklus vielfältige aktuelle Phänomene entstanden. Immer häufiger kommt es zu einer Unterbrechung des beruflichen Lebenszyklus. Spontane Karriereabbrüche werden beispielsweise durch den Mitarbeiter selbst freiwillig im Rahmen seiner Selbstverwirklichung oder unfreiwillig infolge von Krankheit, aber auch Arbeitslosigkeit aufgrund einer spontanen Neuausrichtung des Unternehmens verursacht. Temporäre Wiedereinstiege, verbunden mit der Wiederholung oder dem Überspringen einzelner Phasen, finden heute oftmals durch die Selbstverständlichkeit der Inanspruchnahme der Elternzeit durch beide Elternteile oder im Rahmen von Sabbaticals statt. Insbesondere der gewachsene Anspruch von Frauen auf eine nachhaltige berufliche Eingliederung bereits während der intensiven Kinderbetreuungsphase oder die Forderung von Teilzeitstellen durch beide Geschlechter erfordert aufseiten der Arbeitgeber eine erhöhte Flexibilität bei der temporären Unterbrechung, Fortführung bzw. Reduktion des beruflichen Lebenszyklus. (Graf, 2002, S. 76).

Des Weiteren ist eine Häufung beruflicher Laufbahnen bei einigen Individuen zu beobachten. Hier erfolgt entweder die simultane Ausübung mehrerer Tätigkeiten (Simultan-Portfolio) oder die Ausbildung und Ausübung verschiedener Berufe (Sukzessiv-Portfolio), die sich aufgrund gestiegener Anforderungen an die fachliche Qualifikation und Flexibilität durch die Arbeitgeber einerseits und dem gestiegenen Wunsch nach Selbstverwirklichung und einer größeren angebotenen Jobvielfalt andererseits erklären lassen (Gross, 1993, S. 41 ff.). Folglich wird schon früh das Erlangen einer „Arbeitswechselfähigkeit" (Parment, 2013, S. 13) angestrebt.

Des Weiteren gibt es eine Reihe empirisch belegter Verhaltensänderungen der Generation Y, die auf den Wertewandel zurückzuführen sind: Aufgrund der geringeren Gewichtung des Stellenwertes der Erwerbstätigkeit misst die Generation Y der Freizeit eine große Bedeutung zu, fordert diese aktiv in Form von geregelten Arbeitszeiten ein und schafft es damit, ein ausgeglichenes Verhältnis von Privat- und Berufsleben herzustellen. Da zudem die zentrale Bedeutung des Berufs bei der Identitätsbildung der Generation Y-Mitglieder abnimmt, fällt es ihnen leichter, im Falle von Divergenzen oder passenden Alternativangeboten ihren Job zu wechseln (Pfeil, 2017, S. 153). Oftmals entsteht hieraus gerade bei älteren Generationen der Vorwurf, die Generation Y würde sich weniger für ihre Arbeit einsetzen und sei ihrem Unternehmen gegenüber weniger loyal. Solcherlei Konflikte innerhalb von Teams oder auch zwischen Führungskraft und Mitarbeiter können die Arbeitsbeziehung und -leistung stark mindern.

Die geringere Bedeutung der Arbeit hat außerdem Konsequenzen für das Führungsverhalten: Unternehmen und Führungskräfte müssen proaktiv um gute Mitarbeiter werben und sowohl mit materiellen (z.B. Gehaltssteigerung, Arbeitsplatz- und -mittelausstattung) als auch immateriellen (z.B. sinnstiftende Tätigkeiten, Mitbestimmung, Lob, Wertschätzung) Anreizsystemen die Attraktivität der Arbeit erhöhen (Graf, 2002, S. 77). Auch die eingesetzten Führungsstile müssen entsprechend der vorausgegangenen Sozialisation der Generation Y angepasst werden: Aufgrund einer regelärmeren, teilweise antiautoritären Erziehung gehört es für Vertreter der Generation Y zum Alltag, die ihnen vorgegebenen Regeln und Angebote kritisch zu hinterfragen – egal, ob es sich bei dem Gegenüber um einen Kollegen oder einen Vorgesetzten handelt. Außerdem fordert die Generation Y einen fairen Umgang, bei dem insbesondere im Verhältnis „Geben-Nehmen" ein Gleichgewicht zwischen Führungskraft und Mitarbeiter angestrebt und eingefordert wird. Fordert die Führungskraft eine hohe Arbeitsleistung vom Generation Y-Vertreter, erwartet dieser im Gegenzug ebenfalls eine hohe Gegenleistung (Parment, 2013, S. 14). Im Rahmen des gestiegenen Selbstbewusstseins der Generation Y fordert diese außerdem sinnhafte Aufgaben, häufiges, konstruktives Feedback und eine Beteiligung an unternehmensrelevanten Entscheidungen ein.

Kürzere Innovationszyklen bewirken außerdem einen Wandel aufseiten der Aus- und Weiterbildung: Die Erstausbildung verliert an Bedeutung, da das in der Primärausbildung Erlernte immer schneller als überholt gilt. Lebenslanges Lernen und ständige Weiterentwicklung sind notwendig, um den wirtschaftlichen und technologischen Fortschritt bewältigen zu können. (Graf, 2002, S. 80 f.).

Aufgrund der wachsenden Flexibilisierung und gestiegenen Möglichkeiten des gesellschaftlichen Lebens und der Unternehmenstätigkeiten ist auch eine Veränderung der bestehenden Arbeitsformen zu beobachten: Teilzeitverträge und individuelle Kontrakte zur Erbringung bestimmter Einzelleistungen treten an die Stelle von Festverträgen. Somit wird die klassische Berufslaufbahn, welche auf die Fixierung auf einen einzigen Karriereweg ausgerichtet ist, durch ein Stellen-Portfolio abgelöst, durch das der Arbeitnehmer verschiedene, aufeinander abgestimmte Laufbahnoptionen aufbaut und je nach Bedarf flexibel einsetzt. Sowohl hieraus als auch infolge des zunehmenden Abbaus von Hierarchien entwickeln sich neue Karrierekonzepte, welche nicht mehr nur vertikal, sondern auch horizontal ausgerichtet sind. (Graf, 2002, S. 80 f.).

Generelles Ziel eines Coachings im Rahmen des beruflichen Lebenszyklus ist die Herstellung eines ressourcenvollen Zustandes des Coachees innerhalb seines Berufslebens, welcher sich auch positiv auf die angrenzenden Lebensbereiche der individuellen Gesundheit sowie seines Familienlebens auswirkt.

Aus dem beruflichen Zyklusmodell von Schein (1978), den Einflüssen des sozialen Wandels und der Generation Y-spezifischen Merkmale auf den beruflichen Lebenszyklus ergeben sich folgende, phasenspezifische Coaching-Anlässe:

Phantasiephase:
- Unklarheit bei Berufswahl.

Eintritt in die Berufswelt:
- Unsicherheit im neuen Arbeitsalltag,
- Unsicherheit bei Arbeitgeberauswahl,
- Unsicherheit bei Bewerbung / Bewerbungsgespräch.

Basisausbildung:
- Realitätsschock,
- fehlende Integration bei neuem Arbeitgeber,
- Unsicherheit im Umgang mit neuem Vorgesetzten,
- generelle Unsicherheit bei neuem Arbeitgeber.

Volle Mitgliedschaft am Anfang der Berufslaufbahn:
- Vorwurf der mangelnden Loyalität durch Kollegen,
- Unsicherheit bei Planung beruflicher Auszeit,
- Unklarheit bei gewünschter beruflicher Laufbahn,
- Dysbalance Unabhängigkeit / Abhängigkeit vom Arbeitgeber,
- ineffektive Arbeitsweise,
- Niedergeschlagenheit nach Fehler.

Volle Mitgliedschaft in der Mitte der Berufslaufbahn:
- Vorwurf der mangelnden Loyalität durch Kollegen,
- Unsicherheit bei Planung beruflicher Auszeit.

Krise in der Mitte der Laufbahn:
- Krise in der Lebensmitte,
- Sinnsuche,
- Unsicherheit bei weiterer Karriereplanung.

alle Phasen:
- Information-Overload,
- Vorwurf von Arroganz und Selbstüberschätzung durch Kollegen,
- Wunsch nach Feedback,
- Unsicherheit beim Geben von Feedback,
- Konflikt mit Kollegen älterer Generationen,
- Sorge um berufliche Zukunft,
- drohende Kündigung eines Mitarbeiters aufgrund mangelnder Attraktivität des Arbeitsplatzes,
- Bruch in der Erwerbsbiographie,
- Sorge vor Wiedereinstieg in Beruf nach Elternzeit,
- Angst vor Kontrollverlust im Team aufgrund flacher Hierarchien,
- zu wenig Freizeit,
- Unsicherheit über ideale Arbeitsform,
- Unsicherheit bei Berufswechsel,
- Konflikt mit Vorgesetzten und / oder Kollegen.

Coaching-Anlässe im betrieblichen Lebenszyklus

Die Folgen des sozialen Wandels wirken sich auch auf betriebliche Lebenszyklen aus. Durch die größere Wechselbereitschaft der Generation Y (Pfeil, 2017, S. 153), der geforderten Berufserfahrung und Interkulturalität von Bewerbern durch den Arbeitgeber und der gestiegenen Mobilität steigt die Anzahl der betrieblichen Lebenszyklen je Individuum an. Die häufigen Betriebswechsel bewirken außerdem, dass ein Mitarbeiter sich häufig in der Startphase des betrieblichen Lebenszyklus befindet und somit seinen Antritt und Auftritt im neuen Unternehmen gut meistert, jedoch wenig Erfahrung in Reife- und Sättigungsphasen sammelt (Gross, 1993, S. 41). Aufgrund der Enthierarchisierung der Organisationsstrukturen verflachen sich auch die betrieblichen Lebenszyklen, da es hierdurch immer weniger Möglichkeiten für vertikale Aufstiegsmöglichkeiten gibt, was je nach Werteorientierung bei einigen Menschen zu einer Motivationslücke führen kann. In diesem Zusammenhang muss auch das traditionelle Karriereverständnis vom Mitarbeiter überdacht und auf Unternehmensseite neue Karrieremöglichkeiten geschaffen werden. Dies kann beispielsweise gelingen, indem eine Entkopplung von Hierarchie und Karriere vorgenommen wird (Fuchs, 1998, S. 83 f.). Karriere ist dann nicht mehr verbunden mit dem Erwerb einer ranghöheren Position oder von Statussymbolen, sondern beinhaltet dann „[...] die wachsende Fähigkeit, immer komplexere Aufgaben zu bewältigen." (Fuchs, 1998, S. 83). Neben der traditionellen Führungslaufbahn gewinnen damit auch Fach- und Projektlaufbahnen an Bedeutung, die dem Mitarbeiter eine horizontale Laufbahnentwicklung ermöglichen (Graf, 2002, S. 99 f.).

Im Zuge des Trends zu mehr Selbstverantwortung im Rahmen des Wertewandels ist es außerdem erforderlich, den Mitarbeiter selbst stärker in seine Laufbahnplanung zu integrieren – nicht mehr das Unternehmen gestaltet die Laufbahn seines Mitarbeiters, sondern der Mitarbeiter selbst (Graf, 2002, S. 123 ff.). Durch Förderung von Generalisten-Laufbahnen schafft ein Unternehmen zudem die Grundlage für vielseitig interessierte Mitarbeiter, innovativ, kreativ und vielschichtig tätig zu sein und damit die Fähigkeit zu erlangen, immer komplexere Aufgaben und Prozesse im Unternehmen und beim Kunden wahrzunehmen, die einem Spezialisten aufgrund seines eingeschränkten Blickfeldes nie aufgefallen wären. Nur durch ständige Veränderung bleibt der Mensch dauerhaft lernbereit und lernfähig – dies sind Schlüsselkompetenzen in der heutigen, sich schnell wandelnden Welt (Fuchs, 1998, S. 86).

Die grundlegend hohe Werteorientierung der Generation Y hat bedeutsame Folgen für den Arbeitgeberauswahlprozess: Die Unternehmenswerte des zukünftigen Arbeitgebers sollten in großen Teilen mit denen des Bewerbers übereinstimmen. Anderenfalls besteht eine hohe Wahrscheinlichkeit, dass der Bewerber bereits nach kurzer Zeit das Arbeitsverhältnis wieder aufkündigt. (Graf, 2002, S. 126).

Generelles Ziel eines Coachings im Rahmen des betrieblichen Lebenszyklus ist die Herstellung eines ressourcenvollen Zustandes des Coachees innerhalb seiner Karriere in einem Unternehmen, welcher sich auch positiv auf die angrenzenden Lebensbereiche der individuellen Gesundheit, des Familienlebens sowie seiner gesamten Berufslaufbahn auswirkt.

Aus dem betrieblichen Zyklusmodell von Graf (2002), welches auf den Grundmodellen von Sattelberger (1995, S. 28 f.), Hall (1976, S. 57 f.) und Hilb (1992, S. 25) basiert, den Einflüssen des sozialen Wandels und der Generation Y-spezifischen Merkmale ergeben sich folgende, phasenspezifische Coaching-Anlässe:

Einführungsphase:
- Integrationsprobleme in neues Unternehmen,
- mangelnde Integration in neues Team,
- Überhäufung mit Wissen,
- Unsicherheit im Umgang mit neuem Vorgesetzten,
- Realitätsschock,
- Unklarheit über neue Rolle.

Wachstums- und Reifephase:
- Unklarheit über Karriereweg,
- mangelnde Beziehung zur Führungskraft,
- Mangel an Weiterbildungsoptionen,
- Überlastung Familie / Beruf,
- Mangel an weiteren Karriereperspektiven (Karriereplateau).

Sättigungsphase:
- Perspektivlosigkeit,
- Unsicherheit bei Bewerbung in anderem Unternehmen.

alle Phasen:
- Gefühl von Unzufriedenheit mit derzeitigem Arbeitgeber,
- Unsicherheit bei eigener Laufbahnplanung,
- Unwägbarkeiten im Team.

Coaching-Anlässe im stellenbezogenen Lebenszyklus

Je nachdem, ob eine Fach- oder Führungskraft den veränderten Anforderungen im Rahmen des stellenbezogenen Lebenszyklus gewachsen ist oder nicht, ergeben sich spezielle Problemstellungen hinsichtlich ihrer Leistungsbereitschaft und -fähigkeit (Graf, 2002, S. 171).

Im Bereich der Arbeitsbedingungen ist sowohl im Produktions- als auch im Dienstleistungsbereich eine Abkehr von tayloristisch strukturierten Arbeitsvorgängen zu erkennen. Aufgrund der schnelleren Verarbeitbarkeit von Informationen kommt es zu einer Arbeitsverdichtung und höheren Anforderungen an die Konzentration – dies geht oftmals auch mit einem höheren Arbeitspensum einher. Neue Technologien ermöglichen außerdem stärkere Kontrollmöglichkeiten durch den Vorgesetzten und damit eine Einschränkung des individuellen Dispositionsspielraums des Mitarbeiters (Strümpel & Scholz-Ligma, 1992, S. 2344 ff.). In puncto Arbeitszeit und -ort nimmt der individuelle Gestaltungsspielraum zu (z.B. Gleitzeitmodelle, Home Office-Regelung). Aufgrund der wachsenden Komplexität der Unternehmenstätigkeit besteht die Möglichkeit zu einer interessanteren, abwechslungsreicheren Arbeit (Lutz, 1997, S. 67), die infolge neuer Teamstrukturen auch mehr Möglichkeiten für soziale Kontakte bietet. Wenn es jedoch den Arbeitgebern nicht gelingt, eine Balance zwischen den Wünschen ihrer Mitarbeiter und den Rationalisierungsbestrebungen zum Erhalt der Wirtschaftlichkeit herzustellen, ist die Leistungsbereitschaft der Mitarbeiter in Gefahr (Graf, 2002, S. 172). Gerade im Hinblick auf die verstärkte Forderung eines ausgeglichenen Verhältnisses von Privat- und Berufsleben im Zuge des Wertewandels ergeben sich hier für die Generation Y vielfältige Gestaltungsmöglichkeiten für ihre gewünschten Arbeitsbedingungen, die sie mit ihrem Vorgesetzten vereinbaren können.

Im Bereich der Arbeitsanforderungen ist eine Erhöhung der Komplexität der Arbeitsabläufe zu erkennen (z.B. kürzere Produktlebenszyklen). Diese Umstände erfordern motivierte und mehrfach qualifizierte Mitarbeiter und interdisziplinäre und eng kooperierende Arbeitsgruppen mit einem mobilen, innovationsfreudigen Management. Der technologische Wandel ermöglicht zudem kürzere und schnellere Informationswege, sodass in kürzerer Zeit mehr Informationen ausgetauscht werden können. Dies erfordert wiederum ein gutes Informationsmanagement, da sonst die Gefahr einer Informationsflut besteht. Die komplexere Wirtschaft bewirkt vielfältige Aufgabenerweiterungen und -bereicherungen, für die ständig neue, zusätzliche Qualifikationen (z.B. EDV- und Sprachkenntnisse, interkulturelle Kompetenz) benötigt werden. Kontinuierliches und lebenslanges Dazulernen wird aufgrund einer verkürzten Halbwertszeit des Wissens erforderlich. Damit avancieren Lernbereitschaft und Lernfähigkeit zu Schlüsselkompetenzen. Der erhöhte Gestaltungsspielraum bei der Wahl von Arbeitsort, -zeit und -aufgaben und des eigenen Karrierewegs ermöglicht überdies eine höhere Selbstverantwortung jedes Einzelnen, setzt allerdings eine hohe Selbstdisziplin voraus. (Regnet, 2003, S. 52 ff.).

Auch die Verflachung der Hierarchien hat Einfluss auf die Qualifikationen der Fach- und Führungskräfte: Auf der Ebene der Führungskräfte steigt die Führungsspanne aufgrund des Wegfalls von Hierarchieebenen. In diesem Zusammenhang werden die koordinierenden Aufgaben durch zusätzliche Fachaufgaben ergänzt, wodurch die Führungsfunktion und die Erledigung strategisch orientierter Aufgaben oftmals vernachlässigt wird. Es steigt außerdem die Ergebnisverantwortung und damit auch der Erfolgsdruck aufgrund der gestiegenen Leistungsorientierung. Durch die Einführung von kundennahen, dezentralen Entscheidungswegen kommt den Fachkräften eine erhöhte Entscheidungsverantwortung zu und es wird ihnen die Betreuung anspruchsvoller Projekte übertragen. Somit wird den Fach- und Führungskräften der unteren Ebenen oftmals die Rolle des Intrapreneurs, dem Unternehmer im Unternehmen, zuteil, für die sie folglich zusätzliche Qualifikationen und Eigenschaften (z.B. Projektmanagement-Kompetenzen, Entscheidungsfreude) benötigen. (Regnet, 2003, S. 52 ff.).

Regnet (2003) fasst das Profil für Führungskräfte mit klassischen und zukünftigen Anforderungen wie folgt zusammen:

klassische Anforderungen:
- Intelligenz, analytisches Denkvermögen, überdurchschnittliche Einsatzbereitschaft, Loyalität, Begeisterungsfähigkeit (Regnet, 2003, S. 64).

zukunftsgerichtete Anforderungen:
- Flexibilität, Aufgeschlossenheit, Sensibilität, Teamarbeit, Kreativität, Mut zu Unkonventionellem, kommunikative Kompetenz, Konfliktmanagement, systemisches / ganzheitliches Denken, Motivation in Krisenzeiten, Fähigkeit und Wille zum lebenslangen Lernen, interkulturelle Managementfähigkeiten, Management of Diversity, Kompetenzen im Veränderungsmanagement und Veränderungswille, soziale Kompetenz, Selbstkontroll-Kompetenz (Regnet, 2003, S. 58 ff.).

Generelles Ziel eines Coachings im Rahmen des stellenbezogenen Lebenszyklus ist die Erhaltung und Förderung der Leistungsfähigkeit und Leistungsbereitschaft des Coachees für seine aktuelle berufliche Tätigkeit in einem Unternehmen, welche sich auch positiv auf die angrenzenden Lebensbereiche der individuellen Gesundheit, seines Familienlebens und seiner generellen beruflichen und betrieblichen Laufbahn auswirkt.

Aus dem stellenbezogenen Zyklusmodell von Graf (2002), den Einflüssen des sozialen Wandels und der Generation Y-spezifischen Merkmale ergeben sich folgende, phasenspezifische Coaching-Anlässe:

Einführungsphase:
- Unsicherheit bei Übernahme einer Führungsposition,
- Unsicherheit bei Einarbeitung in neues Aufgabengebiet.

Wachstumsphase:
- ineffiziente Arbeitsweise,
- mangelnde Einflussmöglichkeiten,
- Gefahr der abnehmenden Leistung eines eigenen Mitarbeiters.

Reifephase:
- Stagnation und Langeweile innerhalb des derzeitigen Aufgabenfeldes.

Sättigungsphase:
- Leistungsabfall,
- Unzufriedenheit mit derzeitiger Stelle,
- Gefühl der Überforderung,
- Gefühl der Unterforderung,
- innere Kündigung.

alle Phasen:
- Burnout,
- Gefühl von Stress,
- Gefühl des Kontrolliertwerdens,
- Unsicherheit bei Auswahl der passenden Arbeitsformen,
- Unsicherheit bei Arbeit mit temporären Teams,
- Überforderung mit Aufforderung zum ständigem Wissenserwerb,
- Informationsflut,
- Überforderung bei Erledigung von Fach- und Führungsaufgaben in der Rolle der Führungskraft,
- Leistungsdruck,
- mangelnde Entscheidungsfreudigkeit,
- mangelnder Veränderungswille.

Zusammenfassung

Was beschäftigt die Generation Y?
Die Analyse zeigt, dass die Generationentheorie allein nicht genügt, um belastbare Generation Y-spezifische Coaching-Anlässe abzuleiten, sodass zwei weitere Konzepte in die Ausführungen einbezogen wurden, um daraus ein tragfähiges Modell für die Ableitung von Coaching-Anlässen der Generation Y zu entwickeln.

Das Konzept des sozialen Wandels stellt einen zentralen Einflussfaktor für die Herausbildung der Generation Y und der Veränderung der Lebenszyklus-Konzepte dar, da es einen weitreichenden Einfluss auf die Sozialisation von Individuen, Organisationen und deren Interaktionsbeziehungen ausübt.

Mit dem Konzept der Generationen konnte die Entwicklung der Generation Y erklärt werden. Die vorgenommene Charakterisierung der Generation Y auf Basis von Generationenstudien brachte deutlich hervor, dass die Generation Y besondere Anforderungen und Bedürfnisse an das heutige Arbeitsleben stellt: Beispielsweise misst sie der Erwerbstätigkeit eine geringere Bedeutung für ihr Leben zu, fordert aktiv ein ausgeglichenes Verhältnis von Privat- und Berufsleben ein und weist eine größere Arbeitswechselbereitschaft auf als frühere Generationen. Somit konnte Hypothese 1 bestätigt werden. Im Bereich der Persönlichkeitsmerkmale wurden allerdings keine gravierenden Unterschiede zu vorherigen Generationen festgestellt. Damit wurde Hypothese 2 der grundlegenden Unterschiedlichkeit der Generation Y widerlegt.

Das Konzept der Lebenszyklen brachte den Einfluss des Lebensalters und der individuellen Lebens- und Erwerbsbiographie von Individuen in die Gesamtbetrachtung ein. Hierbei zeigte sich, dass je nach Betrachtungsperspektive unterschiedliche Lebensfragen innerhalb der einzelnen Lebensphasen, in denen sich die Generation Y derzeit befindet, für deren Mitglieder von Bedeutung sind.

Die Zusammenführung der drei Konzepte offenbarte deren komplexe Wechselwirkungen. Aus dieser gegenseitigen Beeinflussung konnten anschließend vielfältige Coaching-Anlässe abgeleitet und nach Lebenszyklus-Phasen geclustert werden. Die Coaching-Anlässe geben praktizierenden und angehenden Coaches einen guten Einblick in sowie eine Vorbereitung auf mögliche Themenstellungen, mit denen ein Coachee der Generation Y auf sie zukommen könnte.

Literaturverzeichnis

Biemann, T. & Weckmüller, H. (2013). Generation Y: Viel Lärm um fast nichts. PERSONAL quarterly - Wissenschaftsjournal für die Personalpraxis, 65 (1), S. 46–49.

Böning, U. & Fritschle, B. (2005). Coaching fürs Business. Was Coaches, Personaler und Manager über Coaching wissen müssen. Bonn: ManagerSeminare Verlags GmbH.

Bruch, H., Böhm, S. & Kunze, F. (2010). Generationen erfolgreich führen. Konzepte und Praxiserfahrungen zum Management des demographischen Wandels. Wiesbaden: Gabler.

Duvall, E. M. (1977). Marriage and family development. 5. Auflage. Philadelphia: Lippincott.

Erikson, E. H. (1988). Der vollständige Lebenszyklus. Frankfurt am Main: Suhrkamp.

EY (2015). Global generations: A global study on work-life challenges across generations, Verfügbar am 29.04.2018 unter http://www.ey.com/Publication/vwLUAssets/EY-global-generations-a-global-study-on-work-life-challenges-across-generations/$FILE/EY-global-generations-a-global-study-on-work-life-challenges-across-generations.pdf.

Fuchs, J. (1998). Die neue Art Karriere im schlanken Unternehmen. Harvard Business Manager (4), S. 83–91.

Geißler, R. & Meyer, T. (2014). Die Sozialstruktur Deutschlands. 7., grundlegend überarbeitete Auflage. Wiesbaden: Springer VS.

Graf, A. (2002). Lebenszyklusorientierte Personalentwicklung. Ein Ansatz für die Erhaltung und Förderung von Leistungsfähigkeit und -bereitschaft während des gesamten betrieblichen Lebenszyklus. Bern, Stuttgart, Wien: Paul Haupt Berne.

Gross, P. (1993). Dissonanz der Lebenszyklen. Zwischen Produktlebenszyklen und Lebens-Portfolio. GDI Impuls, 11 (1), S. 39–47.

Güntsche, L. N. (2017). Achtsamkeit in digitalen Zeiten. Ein persönlicher Wegweiser für mehr Ruhe in der Beschleunigung. Wiesbaden: Springer.

Hall, D. T. (1976). Careers in organizations. Santa Monica, California: Goodyear Publishing.

Hilb, M. (1992). Ursachen - Folgen - Lösungsansätze, in: Hilb, M. (Hg.), Innere Kündigung. Ursachen und Lösungsansätze. Zürich: Verlag Industrielle Organisation, S. 3–26.

Hillmann, K.-H. & Hartfiel, G. (1994). Wörterbuch der Soziologie. 4., überarbeitete und ergänzte Auflage. Stuttgart: Kröner.

Hurrelmann, K. (2006). Einführung in die Sozialisationstheorie. 9., unveränderte Auflage. Weinheim: Beltz.

Jäger, W. (1981). Gesellschaft und Entwicklung. Eine Einführung in die Soziologie sozialen Wandels. Weinheim: Beltz.

Klaffke, M. (Hg.) (2014). Generationen-Management. Konzepte, Instrumente, Good-Practice-Ansätze. Wiesbaden: Springer-Gabler.

Klages, H. (1989). Der Wertwandelsschub - Empirie und Kulturhistorischer Stellenwert, in: Papalekas, J. C. (Hg.), Kulturelle Integration und Kulturkonflikt in der technischen Zivilisation. Frankfurt am Main/New York, S. 128–155.

Lutz, C. (1997). Leben und arbeiten in der Zukunft. 2. Auflage. München: Wirtschaftsverlag Langen Müller/Herbig.

Mannheim, K. (1928). Das Problem der Generationen. Kölner Vierteljahreshefte für Soziologie, 7), 157-185, 309-330.

Metzler, C., Werner, D. & Zibrowius, M. (2014). Arbeitsmarktergebnisse und berufliche Ziele der Generation Y im Vergleich zur Generation X, Verfügbar am 06.10.2018 unter https://www.iw koeln.de/fileadmin/publikationen/2014/182252/TR-3-2014-m etzler-werner-zibrowius.pdf.

Michaels, E., Handfield-Jones, H. & Axelrod, B. (2009). The war for talent. Boston, Massachusetts: Harvard Business School Press.

Moskaliuk, J. (2016). Generation Y als Herausforderung für Führungskräfte. Psychologisches Praxiswissen für wertorientierte Führung. Wiesbaden: Springer.

Oertel, J. (2007). Generationenmanagement in Unternehmen. Wiesbaden: Deutscher Universitäts-Verlag.

Oertel, J. (2014). Baby Boomer und Generation X – Charakteristika der etablierten Arbeitnehmer-Generationen, in: Klaffke, M. (Hg.), Generationen-Management. Konzepte, Instrumente, Good-Practice-Ansätze. Wiesbaden: Springer-Gabler, S. 27–56.

Parment, A. (2013). Die Generation Y. Mitarbeiter der Zukunft motivieren. 2., vollständige überarbeitete und erweiterte Auflage. Wiesbaden: Springer Gabler.

Pendergast, D. (2010). Getting to Know the Y Generation, in: Benckendorff, P., Moscardo, G. & Pendergast, D. (Hg.), Tourism and generation Y. Cambridge, MA: CAB International, S. 1–15.

Pfeil, S. (2017). Werteorientierung und Arbeitgeberwahl im Wandel der Generationen. Eine empirisch fundierte Analyse unter besonderer Berücksichtigung der Generation Y. Wiesbaden: Springer Gabler.

Regnet, E. (2003). Der Weg in die Zukunft - Anforderungen an die Führungskraft., in: Domsch, M. E., Rosenstiel, L. v. & Regnet, E. (Hg.), Führung von Mitarbeitern. Handbuch für erfolgreiches Personalmanagement. 5., überarbeitete Auflage. Stuttgart: Schäffer-Poeschel, S. 51–66.

Sattelberger, T. (Hg.) (1995). Innovative Personalentwicklung. Grundlagen, Konzepte, Erfahrungen. 3. Auflage. Wiesbaden: Gabler.

Schein, E. H. (1978). Career dynamics. Matching individual and organizational needs. Reading Massachusetts u.a.: Addison-Wesley.

Schreyögg, A. (2003). Coaching. Eine Einführung für Praxis und Ausbildung. 6., überarbeitete und erweiterte Auflage. Frankfurt am Main: Campus Verlag GmbH.

Schulenburg, N. (2016). Führung einer neuen Generation. Wie die Generation Y führen und geführt werden sollte. Wiesbaden: Springer Gabler.

Sellach, B. & Libuda-Köster, A. (2017). Wie die Zeit vergeht. Gleichstellungspolitik im Spiegel der Zeitverwendungserhebung, in: Statistisches Bundesamt (Destatis), Verfügbar am 06.10.2018 unter https://www.destatis.de/DE/Publikatione n/Thematisch/EinkommenKonsumLebensbedingungen/Zeit budgeterhebung/TagungsbandWieDieZeitVergeht56391031 69004Kap02.pdf?__blob=publicationFile.

Smits, I. A. M., Dolan, C. V., Vorst, H. C. M., Wicherts, J. M. & Timmerman, M. E. (2011). Cohort differences in Big Five personality factors over a period of 25 years. Journal of personality and social psychology, 100 (6), S. 1124–1138.

Strümpel, B. & Scholz-Ligma, J. (1992). Werte und Wertewandel, in: Gaugler, E. & Weber, W. (Hg.), Handwörterbuch des Personalwesens. 2., neu bearbeitete und ergänzte Auflage. Stuttgart: Schäffer-Poeschel, Sp. 2338–2349.

Tillmann, K.-J. (2010). Sozialisationstheorien. Eine Einführung in den Zusammenhang von Gesellschaft, Institution und Subjektwerdung. 16. Auflage (vollständig überarbeitete und erweiterte Neuausgabe). Reinbek bei Hamburg: Rowohlt-Taschenbuch-Verlag.

Trommsdorff, V. (2009). Konsumentenverhalten. 7., vollständig überarbeitete und erweiterte Auflage. Stuttgart: Kohlhammer.

Twenge, J. M. & Campbell, S. M. (2008). Generational differences in psychological traits and their impact on the workplace. Journal of Managerial Psychology, 23 (8), S. 862–877.

Weymann, A. (1998). Sozialer Wandel. Theorien zur Dynamik der modernen Gesellschaft. Weinheim: Juventa-Verlag.

Anhang A: Coaching-Ziele und -Themen innerhalb der Lebenszyklen

Tabelle A.1. Coaching-Ziele und -Themen im biosozialen Lebenszyklus (in Anlehnung an Erikson, 1988, S. 72 ff.)

Phase	Coaching-Anlass	Coaching-Ziel	Coaching-Themen
Frühes Erwachsenenalter	übermäßig starke Betonung der Karriere	Schaffung Balance von Intimität und Isolation	• vgl. vertiefende Ausführungen von Erikson (1988, S. 92 ff.) zur Herstellung der Balance von Intimität und Isolation
	innere Unruhe durch ständig wechselnde Aufenthaltsorte		
	soziale Isolation: sehr starke Selbstbezogenheit		
	sehr starke Selbstaufopferung		
Erwachsenenalter	ungestillter Drang zu schöpferischer Tätigkeit und geistiger Reproduktion	Ideenfindung zu möglicher schöpferischer Tätigkeit	• Identifikation der idealen schöpferischen Ausdrucksmöglichkeit für Coachee (z.B. in Familie, Wissenschaft, Vereinen, Freundeskreis) • Unterstützung bei Umsetzung des Plans zur schöpferischen Tätigkeit
	vollkommene Abweisung von Menschen und Dingen	Schaffung Balance von Generativität und Stagnation	• vgl. vertiefende Ausführungen von Erikson (1988, S. 86 ff.) zur Herstellung der Balance von Generativität und Stagnation
	mangelnde Anzahl zwischenmenschlicher Kontakte		
	innere Leere, Langeweile		
	Selbstvernachlässigung		

Phase	Coaching-Anlass	Coaching-Ziel	Coaching-Themen
	übermäßige Bemutterung		
	kleine Lebenskrise	Begleitung eines Etappenneustarts	• Standortbestimmung • Begleitung bei Zieldefinition für nächste Lebensetappe
alle Phasen	Optionenparalyse	Finden der individuellen Lebensrichtung	• Vergegenwärtigung und Strukturierung der individuellen Lebenszyklen: Lebensplanung, Lebensphasenplanung, Management der Lebensphasen • Aufbau und Stärkung eines individuellen Selbstmanagements • vertiefende Literatur vgl. Gross (1993)
	Krise bei Übergang von einer Phase in die nächste	Begleitung bei Übergang von einer Phase in die nächste	• vgl. vertiefende Ausführungen von Erikson (1988, S. 74 ff.) zur Bewältigung der Lebenskrisen

Tabelle A.2. Coaching-Ziele und -Themen im familiären Lebenszyklus (in Anlehnung an Duvall, 1977, S. 144 ff., Schein, 1978, S. 49 ff. und Graf, 2002, S. 61 ff.)

Phase	Coaching-Anlass	Coaching-Ziel	Coaching-Themen
Junger Erwachsener (Single)	Überlastung im ersten Job	Herstellung gesunde Work-Life-Balance	• Identifikation der Stressauslöser • Identifikation der Energieräuber und -spender • Entwurf Konzept zum besseren Umgang mit Stress
	Unklarheit über Lebensentwurf	Ausarbeitung eines Lebensentwurfs	• Klarheit über bisher Erreichtes • Klarheit über Lebensträume und -pläne • Klarheit über gewünschtes Familienmodell • Unterstützung bei Verwirklichung des geplanten Lebenswegs
	Rollenkonflikt Privatperson versus professioneller Arbeitnehmer	Entwurf Selbstbild für private und berufliche Rollen	• Identifizierung aller privaten und beruflichen Rollen • Analyse des tatsächlichen Selbstbildes / Fremdbildes • Definition des gewünschten Selbstbildes • Unterstützung bei Realisierung des gewünschten Selbstbildes
Feste Partnerschaft / Verheiratetes Individuum	Dual Career Couples: Unsicherheit über Zeitpunkt der Familiengründung	Herausarbeiten eines passenden Zeitpunktes für die Familiengründung	• Herausarbeiten eines passenden Zeitpunktes für die Familiengründung • Definition der zukünftigen Rollen für alle Familienmitglieder • Diskussion der Anpassung (z.B. Einkürzung) der Doppelkarriere • Herausarbeiten eines funktionierenden Kinderbetreuungsmodells (Vereinbarkeit Familie / Beruf) • vgl. vertiefende Ausführungen von Schein (1978, S. 58 ff.) zum Umgang mit Doppelkarriere

Phase	Coaching-Anlass	Coaching-Ziel	Coaching-Themen
	Ressourcenkonflikte im beruflichen und privaten Leben	Integration von Partnerschaft / Familie in den Beruf	• Identifizierung der Anteile von privaten und beruflichen Themen • Identifizierung von Energieräubern und -gebern • Herausarbeiten von persönlichen Prioritäten
	Unklarheit über Regelung der Elternzeit und zukünftiger Kinderbetreuung	Finden einer Regelung für die Elternzeit	• Identifizierung der heutigen und zukünftigen Rollenbilder • Prüfung der Identifikation mit heutigen und zukünftigen Rollenmustern • Erstellen eines Wunschbildes der zukünftigen Rollenkonstellation unter Berücksichtigung emotionaler, organisatorischer und finanzieller Faktoren
	Gefühl von Energielosigkeit im Familien- und Berufsalltag	Zurückerlangen eines energievollen Zustandes	• Identifizierung von Energieräubern und -spendern • Überwinden von Energielosigkeit
Eltern von Kleinkindern	Gefühl von Unvollkommenheit in der neuen Mutter-/Vater-Rolle	Definition eines neuen, zufriedenstellenden Rollenverständnisses innerhalb der selbst gegründeten Familie	• Erkennen der wichtigen Bedeutsamkeit der Mutter-/Vaterrolle • Akzeptanz des Elternsein (irreversible Entscheidung mit hoher emotionaler, rechtlicher und finanzieller Verantwortung) • Herausarbeiten der gewünschten, zukünftigen Familienkonstellation und -rollen • Klärung organisatorischer Voraussetzungen für Umsetzung des Plans

Phase	Coaching-Anlass	Coaching-Ziel	Coaching-Themen
	Unklarheit über Kinderbetreuung	Entwurf eines Kinderbetreuungsplans	• Identifizierung der heutigen Rollen innerhalb der Familie • Prüfung der Identifikation mit heutigen und zukünftigen Rollenmustern • Abgleich persönlicher Werte mit dem geplanten Betreuungsszenario • Erstellen eines Wunschbildes der zukünftigen Rollenkonstellation unter Berücksichtigung emotionaler, organisatorischer und finanzieller Faktoren
Eltern von Jugendlichen	Änderung der Familienkonstellation aufgrund Weiterentwicklung der Familienmitglieder	Anpassung des aktuellen Modells Familie – Partnerschaft – Beruf an neue Herausforderungen	• Überdenken des aktuellen Modells Familie – Partnerschaft – Beruf • Aufbau von Interessen und Laufbahnen für die Zeit nach der Elternschaft
alle Phasen	Doppelbelastung Beruf / Familie	Herstellung Balance Familie / Beruf	• Identifizieren und Hinterfragen der vorhandenen Rollenmuster • Festlegung der beruflichen und familiären Prioritäten • Neustrukturierung und -verbindung des Berufs- und Familienalltags

Phase	Coaching-Anlass	Coaching-Ziel	Coaching-Themen
	Ungleichgewicht der Bereiche Arbeit – Familie – Selbst		• Prüfung der Entfaltung des Selbst (z.B. Hobbies, Freundschaften), Berufs-Ich (z.B. Karriere) und Familien-Ich (z.B. Familienaktivitäten) • Identifikation von Anteilen mit zu geringer Ausprägung • Identifikation von Anteilen mit zu hoher (und damit die anderen Bereiche schwächender) Einbindung • Erstellung eines Plans zur gewünschten stärkeren oder geringeren Entfaltung der Anteile • vgl. vertiefende Ausführungen von Schein (1978, S. 54 ff.) zum Dreieck Arbeit – Familie – Selbst

Tabelle A.3. Coaching-Ziele und -Themen im beruflichen Lebenszyklus (in Anlehnung an Schein, 1978, S. 40 ff.)

Phase	Coaching-Anlass	Coaching-Ziel	Coaching-Themen
Phantasiephase	Unklarheit bei Berufswahl	Identifizierung des gewünschten Berufs-/Ausbildungsweges	• Identifizierung eigener Interessen, Fähigkeiten und Talenten • Identifizierung von Werten, Motivation • Umwandlung Berufsphantasien in realistische Berufsvorstellungen • Auswahl des geeigneten Ausbildungsweges • Identifikation von Ausprobiermöglichkeiten
Eintrittsphase in Berufswelt	Unsicherheit im neuen Arbeitsalltag	Einfinden in Arbeitsalltag	• Identifikation der geschriebenen und ungeschriebenen Regeln des Unternehmens (Rituale) • Kontaktaufbau mit Kollegen • Eigenpositionierung im Team • Entwurf einer idealen Arbeitstagroutine unter Berücksichtigung des eigenen Biorhythmus
	Unsicherheit bei Arbeitgeberauswahl	Unterstützung bei Arbeitgeberauswahl	• Identifizierung der eigenen Werte, z.B. mit Werteanalyse-Tool (Moskaliuk, 2016, S. 21 ff.) • Abgleich der eigenen Werte mit denen des Arbeitgebers • Akzeptanz und Schließen von Kompromissen zwischen eigener Wertewelt und der des Arbeitgebers

Phase	Coaching-Anlass	Coaching-Ziel	Coaching-Themen
Basisausbildung	Unsicherheit bei Bewerbung / Bewerbungsgespräch	Vorbereitung auf Bewerbung / Bewerbungsgespräch	• Stärken-Schwächen-Analyse • Unterstützung bei Auswahl von Bewerbungskanälen • Unterstützung bei Erstellung Bewerbung • Kommunikationstraining • Abgleich Selbstbild / Fremdbild • Gehaltsverhandlung
	Realitätsschock	Unterstützung bei Bewältigung des Realitätsschocks	• Identifizieren der schockierenden Ereignisse und Abgleich mit Wunschvorstellung • Ausarbeitung Strategie zum Umgang mit Realität des Berufsalltags
	fehlende Integration bei neuem Arbeitgeber	schnelle Integration bei neuem Arbeitgeber	• Erkennen von Neulings-Ritualen • Erkennen von Firmenmodalitäten • Identifikation von Teamrollen • Eigene Einordnung und Finden einer geeigneten Position im Team • Akzeptanz der eigenen Person durch Team
	Unsicherheit im Umgang mit neuem Vorgesetzten	Beziehungsaufbau zu Vorgesetztem	• Small Talk-Training • Herausarbeiten von Gemeinsamkeiten mit Vorgesetzten • Analyse eingesetzter Führungsstil des Vorgesetzten • Erarbeitung einer passenden Kommunikationsbasis auf Basis des eingesetzten Führungsstils
	generelle Unsicherheit bei neuem Arbeitgeber	Aufbau von Selbstsicherheit	• Identifikation von mit Unsicherheit belegten Situationen • Souveränitätstraining

Phase	Coaching-Anlass	Coaching-Ziel	Coaching-Themen
Volle Mitgliedschaft Anfang Berufslaufbahn	Vorwurf der mangelnden Loyalität durch Kollegen	Unterstützung bei Argumentation zur vorhandenen Loyalität gegenüber Arbeitgeber	• Identifikation der Gründe für Eindruck der mangelnden Loyalität, z.B. durch Perspektivwechsel • Herausarbeiten Argumentation / Beweismittel für vorhandene Loyalität • Ausarbeiten Umsetzungsplan
	Unsicherheit bei Planung beruflicher Auszeit	Planung Sabbatical	• Ideensammlung zur Ausgestaltung des Sabbaticals • Unterstützung bei organisatorischer und zeitlicher Planung • Vorbereitung der Argumentation zur Beantragung des Sabbaticals beim Arbeitgeber
	Unklarheit bei gewünschter beruflicher Laufbahn	Finden der geeigneten beruflichen Laufbahn(en)	• Rückblick auf bisherigen Berufs- und Lebensweg • Identifizierung des roten Fadens Skizzieren des idealen Berufswegs
	Dysbalance Unabhängigkeit / Abhängigkeit von Arbeitgeber	Umgang mit Abhängigkeit vom Arbeitgeber	• Identifizierung der einschränkenden Themen • Identifizierung der freiheitsgebenden Themen • Herausarbeitung von Maßnahmen zur Herstellung einer Balance
	ineffektive Arbeitsweise	Entwicklung einer effektiven Arbeitsweise	• Strebsamkeit • Arbeitsmotivation • Akzeptanz von Arbeitsaufgaben und Verantwortlichkeiten
	Niedergeschlagenheit nach Fehler	Umgang mit ersten Erfolgen / Misserfolgen	• Klärung der Bedeutung von Erfolg / Misserfolg für Coachee • Erlernen eines konstruktiven Umgangs mit Fehlern

Phase	Coaching-Anlass	Coaching-Ziel	Coaching-Themen
Volle Mitgliedschaft Mitte der Laufbahn	Unsicherheit bei Karriereplanung	Laufbahnentwicklung	• Entwicklung individuelles Karrierekonzept unter Berücksichtigung des „Karrierekegels" (Schein, 1978, S. 37 ff.) • Entscheidung für Laufbahninhalt: Spezialist / Generalist
	mangelndes Kontaktnetzwerk	Erlernen Netzwerken	• Identifikation der einflussreichen Kollegen • Diskussion der Möglichkeiten des Kontaktaufbaus
Krise in der Mitte der Laufbahn	Krise in der Lebensmitte	Wiedererlangung Lebens- und Berufsperspektive	• Analyse der Gründe für Unzufriedenheit • Herausarbeiten der Wünsche für berufliche Zukunft und weitere bedeutende Lebensbereiche • Erarbeitung Plan für Umsetzung
	Sinnsuche	Unterstützung der Sinnsuche	• Standortbestimmung in beruflicher und privater Hinsicht • Analyse der bisherigen sinngebenden Themen • Identifizierung möglicher zukünftiger sinngebender Themen • Diskrepanz zwischen Hoffnung und Erreichtem? • Beurteilung, ob eingeschlagener Weg passt oder Anpassung notwendig • Stellenwert der Arbeit bestimmen und ggfs. neu anpassen
	Unsicherheit bei weiterer Karriereplanung	Herausarbeitung neuer Karriereweg	• Rückschau auf bisherige Karriere • Bewusstwerdung über Karriereanker; Tool: Karriereanker (Schein, 1978, S. 124 ff.)

Phase	Coaching-Anlass	Coaching-Ziel	Coaching-Themen
alle Phasen	„Information-Overload"	Erlernen von Achtsamkeit in digitalen Zeiten	• Analyse stressauslösende Faktoren und Situationen • Trennung wichtiger / unwichtiger Informationen • Erlernen von Achtsamkeit und Stressmanagement im digitalen Zeitalter (Güntsche, 2017)
	Vorwurf von Arroganz und Selbstüberschätzung durch Kollegen	neue Selbstpositionierung	• Prüfung Eigenbild / Fremdbild, z.B. durch Perspektivwechsel • Erarbeitung gewünschtes, von anderem wahrgenommenem Persönlichkeitsbild • Plan zur Umsetzung der neuen Selbstpositionierung
	Wunsch nach Feedback	Umgang mit unternehmensinternem Feedback	• Analyse des Feedback-Stils des Unternehmens • Erkennen von Feedback und Umgang damit • Finden einer passenden Feedback-Kultur für sich selbst
	Unsicherheit beim Geben von Feedback	Aufbau einer Feedback-Kultur	• Analyse des Feedback-Stils des Unternehmens • Erkennen des eigenen Feedback-Stils • Finden eines passenden Feedback-Stils für jeden Kollegen / Mitarbeiter
	Konflikt mit Kollegen älterer Generationen		• Analyse: Handelt es sich um einen Generationskonflikt? • vertiefende Literatur zur Führung mehrerer Generationen: (Bruch et al., 2010) • Tool: Generationen-Workshop (Klaffke, 2014, S. 21 ff.)

Phase	Coaching-Anlass	Coaching-Ziel	Coaching-Themen
	Sorge um berufliche Zukunft	Erhalt der Arbeitsmarktfähigkeit und Arbeitswechselfähigkeit	• Herausarbeitung Ideen zur flexiblen Laufbahngestaltung • Ideen zum Aufbau eines flexiblen Stellen-Portfolios • Entwicklung zielgruppengerechtes Eigenleistungsportfolio
	drohende Kündigung eines Mitarbeiters aufgrund mangelnder Attraktivität des Arbeitsplatzes	Erhöhung der Attraktivität des Arbeitsplatzes	• Herausarbeitung materieller und immaterieller Anreizmodelle zur Erhöhung der Motivation der Mitarbeiter
	Bruch in der Erwerbsbiographie	Umgang mit Bruch in der Erwerbsbiographie	• Unterstützung bei Argumentation des Bruches vor zukünftigem Arbeitgeber • Herausstellen der positiven Aspekte der Auszeit vom Beruf
	Sorge vor Wiedereinstieg in Beruf nach Elternzeit	Wiedereinstieg in Beruf nach Elternzeit	• Herausarbeiten der Wünsche für weiteren Berufsweg • Erstellen eines Plans für Umsetzung des gewünschten Berufswegs in Einklang mit Familie • Umgang mit stattgefundenen / bevorstehenden Veränderungen im Unternehmen • Wiedereingliederung ins Team
	Angst vor Kontrollverlust im Team aufgrund flacher Hierarchien	stärkere Delegation von Aufgaben und Verantwortung	• Identifizierung der Situationen, die Kontrollverlust bewirken könnten • Überblick über antiautoritäre Führungsstile geben • Herausarbeitung des idealen Führungsstils für Führungskraft und Mitarbeiter

Phase	Coaching-Anlass	Coaching-Ziel	Coaching-Themen
	zu wenig Freizeit	Herstellung Work-Life-Balance	• Identifizierung der Anteile von Arbeit und Freizeit im derzeitigen Leben der Person • Herausarbeiten der persönlichen Prioritäten und Wichtigkeit der berufsrelevanten und privaten Themen • Herausarbeiten von Maßnahmen zur Wiederherstellung der Balance
	Unsicherheit über ideale Arbeitsform	Auswahl einer passenden Arbeitsform	• Gegenüberstellung von persönlichen Werten mit möglichen Arbeitsformen (z.B. Vollzeit-/Teilzeitarbeit, Festvertrag/Zeitvertrag) und Prüfung, inwiefern diese die eigenen Werte widerspiegeln • Erarbeiten einer idealen Arbeitsform und prozessuale Unterstützung bei Umsetzung
	Unsicherheit bei Berufswechsel	Unterstützung bei Berufswechsel / Umschulung	• Stärken-/Schwächen-Analyse • Erarbeitung von passenden Berufsalternativen • Unterstützung bei Umsetzung des gewünschten Weges
	Konflikt mit Vorgesetzten und / oder Kollegen	Lösung des Konflikts mit Vorgesetzten und / oder Kollegen	• Analyse der Konfliktursachen mit geeigneter Methodik (z.B. Perspektivwechsel) • Aufzeigen von Generationsunterschieden und evtl. Aufdecken Generationskonflikt

Tabelle A.4. Coaching-Ziele und -Themen im betrieblichen Lebenszyklus (in Anlehnung an Graf, 2002, S. 85, Sattelberger, 1995, S. 28 f., Hall, 1976, S. 57 f. und Hilb, 1992, S. 25)

Phase	Coaching-Anlass	Coaching-Ziel	Coaching-Themen
Einführungsphase	Integrationsprobleme in neues Unternehmen	Integration in neues Unternehmen (betriebliche Sozialisation)	• Abgleich eigene Werte mit denen des Unternehmens • Anpassung und Kompromissschließung zwischen persönlichen und Unternehmenswerten • Gewöhnung an Unternehmenskultur
	mangelnde Integration in neues Team	zügige Integration in neues Team	• Analyse der Teamstruktur, z.B. durch Rollenanalyse, Generationenanalyse, Persönlichkeitsanalyse der Teammitglieder, Kommunikationsstruktur • Identifizierung formeller und informeller Regeln im Team • Ideen zur Selbstpositionierung
	Überhäufung mit Wissen	Erarbeitung Methodik zur Wissensaufnahme und -speicherung	• Erarbeitung von Ideen zum schnellen Wissensaufbau • Erarbeitung von Ideen zum Selbstmanagement / persönlicher Wissensorganisation
	Unsicherheit im Umgang mit neuem Vorgesetzten	Beziehungsaufbau zu Vorgesetztem	• Small Talk-Training • Herausarbeiten von Gemeinsamkeiten mit Vorgesetztem • Analyse eingesetzter Führungsstil des Vorgesetzten • Erarbeitung einer passenden Kommunikationsbasis auf Basis des eingesetzten Führungsstils

Phase	Coaching-Anlass	Coaching-Ziel	Coaching-Themen
	Realitätsschock	Unterstützung bei Bewältigung des Realitätsschocks	• Identifizieren der schockierenden Ereignisse und Abgleich mit Wunschvorstellung • Ausarbeitung Strategie zum Umgang mit Spannungen und unangenehmen Überraschungen
	Unklarheit über neue Rolle	Rollenklärung	• Identifikation der Rollenerwartungen und Rollendefinition • Klärung der eigenen Rolle • Verinnerlichung der neuen Rolle • Auflösung von Rollenkonflikten
Wachstumsphase	Unklarheit über Karriereweg	Definition eines passenden Karrierekonzepts	• Entwicklung individuelles betriebliches Karrierekonzept unter Berücksichtigung des „Karrierekegels" (Schein, 1978, S. 37 ff.) • Erarbeitung einer individuell passenden Laufbahnplanung: Führungslaufbahn, Fachlaufbahn, Projektlaufbahn
Wachstums- und Reifephase	mangelnde Beziehung zur Führungskraft	Stärkung der Beziehung zur Führungskraft	• Feedbackkultur • Konfliktmanagement • Organisation Zusammenarbeit • Forderung und Förderung durch die Führungskraft • Führungsstilanalyse / -passung
	Mangel an Weiterbildungsoptionen	Erarbeitung von Weiterbildungsoptionen	• Identifikation von individuellen Weiterbildungspotentialen • Identifikation von betriebsinternen und -externen Weiterbildungsmöglichkeiten (Zugänge, Organisation) • Erstellung persönlicher Plan für Weiterbildung

Phase	Coaching-Anlass	Coaching-Ziel	Coaching-Themen
	Überlastung Familie / Beruf	Wiederherstellung Work-Life-Balance	• Stressmanagement • Ideen zur besseren Abgrenzung Berufliches / Privates • Ideen zum beruflichen Zurücktreten, z.B. Wechsel auf Teilzeitposition, Verzicht auf Beförderung, seltenere Tätigkeit in Führungspositionen • Ideen zur Flexibilisierung von Arbeitszeiten / Home Office Regelung
Reifephase	Mangel an weiteren Karriereperspektiven (Karriereplateau)	Bearbeitung des Karriereplateaus	• Betrachtung des Karriereplateaus • Analyse der Einflussfaktoren Person, Position, Umwelt, Organisation • Erarbeitung von Wünschen für weiteren Karriereweg • Diskussion verschiedener Möglichkeiten für weiteren Karriereweg (z.B. Downward Movement) • Tool: Karriereplateau-Analyse (Graf, 2002, S. 106 ff.)
Sättigungsphase	Perspektivlosigkeit	Neuorientierung	• Standortbestimmung: Analyse Gründe für Perspektivlosigkeit • Durchdenken möglicher Zukunftsszenarien: Downward-Movement, Kündigung, Outplacement

Phase	Coaching-Anlass	Coaching-Ziel	Coaching-Themen
alle Phasen	Unsicherheit bei Bewerbung in anderem Unternehmen	Unterstützung bei Auswahl potentieller neuer Arbeitgeber, Vorbereitung Bewerbung / Bewerbungsgespräch	• Werteanalyse • Unterstützung bei Definition des Werteprofils möglicher passender, neuer Arbeitgeber • Stärken-Schwächen-Analyse • Unterstützung bei Auswahl von Bewerbungskanälen • Unterstützung bei Erstellung Bewerbung • Kommunikationstraining • Abgleich Selbstbild / Fremdbild
	Gefühl von Unzufriedenheit mit derzeitigem Arbeitgeber	Überprüfung Zufriedenheit mit Arbeitgeber	• Werteabgleich / Auflösen von Wertekonflikten (besonders zwischen 18.-25. Lebensjahr auftretend) • Teamanalyse • Analyse Führungsstil • Analyse gelebte Unternehmenskultur • Aufgabenanalyse
	Unsicherheit bei eigener Laufbahnplanung	Stärkung der Selbstverantwortung für betriebliche Laufbahn	• Definition und ständige Aktualisierung des eigenen Anforderungsprofils • Festlegung eines langfristigen roten Fadens für die gewünschte Karriere • Erlernen von Selbstmanagement-Techniken, z.B. regelmäßiger Karriere-Review
	Unwägbarkeiten im Team	Optimierung der Teamstruktur	• Analyse möglicher Teamkonflikte • Überlegungen zur Optimierung der Teamstruktur (z.B. Aufgabenverteilung) • Analyse Generationskonflikte • Analyse Kommunikationsstruktur und -schwierigkeiten und Ideen zur Optimierung • Analyse Teamveränderungen

Tabelle A.5. Coaching-Ziele und -Themen im stellenbezogenen Lebenszyklus (in Anlehnung an Graf, 2002, S. 143)

Phase	Coaching-Anlass	Coaching-Ziel	Coaching-Themen
Einführungsphase	Unsicherheit bei Übernahme einer Führungsposition	Gewinnen von Selbstsicherheit in neuer Führungsrolle	• Herausarbeiten eines passenden Führungsstils für Führungskraft und Team • Ausarbeiten von Möglichkeiten zum Kennenlernen und Beziehungsaufbau mit dem Team • Erkennen des Spannungsfeldes der Anforderungen vom Team und dem eigenen Vorgesetztem und Erlernen eines gekonnten Umgangs damit
	Unsicherheit bei Einarbeitung in neues Aufgabengebiet	Umgang mit Unsicherheit bei Einarbeitung in neues Aufgabengebiet	• Analyse der Unsicherheit verursachenden Umstände • Entwicklung von Strategien zum Umgang mit Unsicherheit • Stärkung des Selbstbewusstseins
Wachstumsphase	ineffiziente Arbeitsweise	Optimierung der Arbeitsweise	• Analyse individueller Arbeitsweise und -persönlichkeit • Erlernen von individuell passenden Techniken zum Selbstmanagement
	mangelnde Einflussmöglichkeiten	Erhöhung der Einflussmöglichkeiten	• Aufbau und Pflege von Beziehungsnetzwerken • Möglichkeiten des Zugangs zu formellen und informellen Informationsquellen • Sammlung von Ideen zum Machtausbau, z.B. Mitgliedschaft in einflussreichen Gruppen
	Gefahr der abnehmenden Leistung eines eigenen Mitarbeiters	Leistungserhalt eines eigenen Mitarbeiters	• fortlaufende Konzeption und Zuweisung von herausfordernden, sinn- und spaßstiftenden Tätigkeiten für den Mitarbeiter

Phase	Coaching-Anlass	Coaching-Ziel	Coaching-Themen
Reifephase	Stagnation und Langeweile innerhalb des derzeitigen Aufgabenfeldes	Erarbeitung neuer Lernchancen und -herausforderungen	• Überlegungen zu Job Enrichment und Job Enlargement • Analyse der Vorstellungen zur weiteren Karriereentwicklung • Erarbeitung eines Vorschlags für Gespräch mit Vorgesetztem und Personalabteilung
Sättigungsphase	Leistungsabfall	Wiederherstellung der gewünschten Leistungsfähigkeit	• Analyse der Gründe für Leistungsabfall, z.B. Stress, Überforderung / Unterforderung, Arbeitsunzufriedenheit, Ermüdung, gesundheitliche Probleme, private Probleme, ungünstige Arbeitsbedingungen, veränderte Anforderungen • Erarbeitung von Maßnahmen zur erneuten Leistungssteigerung
	Unzufriedenheit mit derzeitiger Stelle	Wiederherstellung der Attraktivität der Stelle	• Identifikation der Unzufriedenheitsverursacher • Vergleich Eigen- und Fremderwartungen an die Stelle • Auflisten von Maßnahmen zur Wiederherstellung der Attraktivität der Stelle • Abgleich mit den Möglichkeiten des Vorgesetzten / Arbeitgebers zur Attraktivitätserhöhung der Stelle • Unterstützung bei Vorbereitung des Gesprächs mit Vorgesetztem
	Gefühl der Überforderung	Auflösung des Gefühls der Überforderung	• Analyse der Situationen / Aufgaben mit Gefühl der Überforderung • Erarbeitung von Maßnahmen zur Vermeidung des Gefühls der Überforderung

Phase	Coaching-Anlass	Coaching-Ziel	Coaching-Themen
	Gefühl der Unterforderung	Auflösung des Gefühls der Unterforderung	• Analyse der Situationen / Aufgaben mit Gefühl der Unterforderung • Erarbeitung von Maßnahmen zur Vermeidung des Gefühls der Unterforderung
	Innere Kündigung	Auflösung der inneren Kündigung	• Analyse des Status der inneren Kündigung (z.B. Unlust, Resignation, schlechter Gesundheitszustand, Sinnverlust, Depression) • Diskussion verschiedener Handlungsalternativen zum Verlassen der belastenden Situation • Überlegungen zur internen bzw. externen beruflichen Neuorientierung • Vorbereitung der Bekanntgabe der offiziellen Kündigung • Aufklärung des Coachee über gesundheitsgefährdenden Zustand, z.B. bei drohender oder bestehender Depression, Beendigung des Coachings und Empfehlung einer Therapie
alle Phasen	Burnout	Auflösung des Burnouts	• Ursachenanalyse • Analyse der Stärke des Burnouts • Aufklärung des Coachee über gesundheitsgefährdenden Zustand, z.B. bei drohender oder bestehender Depression, Beendigung des Coachings und Empfehlung einer Therapie

Phase	Coaching-Anlass	Coaching-Ziel	Coaching-Themen
	Gefühl von Stress	Erlernen des Umgangs mit Stress	• Identifikation der Ursachen für Disstress, z.B. anhand Arbeitsaufgabe, Arbeitsrolle, sozialem Verhaltensrahmen, physikalischer Arbeitsumgebung, sozialer Arbeitsumgebung (Graf, 2002, S. 151 ff.) • Erlernen von „Coping-Strategien" (Graf, 2002, S. 153 ff.) • Schaffen Bewusstsein für Burnout und damit Prävention
		Bewältigung eines höheren Arbeitspensums	• Einüben von Techniken zur Stärkung der Konzentration • Erarbeitung von Vorschlägen zur Verbesserung der Arbeitsbedingungen, z.B. im Großraumbüro
	Gefühl des Kontrolliertwerdens	Umgang mit Kontrolliertwerden	• Erkennen, dass Transparenz nicht automatisch Kontrolle bedeutet und gegen den Mitarbeiter eingesetzt wird • Erkennen der positiven Seiten der Transparenz • aktiven Einsatz der Transparenz für den eigenen Vorteil, z.B. zur Dokumentation eines hohen Arbeitspensums und der Erledigung anspruchsvoller Aufgaben

Phase	Coaching-Anlass	Coaching-Ziel	Coaching-Themen
	Unsicherheit bei Auswahl der passenden Arbeitsformen	Erlernen Selbstmanagement / Selbstdisziplin	• Analyse möglicher Arbeitsformen im Unternehmen in Bezug auf Arbeitsort, Arbeitszeit, Teamstruktur und Aufgabenverteilung • Herausarbeiten der idealen Arbeitsformen, z.B. mithilfe einer Persönlichkeitsanalyse • Erarbeitung eines Plans zur Umsetzung der idealen Arbeitsformen • fortlaufende selbständige Überprüfung und ggfs. Anpassung der gewählten Arbeitsformen
	Unsicherheit bei Arbeit mit temporären Teams	Arbeit in temporären Teams	• Möglichkeiten zur schnellen Integration in temporäres Team, z.B. Projektteam • Möglichkeiten zur fachlichen Führung temporärer Teams, z.B. Kompetenzaufbau für Führung von Projektteams • optimale Aufgabenverteilung im Team • Möglichkeiten zum gelungenen Arbeitsabschluss im Team und Teamauflösung, z.B. Fortbestand der Kontakte für späteren Austausch
	Überforderung mit Aufforderung zum ständigem Wissenserwerb	Sicherstellen lebenslanger Lernbereitschaft und -fähigkeit	• Erläuterung der Wichtigkeit des lebenslangen Lernens • Analyse des Lerntyps • Analyse der Themen, die für berufliches Fortkommen von Bedeutung sind • Aufstellen von Möglichkeiten zum motivierenden Wissenserwerb, z.B. unter Nutzung aktueller Technologien wie E-Learning-Konzepte • Erstellung Umsetzungsplan

Phase	Coaching-Anlass	Coaching-Ziel	Coaching-Themen
	Informationsflut	Informationsmanagement	• Erlernen von Wissensmanagement-Techniken, z.B. Unterscheidung von benötigtem / nicht benötigtem / aktuellem / veraltetem Wissen • Erlernen von Selbstmanagement in puncto Wissenserwerb und -speicherung
	Überforderung bei Erledigung von Fach- und Führungsaufgaben in der Rolle der Führungskraft	Management von Fach- und Führungsaufgaben in der Rolle der Führungskraft	• Analyse des Aufgabenspektrums und Einteilung in operative und strategische Fachaufgaben und Führungsaufgaben • Aufstellen eines Plans zur Priorisierung und Erledigung der Aufgaben
	Leistungsdruck	Umgang mit Leistungsdruck	• Identifikation der druckauslösenden Situationen • Erlernen von Methoden zum Umgang mit Leistungsdruck
	mangelnde Entscheidungsfreudigkeit	Stärkung der Entscheidungsfreudigkeit	• Identifizierung der Situationen mit Anspruch des Treffens einer Entscheidung • Analyse der Gründe für mangelnde Entscheidungsfreudigkeit • Abbau der Ängste zum Treffen einer Entscheidung
	mangelnder Veränderungswille	positiver Umgang mit Veränderungen im Unternehmen	• Analyse der Gründe für mangelnden Veränderungswillen • Vermittlung von Grundkenntnissen im Veränderungsmanagement • Erlernen von Strategien zur wohlwollenden Akzeptanz von Veränderungen

Coaching in Forschungszentren: eine empirische Studie in der Helmholtz-Gemeinschaft

Dr.-Ing. Christian Piehler

In einer empirischen Studie wurde erstmals gezielt der Einsatz von Coaching in deutschen Forschungszentren untersucht. Bei der Online-Befragung in den 18 Forschungszentren der Helmholtz-Gemeinschaft wurde ein Multi-Stakeholder-Ansatz verfolgt: Ehemalige, aktuelle und potenzielle Coachees und Coaches standen ebenso im Fokus wie die Auftraggeber*innen von Coaching. Bereits die ersten deskriptivstatistischen Auswertungen der Daten von 757 Teilnehmenden der nicht-repräsentativen Stichprobe liefern einen umfangreichen Einblick.

For the first time, the use of coaching in German research centers was specifically investigated in an empirical study. A multi-stakeholder approach was followed in an online-survey in the 18 research centers of the Helmholtz Association: Former, current and potential coachees and coaches were as much in focus as the customers of coaching. Already first descriptive analyses of the data from 757 participants of the non-representative sample provide numerous insights.

1. Einleitung

Coaching wird seit Ende der 1990er-Jahre in Universitäten, Hochschulen sowie öffentlich und privat finanzierten Forschungseinrichtungen mit deutlich zunehmender Tendenz genutzt (Klinkhammer, 2009, S. 123). Anders als beim Einsatz von Coaching in Wirtschaftsunternehmen, für den es einige empirische Untersuchungen gibt, ist die Datenlage hier jedoch sehr überschaubar. Noch prekärer als für Universitäten und Hochschulen ist die Datenlage für die außeruniversitären Forschungszentren.

Abgesehen von einer Begleitstudie über die Einführung von Coaching in einem Fraunhofer-Institut (Jappe, 2012) mangelt es an dezidierten empirischen Untersuchungen zum Einsatz von Coaching in Forschungszentren. Eine nicht-repräsentative Studie für den deutschsprachigen Raum adressiert zwar "Erfahrungen mit Coaching an Hochschulen und Forschungseinrichtungen" (Schmidt & Hubrath, 2017, S. 5), hat aber kaum Rückläufer aus "außerhochschulischen Forschungsinstituten" (ebd., S. 7). Darüber hinaus legt die Studie den Fokus auf Personen, "die Coachingangebote entwickeln und koordinieren" (ebd., S. 5).

Mit dem Ziel, den Status quo zu erfassen und bei Bedarf potenzielle Handlungsfelder zu identifizieren, wurde im Rahmen einer Masterthesis eine empirische Studie zum Einsatz von Coaching in deutschen Forschungszentren konzipiert und umgesetzt. Die Studie verfolgte einen Multi-Stakeholder-Ansatz: Die Perspektiven ehemaliger, aktueller und potenzieller Coachees und Coaches wurden ebenso berücksichtigt wie diejenigen der Auftraggeber*innen von Coaching. In einem ersten Schritt wurden die erhobenen Daten für die Auswertung vorbereitet und ausgewählte Aspekte des Ist-Zustands mit dem Fokus auf Coachees und interne Coaches beschrieben.

2. Ausgangssituation der Forschungszentren

2.1. Helmholtz-Gemeinschaft

Die Forschungslandschaft in Deutschland ist vielfältig: Neben rund 400 Universitäten und Hochschulen bringen sich etwa 1.000 öffentlich finanzierte Forschungseinrichtungen und zahlreiche privat getragene Forschungs- und Entwicklungszentren ein (BMBF, 2018b, S. 1). Die Hermann von Helmholtz-Gemeinschaft Deutscher Forschungszentren, kurz Helmholtz-Gemeinschaft, ist die größte Forschungsorganisation Deutschlands. Zur Zeit der Studiendurchführung in 2016 waren in ihr 17 rechtlich selbstständige Forschungszentren und ein assoziiertes Mitglied zusammengeschlossen (Helmholtz-Gemeinschaft, 2017a, S. 48). Mehr als 38.700 Beschäftigte erwirtschafteten ein Jahresbudget von rund 4,4 Milliarden Euro (ebd., S. 38).

Für die empirische Studie waren die Forschungszentren der Helmholtz-Gemeinschaft prädestiniert: Zum einen sahen sie sich seit Langem mit einer Vielzahl von Veränderungen konfrontiert. Zum anderen widmeten sie sich sehr unterschiedlichen Themen, die zudem eine große Bandbreite von der Grundlagenforschung über die translationale Forschung bis hin zur angewandten Forschung abdeckten. Schließlich verfügten sie über eine erhebliche Spannweite bei der Personal- und Finanzstärke. Die daraus resultierende Diversität schien daher sehr gut geeignet, das Spektrum von Forschungszentren generell abzubilden.

Die Helmholtz-Akademie für Führungskräfte vermittelt seit 2007 "die nötigen Managementtechniken, um die eigenen Ressourcen wirksam für lohnende Ziele einzusetzen" (Helmholtz-Gemeinschaft, 2016, S. 4). Coaching und Mentoring sind von Beginn an als "flankierende Maßnahmen" (ebd., S. 4) gesetzt. Dies gilt zugleich für die Helmholtz-Forschungszentren, bei denen Coaching inzwischen zu den anerkannten Maßnahmen der Personaladministrationen zählt (Blum et al., 2014, S. 27; Jenssen & Roth, 2014, S. 33). Im Wettbewerb um die besten Köpfe kommt hier vor allem "viel Wertschätzung für den Einzelnen" zum Ausdruck sowie "die Bereitschaft und Anstrengungen [...], in einzelne Personen bereitwillig zu investieren" (Strikker, 2007, S. 12).

2.2. Reformen in der Helmholtz-Gemeinschaft

Wissenschaftliche Führungskräfte in den Forschungszentren der Helmholtz-Gemeinschaft haben in der Regel zugleich Professuren an einer Universität oder Hochschule inne. Zahlreiche weitere Mitarbeiter*innen sind mit Lehraufgaben und der Betreuung von Abschlussarbeiten betraut. Sie sind mithin sowohl von den "tief greifenden hochschulpolitischen und strukturellen Veränderungen der deutschen Hochschullandschaft in der letzten Dekade" (Klinkhammer, 2014, S. 74) betroffen als auch von den nicht minder gravierenden Reformen in Forschungsmanagement und Forschungsfinanzierung der Helmholtz-Gemeinschaft.

Zu diesen Reformen zählt der Bologna-Prozess, mit dem 1999 "die Grundlage eines gemeinsamen Rahmens für die europäische Hochschulbildung geschaffen [wurde]" (BMBF, 2015, S. 4). Ergänzend wurden für den Hochschulsektor die Exzellenzinitiative und die Exzellenzstrategie von Bund und Ländern aufgelegt, "die [seit 2006] den wissenschaftlichen Nachwuchs, die Spitzenforschung und die universitäre Forschung [fördern]" (BMBF, 2017, S. 2). 2005 wurde zudem der Pakt für Forschung und Innovation geschlossen, in dem "sich die Wissenschaftsorganisationen auf forschungspolitische Ziele [verpflichten], deren Umsetzung sie selbst ausgestalten" (BMBF, 2018a, S. 2). "Im Gegenzug erhalten [sie] finanzielle Planungssicherheit" (ebd., S. 2).

"Zusammen mit dem Hochschulpakt, der Exzellenzinitiative und der [...] Exzellenzstrategie trägt er zu einer großen Dynamik und Leistungssteigerung bei" und "[stärkt] die Eigenverantwortung der Wissenschaft" (BMBF, 2018a, S. 2). Mit einer analogen Intention wurde 2001 die Programmorientierte Förderung in der Helmholtz-Gemeinschaft eingeführt (Helmholtz-Gemeinschaft, 2012, S. 1) und 2017 überarbeitet (Helmholtz-Gemeinschaft, 2018). Autonomie und Selbstverantwortung der Helmholtz-Gemeinschaft sind entsprechend groß. Sie stellen zugleich hohe Ansprüche an Führungskräfte in Forschung und Forschungsmanagement, die nicht zuletzt gefordert sind, den systemimmanenten Antagonismus von Konkurrenz und Kooperation auszugleichen.

2.3. Stand der Forschung

Die einschneidenden Reformen zeigen erhebliche Auswirkungen "auf den Ebenen der Organisation, der Profession und der Person" (Klinkhammer, 2014, S. 75). Als Reaktion auf die "erweiterten Anforderungen an das herkömmliche Rollenverständnis und Handlungsrepertoire der beteiligten Akteursgruppen" (Szczyrba, 2011, S. 30) wird "mit deutlich zunehmender Tendenz [...] prozessorientierte und personenbezogene Beratung im Wissenschaftsfeld implementiert" (Klinkhammer, 2014, S. 73), "was sich auch in der Nachfrage nach Coaching spiegelt" (ebd., S. 75). So überrascht es nicht, dass der "Hochschul- und Wissenschaftsbereich [...] heute einer der größten Beratungsmärkte [ist]" (ebd., S. 73).

"Coaching kommt [...] aus der Praxis und ist fest in ihr verankert" (Graf et al., 2015, S. 2). Belastbare empirische Untersuchungen zum Einsatz von Coaching in der Praxis sind gleichwohl selten. Von Bedeutung ist hier die jährliche Coaching-Umfrage Deutschland (Middendorf, 2020), die mit wechselndem Themenfokus den deutschen Coaching-Markt beleuchtet. Zu nennen ist auch die Marburger Coaching-Studie, die im Abstand von einigen Jahren "Strukturdaten über den deutschsprachigen Coaching-Markt" erhebt und es damit ermöglicht, "die Marktentwicklung und aktuelle Trends im Zuge dieser Entwicklung zu beschreiben" (Stephan & Rötz, 2018, S. i).

Während die Coaching-Umfrage Deutschland auf die alleinige Befragung von Coaches setzt, berücksichtigt die Marburger Coaching-Studie "Anbieter (Coaches) und Nachfrager (Unternehmen)" gleichermaßen (Stephan & Rötz, 2018, S. 3). Trotz ihrer unterschiedlichen Zielsetzungen eint beide Untersuchungen, dass sie die Perspektive der Coachees außer Acht lassen. Dies trifft auch auf die empirischen Studien des Coachingnetzes Wissenschaft (Schmidt & Hubrath, 2016b) zu, die sich an "Einrichtungen im Hochschul-, Forschungs- und Wissenschaftsbereich in Deutschland und im deutschsprachigen Ausland" (Schmidt & Hubrath, 2016a, S. 1) wenden.

Diese Studien sind, so scheint es, die einzigen, die sich explizit dem Wissenschafts- und Forschungssektor widmen. Allerdings sind die Rückläufer aus dem außeruniversitären Bereich gering (Schmidt & Hubrath, 2017, S. 7), sodass sie weitergehende Schlussfolgerungen für den Forschungssektor nicht zulassen. Dem kann auch eine Publikation zur Ausarbeitung eines Coaching-Programms in einem Fraunhofer-Institut (Jappe, 2012) nicht abhelfen. Nach allem ist zu konstatieren, dass der spezifische Forschungs- und Erkenntnisstand zum Einsatz von Coaching in deutschen Forschungszentren bislang gering ist.

Es bleibt zu wünschen, dass sich dies künftig ändert, zumal "[i]nsbesondere jüngere Forscherinnen und Forscher [...] in einer Wissenschaftskultur geprägt [werden], in der die sozialen und wissenschaftspolitischen Randbedingungen sowie die Unterstützungssysteme zunehmend an Bedeutung gewinnen" (Schophaus, 2010, S. 116). Als niedrigschwelliges Angebot ist Coaching zudem geeignet, "Professor/innen schrittweise in Lernprozesse [zu] verwickeln" und sie "im Hinblick auf die Gestaltung sozialer Beziehungen" zu professionalisieren (Wildt, 2009, S. 226). "[E]ine neue signifikante Nachfrage nach Coaching" (Gotzen & Wergen, 2012, S. 60) entsteht aber nicht nur in der Forschung, sondern auch im Forschungsmanagement, das seit einigen Jahren massiv wächst, "sich aber erst langsam [professionalisiert]" (ebd., S. 116).

Obwohl Coaching "insbesondere in Situationen individueller, organisationaler und gesellschaftlicher Veränderung" (Roundtable der Coachingverbände, 2014, S. 2) zum Einsatz kommt, können mit einem Coaching "ganz unterschiedliche Arten von Zielen verfolgt werden: defizitorientierte Ziele, präventionsorientierte Ziele, leistungsorientierte Ziele und potenzialentwicklungsorientierte Ziele" (Rauen, 2014, S. 23). Ein Coaching in Forschung und Wissenschaft bedient zwar spezifische Zielgruppen, "[d]er Ablauf unterscheidet sich [...] [jedoch] kaum von vergleichbaren Coachings in der Wirtschaft" (Peus et al., 2009, S. 196). Zudem ist auch hier "[d]as übliche Setting [...] das Einzelcoaching" (Graf et al., 2015, S. 3).

"[D]ie Ausbildung von Coaches [wird] als ein wichtiger Aspekt für das Einhalten bzw. die Etablierung gewisser Standards gesehen" (Quendt & Oellerich, 2016, S. 60). Anspruchsvolle Ausbildungen auf verlässlichem Qualitätsniveau sowie hohe Beratungs- und Methodenkompetenz sind daher auch maßgebliche Basis für ergänzende Anforderungen an Coaches in Forschung und Wissenschaft, wie etwa einschlägige Beratungserfahrung, Kenntnisse des Forschungs- und Wissenschaftssektors, Führungserfahrung, Genderkompetenz und Qualitätssicherung durch Weiterbildungen, Supervision und kollegiale Beratung (Renkes, 2016, S. 1).

3. Kernthesen zum Coaching in Forschungszentren

Auf Basis der Ausgangssituation wurden Kernthesen zum Coaching-Einsatz in der Helmholtz-Gemeinschaft entwickelt und inhaltlich unterlegt. Als Coaching wurde hierbei ein zeitlich begrenzter, personenzentrierter Beratungs- und Unterstützungsprozess verstanden, bei dem Coach und Coachee in einem 1:1-Setting auf Augenhöhe lösungs- und zielorientiert an konkreten beruflichen und/oder privaten Inhalten des Coachees arbeiten. Die ausgewählten sieben Kernthesen repräsentieren wesentliche Fragestellungen der empirischen Untersuchung. Ihrer Überprüfung galt daher das Hauptaugenmerk bei der initialen Datenauswertung. Entsprechend hohe Relevanz hatten die Kernthesen zugleich bei der Strukturierung, inhaltlichen Ausgestaltung und Online-Umsetzung des Fragebogens.

Die Helmholtz-Forschungszentren sehen sich seit Langem mit umfangreichen Reformen und erheblich veränderten Rahmenbedingungen konfrontiert. Hinzu kommen der wachsende globale Wettbewerb, die steigende Volatilität und der immer höhere Druck zur Dynamisierung. Der Umfang und die Komplexität der hieraus resultierenden Anpassungen in Bezug auf Organisationsstrukturen, Prozesse und Personal in den Forschungszentren sind daher hoch und werden auf absehbare Zeit weiter zunehmen. → *Kernthese 1: Der Coaching-Bedarf nimmt zu.*

Dem steigenden Bedarf folgend wird die Coaching-Nachfrage in Wissenschaft und Forschung künftig zunehmen. Dessen ungeachtet scheint sich der Einsatz von Coaching in einigen Helmholtz-Forschungszentren im Vergleich zu Universitäten und Hochschulen eher zurückhaltend zu entwickeln. Zudem lassen die Forschungszentren aufgrund ihrer Diversität einen unterschiedlichen Durchdringungs- und Professionalisierungsgrad bei Coaching erwarten. → *Kernthese 2: Der Coaching-Bedarf wird nicht gedeckt.*

Mit den notwendigen Anpassungen im Forschungssektor steigen die Anforderungen an die Mitarbeiter*innen der Forschungszentren in den kommenden Jahren. Die "professionelle Begleitung durch einen externen oder auch internen Coach bei der (eigenen) Erarbeitung von Lösungen und Zielen" kann we-

sentlich dabei unterstützen, zusätzliche Belastungen aufzufangen und die individuelle "Handlungsfähigkeit wiederher[zu]stellen oder [zu] erweitern" (Graf et al., 2015, S. 3).
→ *Kernthese 3: Coaching wird positiv bewertet.*

Die Einstellung zu Coaching hat sich in den letzten Jahren erheblich zum Positiven verändert (Stephan & Gross, 2013, S. 25-26). Es bestehen allerdings Zweifel, inwieweit diese generell zu beobachtende Entwicklung die Helmholtz-Forschungszentren bereits in vollem Umfang erreicht hat. Denn "der Bedarf nach Coaching [wird] oftmals noch als Defizit oder Eingeständnis von Inkompetenz angesehen" (Schophaus, 2010, S. 118-119) statt als "passgenaue und dringend benötigte Unterstützung" (Klinkhammer et al., 2010, S. 445). → *Kernthese 4: Coaching ist nicht allgemein akzeptiert.*

Coaching zählt seit etlichen Jahren zum Standardrepertoire in den Helmholtz-Forschungszentren. Ob Coaching tatsächlich in allen Funktionsbereichen und auf jeder Hierarchieebene angekommen ist, erscheint jedoch fraglich. Zum einen bezog Coaching sich "ursprünglich auf die Begleitung von Führungskräften" (Graf et al., 2015, S. 3) und war damit den obersten Führungsebenen vorbehalten. Zum anderen sind gelegentlich "professionsspezifische Widerstände gegen Prozessberatungsformen wie Coaching zu berücksichtigen" (Pohl & Husmann, 2009, S. 142). → *Kernthese 5: Eine Minderheit hat Erfahrungen als Coachee.*

Die mittels qualitativer Studien ermittelten "Ergebnisse von Coaching [sind], bei aller Vielfalt, fast durchgehend positiv" (Greif, 2011, S. 40). Ob durch methodische Mängel in den Studien "mehr positive als kritische Ergebnisse erzeugt wurden, ist schwer abschätzbar" (ebd., S. 40). Die positive Einschätzung passt jedoch ins Gesamtbild, denn "[d]ie Ergebnisse der meisten mit quantitativen Methoden durchgeführten Untersuchungen zur Wirksamkeit von Coaching belegen [...] statistisch signifikante positive Ergebnisse nach dem Coaching" (ebd., S. 40-41). Dies sollte sich auch in den Helmholtz-Forschungszentren widerspiegeln. → *Kernthese 6: Coaching-Erfahrungen werden positiv bewertet.*

Gerade im Wissenschafts- und Forschungssektor ist "[d]as Verständnis von Coaching [...] sehr different" (Klinkhammer, 2013, S. 311). Bei vielen Professor*innen herrscht zudem "das Selbstverständnis vor, [...] hinsichtlich der Lehre und des Hochschulmanagements 'ausgelernt' [zu] haben" (Schophaus, 2010, S. 116). Diese Fehleinschätzung lässt sich möglicherweise auf die Notwendigkeit des Erwerbs von Coaching-Qualifikationen übertragen, zu denen neben Persönlichkeitseigenschaften vor allem Coaching- und Methodenkompetenzen, soziale Kompetenzen, Erfahrungswissen, Lernbereitschaft, Vertrauen und Akzeptanz zählen (Greif, 2008, S. 158-163). → *Kernthese 7: Interne Coaches haben keine Coach-Ausbildung.*

4. Methoden der Datenerhebung

4.1. Studiendesign

In Anbetracht der Rahmenbedingungen war das Forschungsdesign der Wahl eine Ex-post-facto-Anordnung mit Survey-Design, bei dem "[i]n einem Datenerhebungsprozess [...] unabhängige und abhängige Variablen gemessen [werden]" (Schnell et al., 2013, S. 222). Dem Vorteil eines "relativ geringe[n] finanziellen und personellen Aufwand[s]" auch bei "eine[r] große[n] Anzahl von Versuchspersonen" stehen jedoch drei Probleme gegenüber: "das Problem der Varianz der unabhängigen Variablen, das Problem der kausalen Reihenfolge der Variablen, das Problem der Kontrolle von Drittvariablen" (ebd., S. 223).

Die Vorteile eines Ex-post-facto-Designs werden üblicherweise – so auch hier – höher gewichtet als ihre methodischen Nachteile. Eine Längsschnittstudie, bei der "eine Befragung zu mehreren Zeitpunkten durchgeführt [wird]" (Raab-Steiner & Benesch, 2012, S. 42), kam wegen der zeitlichen Restriktionen einer Masterthesis nicht in Betracht. Daher wurde auf eine Querschnittstudie gesetzt, bei der "zum [annähernd] selben Zeitpunkt verschiedene Personen [einmalig] untersucht [werden]" (ebd., S. 42).

Ideal wäre es gewesen, alle deutschen Forschungszentren mit in die Studie einzubeziehen. Dieser umfassende Ansatz war im verfügbaren Rahmen jedoch nicht darstellbar. Die zum Untersuchungszeitpunkt 18 Mitgliedszentren der Helmholtz-Gemeinschaft wiesen, wie bereits ausgeführt, eine große Diversität auf. Ihre Mitarbeiter*innen schienen daher besonders geeignet, als Grundgesamtheit stellvertretend für die anderen deutschen Forschungszentren zu fungieren.

Die folgende Entscheidung für eine Stichprobe war der übliche "Kompromiss zwischen dem Gegenstandsbereich [...] und den zur Verfügung stehenden Ressourcen" (Schnell et al., 2013, S. 257). Für die Studie wurde auf die Datenbank der Helmholtz-Geschäftsstelle zurückgegriffen. Sie enthielt über 3.600 Kontakte aus allen Mitgliedszentren, vornehmlich von Führungskräften, Nachwuchstalenten sowie weiteren Personen in Forschungsmanagement, Administration und Stabsstellen. Als Auswahlverfahren kam somit keine statistisch erstrebenswerte "Zufallsstichprobe" (ebd., S. 263) zum Tragen, sondern eine "bewusste Auswahl" (ebd., S. 290), die in ihrer Zusammensetzung von der Grundgesamtheit abwich.

Bei der Datenerhebungstechnik fiel die Wahl auf die Befragung. In Anbetracht der großen Stichprobe schieden mündliche oder telefonische Befragungen aus. Als bestgeeignet wurde eine internetgestützte Befragung auf Basis eines standardisierten Fragebogens identifiziert. Sie ist schneller und einfacher als andere Befragungsvarianten durchzuführen, es sind keine Interviewer erforderlich, die erhobenen Daten sind bereits elektronisch erfasst, grafisch anspruchsvolle Vorlagen können genutzt werden und die Erhebungskosten sind vernachlässigbar (Schnell et al., 2013, S. 368).

4.2. Datenerhebung

In Ermangelung einschlägiger Befragungen zum Einsatz von Coaching in Forschungszentren wurde ein eigenständiger Fragebogen konstruiert. Nach Abgleich mit Empfehlungen professioneller Dienstleister für Online-Befragungen wurde die Obergrenze für die Anzahl der Fragen auf 25 festgelegt. Für die maximale Bearbeitungsdauer der Online-Umsetzung wurden 10 Minuten angesetzt. Damit war ein tragfähiger Kompromiss zwischen dem

Informationsbedarf auf der einen und dem Aufwand für die Teilnehmenden auf der anderen Seite gefunden.

Vor der Entwicklung des Fragebogens wurden explorative Interviews mit Mitarbeiter*innen verschiedener Forschungszentren, Hierarchieebenen und beruflicher Schwerpunkte geführt. Sie dienten dazu, die Kernthesen zu reflektieren, weitere potenzielle Themenfelder zu identifizieren und sie zu priorisieren. In der Makroplanung des Fragebogens wurden die Themenfelder zu sechs Rubriken verdichtet: Persönliche Angaben (Pflichtfragen), Coaching-Kontext, Eigene Erfahrungen als Coach, Keine eigenen Erfahrungen als Coach, Eigene Erfahrungen als Coachee, Keine eigenen Erfahrungen als Coachee. Die sechs Rubriken wurden um die Rubriken Einleitung sowie Anmerkungen und Abschluss ergänzt.

Für die internetgestützte Umsetzung des Fragebogens wurde die speziell für wissenschaftliche Befragungen konzipierte Software der SoSci Survey GmbH ausgewählt (SoSci Survey, 2018). SoSci Survey hat seinen Sitz in München. Die Cloud-Server stehen in Deutschland und auch die Software wird in Deutschland entwickelt. Befragungen mit SoSci Survey sind werbefrei. Die Datenübertragung erfolgt über SSL-verschlüsselte Verbindungen. Eine Datenweitergabe an Dritte ist seitens SoSci Survey ausgeschlossen.

Vor der Durchführung der Befragung wurden Fragebogen und Online-Umsetzung ausführlichen Pretests unterzogen, bei denen ihre "Brauchbarkeit und Qualität untersucht w[u]rden" (Raab-Steiner & Benesch, 2012, S. 61). Vom 22.04.2016 bis 28.04.2016 wurden die Pretests von acht Mitarbeiter*innen unterschiedlicher Funktionen und Hierarchien in der Helmholtz-Gemeinschaft sowie zwei externen Testpersonen durchgeführt. Ihre Feedbacks wurden zusammengeführt, analysiert und bewertet. Fragebogen und Online-Umsetzung wurden entsprechend überarbeitet. Nachfolgend fanden erneute Tests statt.

Mit Absolvierung der Pretests wurde die Online-Umsetzung des Fragebogens erfolgreich abgeschlossen. Unter Berücksichtigung von Ferienzeiten und bedeutenden Tagungen wurde der Befragungszeitraum vom 02.05.2016 bis 22.05.2016 festgelegt.

Am 02.05.2016 versandte der Helmholtz-Präsident eine E-Mail an 3.663 Personen aus allen Helmholtz-Forschungszentren mit dem Befragungs-Link und der Bitte um aktive Beteiligung. Damit konnten fast 10 % der damals rund 38.000 Helmholtz-Beschäftigten erreicht werden.

Die Rohdaten der Online-Befragung wurden vor ihrer weiteren Verwendung einer detaillierten Sichtkontrolle unterzogen. Zudem wurden umfangreiche Konsistenztests durchgeführt, um neben unbewussten Fehleingaben auch bewusste Datenmanipulationen aufzudecken. Der Online-Fragebogen wurde 1.158 Mal aufgerufen. 896 Personen begannen mit der Beantwortung. Nach der Datenvorbereitung blieben schließlich 757 Interviews übrig, die für die Auswertung genutzt werden konnten. Alle Eingriffe in die Rohdaten wurden dokumentiert.

5. Ergebnisse und erste Bewertungen

5.1. Deskriptive Statistik

5.1.1. Persönliche Angaben

Die erhobenen Daten wurden mit der Statistik- und Analysesoftware IBM SPSS Statistics® in der Version 21 ausgewertet. Von den nach der Datenvorbereitung verbliebenen 757 Interviews stammen 354 (47 %) von Frauen und 403 (53 %) von Männern. Der Frauenanteil in der Studie liegt damit deutlich über dem Helmholtz-Durchschnittswert von 38 % (Helmholtz-Gemeinschaft, 2017b, S. 72). Das besondere Interesse von Frauen an der Studie unterstreicht die "Relevanz der Faktoren Geschlecht bzw. Geschlechtsverhältnisse" (Klinkhammer, 2004, S. 55), die auch im weiteren Auswertungsverlauf adressiert wird.

Die Häufigkeitsverteilung für das Alter der Teilnehmenden zeigt einen glockenförmigen Verlauf, der lediglich in den Altersklassen jenseits von 56 Jahren etwas unterhalb der Idealform bleibt. Der höchste Berufsabschluss der Teilnehmenden weist aus, dass 95 % studiert und davon rund 57 % eine Promotion abgeschlossen haben. Beim beruflichen Schwerpunkt der Teilnehmenden dominiert mit rund 37 % Forschung, gefolgt von

Administration mit knapp 20 %, Forschungsmanagement mit gut 18 % und Stabsstellen mit 13 %. Etwa drei Viertel der Teilnehmenden haben Führungsverantwortung, knapp die Hälfte fachlich und disziplinarisch.

Basierend auf den 757 in die Auswertung eingegangenen Interviews beträgt die Rücklauf-Quote rund 21 %. Je nach Forschungszentrum variiert sie geschätzt zwischen 8 % und 41 %. Eine Abhängigkeit der Rücklauf-Quote von der Größe des Zentrums besteht nicht. Die Beendigungs-Quote liegt bei 94 %, was für die Qualität des Fragebogens spricht. Die Auswertung der Rubrik Persönliche Angaben bestätigt, dass mit der Studie im Wesentlichen ein spezifischer, nicht-repräsentativer Ausschnitt der Beschäftigten in der Helmholtz-Gemeinschaft erreicht wurde.

5.1.2. Coaching-Kontext

Von den Teilnehmenden verfügen 247 (33 %) über Erfahrungen als Coachee, 43 (6 %) über Erfahrungen als Coach und 102 (13 %) über Erfahrungen als Coach und Coachee. Kernthese 5 (Eine Minderheit hat Erfahrungen als Coachee) ist damit knapp bestätigt. Mehr als drei Viertel der Coaches verfügen über einen geringen Erfahrungsschatz mit bis zu 15 Coaching-Prozessen. Demgegenüber haben über die Hälfte der Coachees bereits mehrfach ein Coaching in Anspruch genommen.

Die von 757 Teilnehmenden genannten Zielgruppen von Coaching sind breit gefächert. Mehr als die Hälfte wünscht sich ein Coaching-Angebot für Führungsnachwuchskräfte und Führungskräfte auf der Abteilungs-Ebene. Über ein Drittel befürwortet ein Coaching-Angebot für alle Mitarbeiter*innen. Für 62 % von 734 Teilnehmenden wird der eigene Coaching-Bedarf allenfalls mittelmäßig, für fast 45 % wenig bis gar nicht gedeckt. Dieser Befund stimmt mit Kernthese 2 (Der Coaching-Bedarf wird nicht gedeckt) überein. Kernthese 1 (Der Coaching-Bedarf nimmt zu) wird von über 57 % als zutreffend angesehen. Eine Minderheit von rund 5 % erwartet, dass der Coaching-Bedarf abnimmt.

Die Akzeptanz von Coaching ist deutlich ausbaufähig. 4 % von 718 Teilnehmenden halten Coaching für völlig akzeptiert, während 70 % die Akzeptanz allenfalls mittelmäßig einschätzen. Kernthese 4 (Coaching ist nicht allgemein akzeptiert) ist damit belegt. Zugleich wird Kernthese 3 (Coaching wird positiv bewertet) von fast 79 % gestützt. Die offensichtliche Diskrepanz zwischen positiver Bewertung, zunehmendem Bedarf und fehlender Akzeptanz wird bei der vertieften Analyse der Kernthesen eingehend betrachtet.

5.1.3. Eigene Erfahrungen als Coach

Bei der Coaching-Expertise der internen Coaches zeigt sich, dass lediglich ein kleiner Teil über eine fundierte Coaching-Ausbildung mit mehr als 160 Stunden Umfang (6 %) und/oder Coaching-relevante Erfahrungen aus Studium oder Promotion verfügt. Bei 36 % der internen Coaches basiert die Coaching-Expertise nur auf der eigenen Berufs- und Lebenserfahrung ohne einschlägige Aus-, Fort- oder Weiterbildungen. Kernthese 7 (Interne Coaches haben keine Coach-Ausbildung) wird damit gestützt. Die spezifische Qualifikation interner Coaches ist im Vergleich zum Coaching-Markt (Middendorf, 2017, S. 27-32) unterdurchschnittlich.

Bei den Themen, wie sie aus Sicht von 138 Coaches in den Coachings adressiert werden, dominieren Karriereplanung, Neuorientierung oder Positionierung (66 %) gefolgt von Konfliktbewältigung und veränderten beruflichen Anforderungen (jeweils 61 %) sowie Führungskompetenzentwicklung (54 %). Die Bandbreite der Themen korrespondiert recht gut mit den Ergebnissen einer annähernd zeitgleichen Umfrage (Middendorf, 2017). Auffällige Unterschiede gibt es bei den karrierebezogenen Themen und der Bewältigung von Konflikten, die hier von deutlich höherer Relevanz sind, sowie bei der Selbstreflexion, der eine erheblich geringere Bedeutung zukommt.

Die Coachees der internen Coaches kommen weit überwiegend aus dem eigenen Forschungszentrum (66 %), ferner aus Hochschulen (24 %), der Wirtschaft (23 %), einem anderen Helmholtz-Forschungszentrum (21 %), in selteneren Fällen auch aus anderen Forschungsorganisationen (11 %). Die Coaches werden bei der Vermittlung von Coachees vorrangig selbst aktiv oder von den Coachees direkt angesprochen. Nur 30 % der Coaches werden von der Personalentwicklung kontaktiert. Weitere Anbahnungen laufen über Kolleg*innen, Vorgesetzte oder die Geschäftsstelle der Helmholtz-Gemeinschaft.

Mehr als zwei Drittel der internen Coaches sind maximal 10 Tage im Jahr als Coach aktiv, knapp die Hälfte nur bis zu fünf Tage. In Verbindung mit der unterdurchschnittlichen spezifischen Qualifikation und der vergleichsweise geringen Erfahrung unterstreicht diese Erkenntnis den Eindruck, dass das Gros der internen Coaches diese Aufgabe eher als Ehrenamt ansieht denn als professionelles Engagement. Die Erfahrungen als interner Coach werden von mehr als drei Viertel positiv oder sehr positiv bewertet. Kernthese 6 (Coaching-Erfahrungen werden positiv bewertet) ist für die Perspektive der internen Coaches damit belegt.

5.1.4. Keine eigenen Erfahrungen als Coach

Die von 588 Teilnehmenden genannten Hinderungsgründe, die für sie derzeit gegen ein Engagement als Coach sprechen, sind in erster Linie keine Gelegenheit (45 %), keine Coaching-Expertise (44 %) und keine Zeit (38 %). Keinen Bedarf an Coaching sehen 18 %. Kein Interesse haben 9 %. Von den Teilnehmenden vermissen 7 % bei sich das notwendige Coaching-Talent. Von den 14 %, die keine Unterstützung bei einem möglichen Coach-Engagement erwarten, hat ein überproportional großer Anteil von 44 % keine Führungsverantwortung.

Ein künftiges Coach-Engagement können sich fast drei Viertel von 584 Teilnehmenden vorstellen. 11 % sind sich sogar sicher, dass sie sich künftig als Coach einsetzen werden. 21 % halten es für ziemlich wahrscheinlich, dass sie diesen Weg gehen werden. Bei den 258 Teilnehmenden, die angeben, bislang keine Coaching-Expertise zu haben, können sich mehr als drei Viertel vorstellen, nach entsprechender Qualifizierung als Coach zu wirken. Hier ist großes Potenzial innerhalb der Forschungszentren.

5.1.5. Eigene Erfahrungen als Coachee

Bei den Coaching-Themen von 330 Coachees rangieren veränderte berufliche Anforderungen (60 %), Karriereplanung, Neuorientierung oder Positionierung (56 %), Führungskompetenzentwicklung (55 %) und Bewältigung von Konflikten (51 %) vorne. Die prioritär genannten Themen sind deckungsgleich mit den Themen aus der internen Coach-Perspektive. Allerdings sind den Coachees die Themen veränderte berufliche Anforderungen und Führungskompetenzentwicklung etwas wichtiger als den Coaches. Auffällig ist die relativ geringe Bedeutung des Themas Vereinbarkeit von Beruf und Privatleben (12 %).

Die von den Coachees gebuchten Coaches kommen weit überwiegend aus der Wirtschaft oder sind Freiberufler (72 %). Knapp ein Drittel der Coaches entstammen dem eigenen Forschungszentrum (22 %) oder einem anderen Forschungszentrum der Helmholtz-Gemeinschaft (10 %). Anders als bei den internen Coaches hat die Personalentwicklung als Vermittler mit 45 % eine führende Rolle. Von großer Relevanz ist mit 35 % auch die eigene Initiative. Die Geschäftsstelle der Helmholtz-Gemeinschaft ist mit 21 % für die Coachees als Vermittler deutlich wichtiger als für die Coaches mit 10 %. Und die Vorgesetzten sind mit 15 % auch nicht zu vernachlässigen.

Die Kosten der Coachings wurden bei knapp zwei Drittel der Coachees vom eigenen Forschungszentrum getragen. Bei 18 % der Teilnehmenden ist für die Kosten des Coachings die Helmholtz-Geschäftsstelle aufgekommen. 17 % der Coachees haben auf ein kostenloses Coaching-Angebot zurückgegriffen. Ein privat finanziertes Coaching haben 14 % der Coachees genutzt. Das letzte Coaching liegt bei gut zwei Drittel der Coachees weniger als drei Jahre zurück, bei einem Fünftel sind es vier bis sechs Jahre.

87 % von 327 Coachees bewerten ihre Coachings mindestens positiv, darunter sind 39 %, die von sehr positiven Erfahrungen berichten. Etwas weniger als 2 % der Coachees berichten von negativen oder sehr negativen Coaching-Erfahrungen. Insgesamt fallen die Erfahrungswerte der Coachees auf sehr hohem Niveau nochmals deutlich positiver aus als die der internen Coaches. Kernthese 6 (Coaching-Erfahrungen werden positiv bewertet) ist damit auch für die Coachees bestätigt.

5.1.6. *Keine eigenen Erfahrungen als Coachee*

Von 380 Teilnehmenden haben 37 % bislang kein Coaching genutzt, weil sie keinen Bedarf oder kein Interesse an einem

Coaching haben. 28 % verweisen auf fehlende Unterstützung und nicht vorhandene soziale Akzeptanz. Mehr als die Hälfte bekundet, keine Gelegenheit zu einem Coaching gehabt zu haben. Davon hat ein überproportional großer Anteil von 40 % keine Führungsverantwortung. Bei denjenigen, die kein Interesse an einem Coaching haben, ist keine Abhängigkeit vom höchsten Berufsabschluss zu verzeichnen.

Bei den potenziellen Coaching-Themen zeigen sich kleinere Unterschiede im Vergleich zu den Themen, die die Coaching-erfahrenen Coachees benannt haben. So steht die Führungskompetenzentwicklung mit 58 % hier an erster Stelle, während sie bei den Coachees erst an dritter Stelle kommt. Danach werden mit deutlichem Abstand veränderte berufliche Anforderungen sowie Karriereplanung, Neuorientierung oder Positionierung (jeweils 48 %) angeführt, die Erstplatzierten bei den Coachees. Zudem wird der Selbstreflexion mit 47 % eine höhere Relevanz zugebilligt.

5.2. Vertiefte Analyse der Kernthesen

5.2.1. Coaching-Bedarf nimmt zu

Mehr als 57 % von 725 Teilnehmenden erwarten, dass der Coaching-Bedarf in den Helmholtz-Forschungszentren in den nächsten Jahren zunimmt und stützen damit Kernthese 1. Allerdings zeigen sich durchaus Unterschiede zwischen den Geschlechtern. Insbesondere fällt auf, dass Frauen (62 %) deutlich häufiger von einer Zunahme des Coaching-Bedarfs ausgehen als Männer (53 %). Diese Tendenz setzt sich fort, wenn Frauen eine Abnahme des Coaching-Bedarfs erwarten. Dann sind sie entsprechend zurückhaltender als Männer.

Die Teilnehmenden aus verschiedenen Forschungszentren sind sich in ihrer Einschätzung der künftigen Entwicklung des Coaching-Bedarfs uneinig. Keiner der Teilnehmenden aus fünf Zentren geht von einer Abnahme aus, in zwei Zentren geht ein Drittel von einer starken Zunahme aus, in einem Zentrum erwarten über 80 % eine Zunahme. Die Teilnehmenden aus der Forschung sind erheblich zurückhaltender, was eine Zunahme des Coaching-Bedarfs angeht. Konträr dazu steht die Auffassung der Teilnehmenden aus Forschungsmanagement, Stabsstellen, Projektträger und Übergeordnetem Management.

Deutliche Unterschiede gibt es bei Teilnehmenden mit und ohne Coach-Erfahrung respektive mit und ohne Coachee-Erfahrung. Teilnehmende mit Coach-Erfahrung halten sowohl eine stark zunehmende wie eine abnehmende Entwicklung für überproportional wahrscheinlich. Dem stehen die Teilnehmenden mit Coachee-Erfahrung gegenüber, die sehr viel häufiger eine stark zunehmende Entwicklung prognostizieren, als dies zu erwarten wäre.

5.2.2. Coaching-Bedarf wird nicht gedeckt

Für 62 % von 734 Teilnehmenden wird der persönliche Coaching-Bedarf vom Angebot in den Helmholtz-Forschungszentren allenfalls mittelmäßig gedeckt, so das Fazit bei der Bestätigung von Kernthese 2. "Der Faktor Geschlecht bewirkt, dass die Karriere, das berufliche Selbstverständnis sowie alle Bereiche beruflicher Identität und der Berufsausübung für Wissenschaftlerinnen wie Wissenschaftler gleich und doch grundlegend *anders* sind" (Klinkhammer, 2004, S. 27). Diese Feststellung greift auch hier: Für 55 % der Frauen, aber nur für 36 % der Männer ist der Coaching-Bedarf wenig oder gar nicht gedeckt, wie Abb. 1 verdeutlicht.

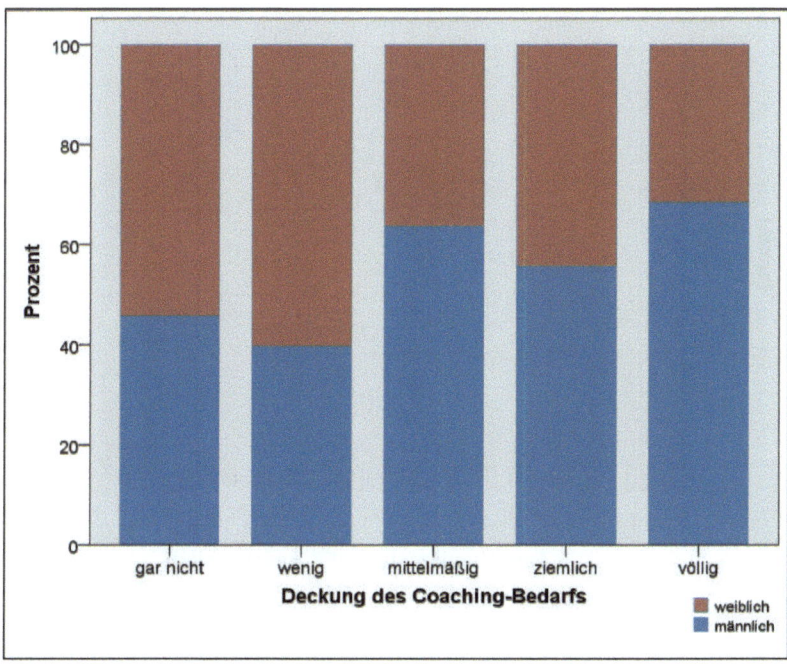

Abb. 1: Deckung des Coaching-Bedarfs (N=734)

Eine Wechselwirkung gibt es auch zwischen der Deckung des Coaching-Bedarfs und der Führungsverantwortung. 43 % der Teilnehmenden mit Führungsverantwortung halten ihren Coaching-Bedarf für ziemlich oder völlig gedeckt gegenüber 24 % bei den Teilnehmenden ohne Führungsverantwortung. Die weitere Analyse offenbart, dass diese Tendenz mit zunehmender Führungsverantwortung immer klarer wird. Bei Teilnehmenden mit fachlicher und disziplinarischer Führungsverantwortung ist für 50 % der Bedarf ziemlich oder völlig gedeckt, während er für 57 % der Teilnehmenden ohne Führungsverantwortung gar nicht oder wenig gedeckt wird.

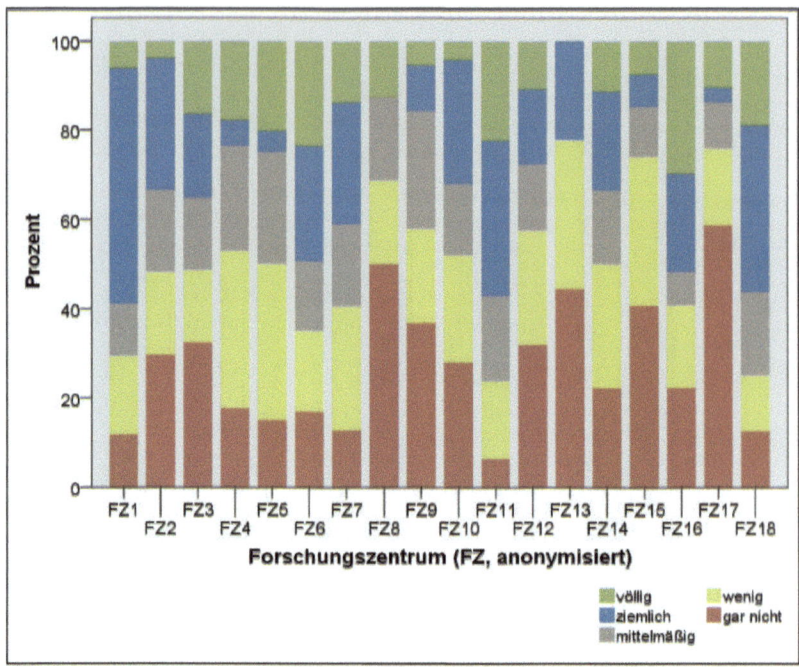

Abb. 2: Deckung des Coaching-Bedarfs (N=734)

Zwischen den Forschungszentren gibt es erhebliche Unterschiede hinsichtlich der Deckung des Coaching-Bedarfs, wie Abb. 2 verdeutlicht. Das Spektrum reicht von 60 % gar nicht gedeckt bis zu knapp 60 % ziemlich oder völlig gedeckt. Zusätzliche Analysen belegen, dass es keinen Zusammenhang zwischen Deckung des Coaching-Bedarfs und Alter oder beruflichem Schwerpunkt gibt. Eine eindeutige Abhängigkeit von Größe oder Finanzkraft der Forschungszentren besteht ebenfalls nicht. Werden die Forschungszentren aggregiert, zeigt sich hingegen, dass multithematische Forschungszentren den Coaching-Bedarf deutlich besser decken als monothematische Forschungszentren. Auch Erfahrungen als Coach und/oder Coachee führen zu einer deutlich höheren subjektiven Abdeckung des Coaching-Bedarfs.

5.2.3. *Coaching wird positiv bewertet*

Den Einsatz von Coaching in den Forschungszentren der Helmholtz-Gemeinschaft bewerten 79 % von 734 Teilnehmenden positiv oder sehr positiv. Kernthese 3 trifft damit zu. Erneut gibt es geschlechtsspezifische Unterschiede, wie Abb. 3 unterstreicht. Während 40 % der teilnehmenden Frauen dem Einsatz von Coaching sehr positiv gegenüberstehen, gilt dies nur für 26 % der Männer. Entsprechend sind die kritischeren Einschätzungen bei den Männern deutlich stärker ausgeprägt als bei den Frauen. Eine Auswertung der Freitext-Kommentare bestätigt, dass Coaching vor allem bei Männern nach wie vor defizitär konnotiert ist, was sich in ihrer Haltung zu Coaching niederschlägt.

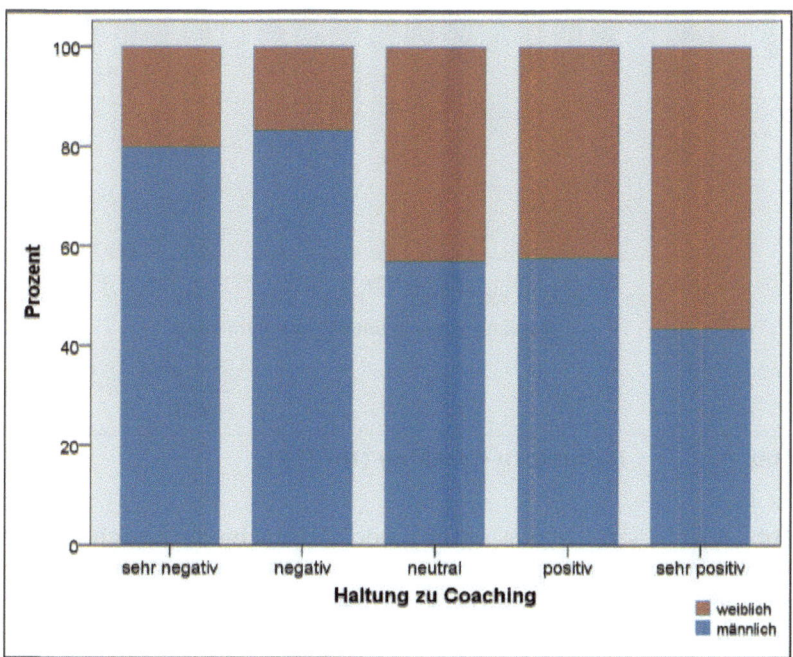

Abb. 3: **Haltung zu Coaching (N=734)**

Die Haltung zum Einsatz von Coaching ist unabhängig von der Führungsverantwortung, wie zusätzliche Analysen belegen. Andere Wechselwirkungen sind jedoch erkennbar. Teilnehmende, die eine starke Zunahme des Coaching-Bedarfs erwarten, stehen dem Einsatz von Coaching mit einem Anteil von 92 % mindestens positiv, mit 62 % sehr positiv gegenüber. Erfahrungen als Coachee sowie als Coach und Coachee führen ebenfalls zu einer deutlich positiveren Einschätzung. Zwischen der individuellen

Deckung des Coaching-Bedarfs und der Haltung zu Coaching gibt es hingegen keinen Zusammenhang.

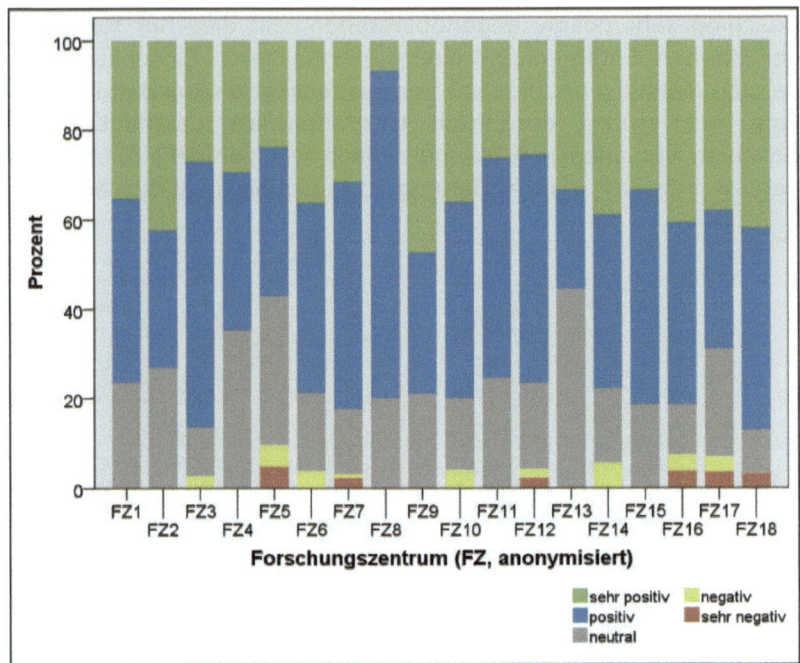

Abb. 4: Haltung zu Coaching (N=734)

Abb. 4 unterstreicht die erheblichen Unterschiede zwischen den Forschungszentren, was die Haltung zu Coaching betrifft. Sehr positive Zustimmungswerte von fast 50 % in einem Zentrum und im einstelligen Prozentbereich in einem anderen Zentrum sowie acht Zentren ohne jede negative Einschätzung verdeutlichen die Bandbreite der Meinungen innerhalb der Helmholtz-Gemeinschaft. Forschungsmanagement, Projektträger, Übergeordnetes Management und Stabsstellen vertreten eher eine positive Haltung, während die Teilnehmenden aus der Forschung zurückhaltender sind und auch das Gros der negativen Bewertungen stellen. Die Freitext-Kommentare lassen vermuten, dass hier häufig Vorurteile und Unkenntnis des Mehrwerts von Coaching eine Rolle spielen.

5.2.4. Coaching ist nicht allgemein akzeptiert

Für mehr als 70 % von 718 Teilnehmenden ist Coaching in den Forschungszentren der Helmholtz-Gemeinschaft nicht allgemein akzeptiert, sodass Kernthese 4 belegt ist. Geschlechtsspezifische Abweichungen gibt es auch hier: Frauen tendieren in ihrer Einschätzung zu einer etwas höheren Akzeptanz von Coaching als Männer. Eine partielle Wechselwirkung mit dem Alter ist ebenfalls vorhanden. Ausgerechnet in den Altersklassen zwischen 31 und 45 Jahren, die für die Ausbildung von Führungskräften in den Forschungszentren besonders relevant erscheinen, gibt es eine deutliche Verschiebung hin zu negativeren Bewertungen.

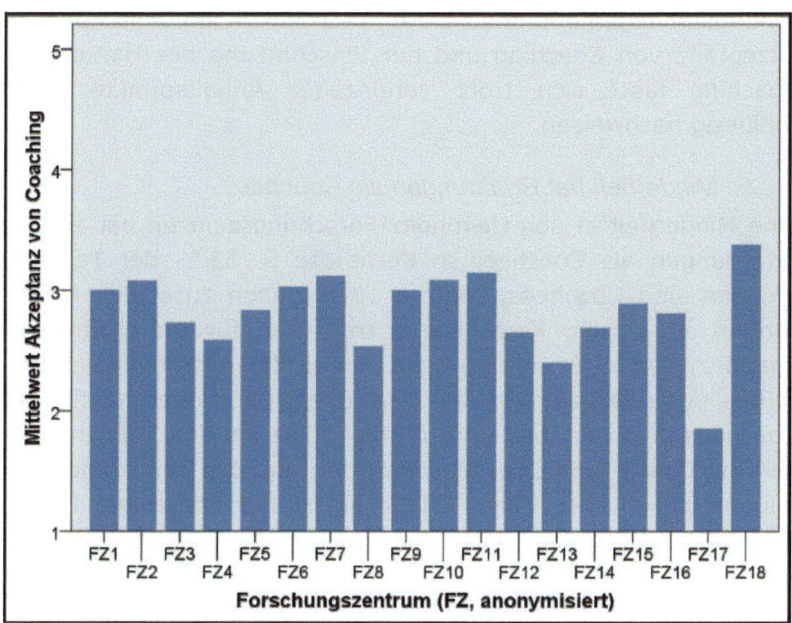

Abb. 5: **Akzeptanz von Coaching (N=718)**

Unter Nutzung der von Rohrmann (1978) nachgewiesenen Äquidistanz der verwendeten Skala kann für die Akzeptanz von Coaching auch ein Mittelwert gebildet werden. Abb. 5 zeigt die Auswertung je Forschungszentrum. Der Zahlenwert 1 entspricht hierbei der ordinalen Kategorie gar nicht, der Zahlenwert 5 der Kategorie völlig. Die Heterogenität der Forschungszentren überrascht in Kenntnis der übrigen Ergebnisse nicht. Wie schon bei der Deckung des Coaching-Bedarfs ist auch die Akzeptanz von Coaching in den multithematischen Forschungszentren am höchsten.

Fehlende Coach- und Coachee-Erfahrung führt zu einer negativeren Einschätzung der Akzeptanz von Coaching. Unterschiede in der Einschätzung der Akzeptanz von Coaching bestehen auch zwischen den verschiedenen beruflichen Schwerpunkten. Teilnehmende aus Hochschullehre, Stabsstellen und Forschungsinfrastruktur sind eher skeptisch. Positiver sehen dies Teilnehmende aus Administration, Projektträger und Forschungsmanagement. Eine klare Wechselwirkung zwischen der Akzeptanz von Coaching und der Einschätzung der Haltung zu Coaching lässt sich trotz vereinzelter Anhaltspunkte nicht schlüssig nachweisen.

5.2.5. Minderheit hat Erfahrungen als Coachee

Eine Minderheit in den Helmholtz-Forschungszentren hat eigene Erfahrungen als Coachee, so Kernthese 5. 33 % der Teilnehmenden sind Coachees, weitere 13 % haben zusätzlich Erfahrungen als Coach. Kernthese 5 trifft also für die Stichprobe knapp zu. Abb. 6 unterstreicht erneut die geschlechtsspezifischen Unterschiede: Frauen sind überproportional häufig als Coachees involviert und unterrepräsentiert bei den Teilnehmenden mit Coach- und Coachee-Erfahrung. Bei den Teilnehmenden mit ausschließlicher Coach-Erfahrung ist der Frauenanteil sehr gering.

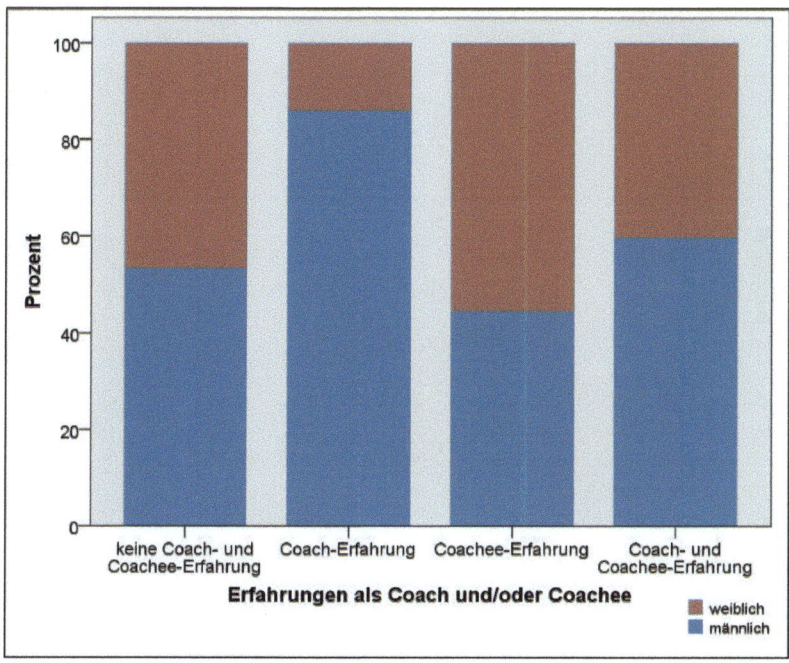

Abb. 6: **Erfahrungen als Coach und/oder Coachee (N=757)**

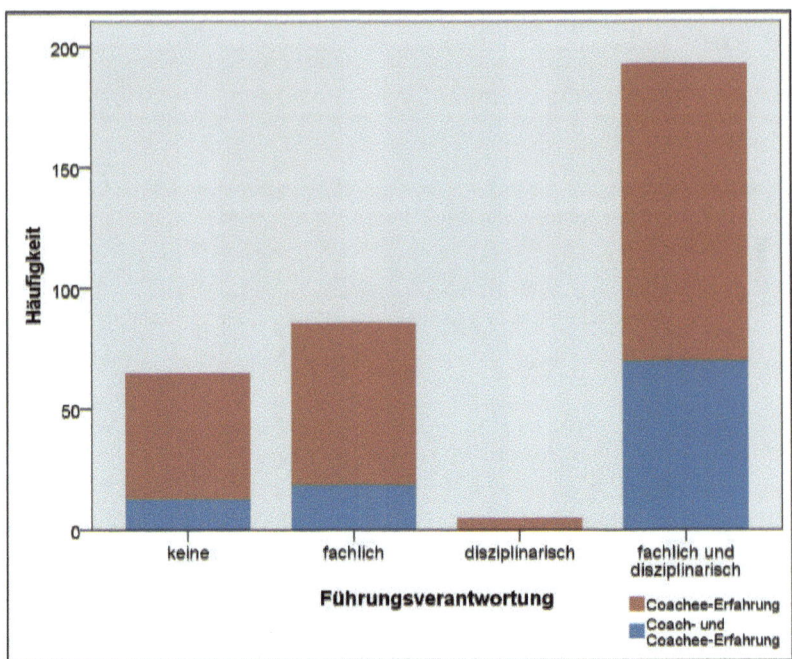

Abb. 7: **Führungsverantwortung (N=757)**

Abb. 7 zeigt, dass Coaching zu 81 % von Führungskräften in Anspruch genommen wird. Teilnehmende mit fachlicher und disziplinarischer Führungsverantwortung sind hier deutlich überrepräsentiert, insbesondere bei den Teilnehmenden mit Coach- und Coachee-Erfahrung. Die Verteilung der Teilnehmenden mit Coachee-Erfahrung über die Altersklassen hinweg entspricht mit einem Anstieg bis zur Altersklasse 46 bis 50 Jahre und einem leichten Rückgang bis zum Rentenalter der erwarteten Bedarfsentwicklung. Eine große Spannbreite gibt es hinsichtlich der Teilnehmenden mit Coachee-Erfahrung für die Forschungszentren. Der Coachee-Anteil reicht von 30 % bis zu 71 %. Eine Abhängigkeit von Größe oder Finanzkraft der Forschungszentren ist auf Basis der erhobenen Daten nicht erkennbar.

5.2.6. Coaching-Erfahrungen werden positiv bewertet
Ihre Coaching-Erfahrungen werden von 79 % der internen Coaches und 87 % der Coachees positiv oder sehr positiv bewertet.

Kernthese 6 ist damit bekräftigt. Bei der Bewertung der Erfahrungen als Coach gibt es geschlechtsspezifische Unterschiede. Frauen sind deutlich negativer in ihrer Einschätzung als Männer, wie Abb. 8 belegt. Unter Berücksichtigung der bisherigen Erkenntnisse ist dies möglicherweise Ausdruck eines Akzeptanzproblems von Frauen in ihrer Rolle als Coach in einer in weiten Teilen immer noch männerdominierten Forschungswelt. Zugleich schätzen Frauen bei der Bewertung der Erfahrungen als Coachee ihre Erfahrungen positiver ein als Männer. Auch dies ist konsistent mit den bereits diskutierten geschlechtsspezifischen Unterschieden.

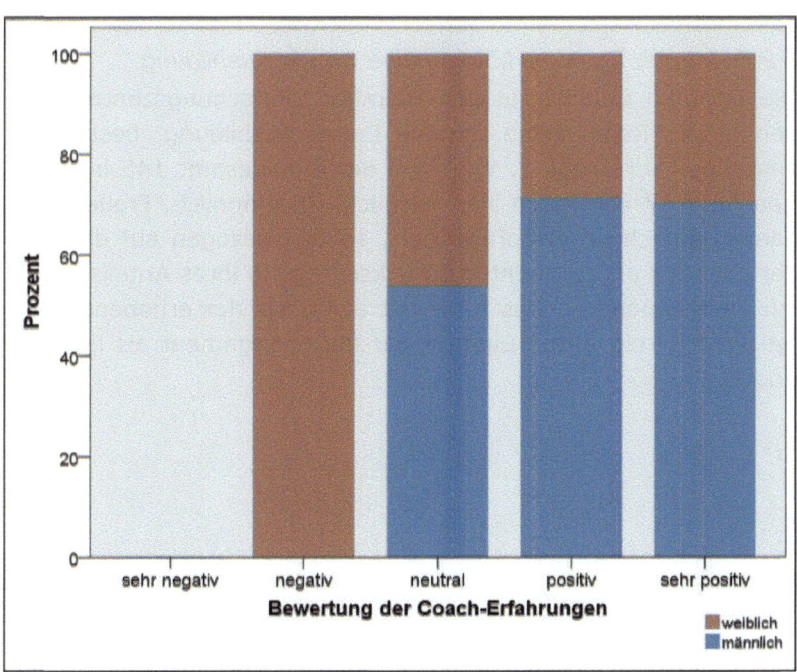

Abb. 8: **Bewertung der Coach-Erfahrungen (N=132)**

Eine eindeutige Wechselwirkung zwischen der Bewertung der Coaching-Erfahrungen und den Erfahrungen als Coach oder Coachee ist nicht vorhanden, wie ergänzende Auswertungen zeigen. Gleiches gilt für eine Interaktion zwischen der Deckung des Coaching-Bedarfs und der Bewertung der Erfahrungen als Coach oder Coachee. Für Teilnehmende mit Coach-Erfahrungen ist das Bild uneinheitlich. Auffällig ist jedoch, dass eine sehr positive Bewertung der Erfahrungen mit einer maximalen beziehungsweise minimalen Deckung des Coaching-Bedarfs einhergeht. Bei Teilnehmenden mit Coachee-Erfahrung gibt es zudem einen n-förmigen Verlauf, der bei mittelmäßiger Bedarfsdeckung die geringste sehr positive Bewertung aufweist.

5.2.7. Interne Coaches haben keine Coach-Ausbildung

Die internen Coaches in den Helmholtz-Forschungszentren haben in der Regel keine formale Coach-Ausbildung, besagt die bestätigte Kernthese 7. Wer sind diese insgesamt 145 internen Coaches? 47 von ihnen sind weiblich, 98 männlich. Frauen sind damit deutlich unterrepräsentiert, sowohl bezogen auf die Zahl der Coaches als auch unter Berücksichtigung ihres Anteils an allen Teilnehmenden. Das Alter hat auf Basis der erhobenen Daten keinen relevanten Einfluss auf ein Engagement als interner Coach.

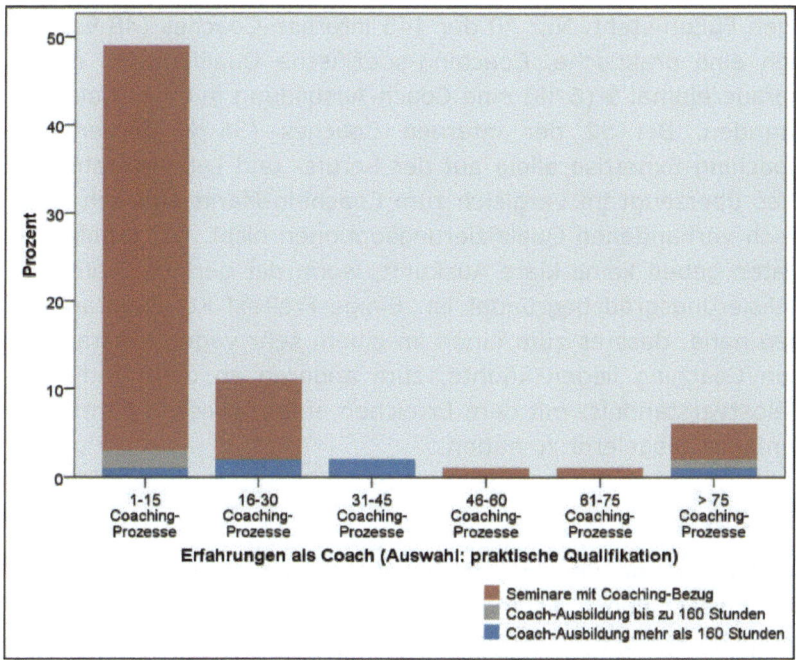

Abb. 9: **Erfahrungen als Coach (N=70)**

Der Anteil der internen Coaches bezogen auf das jeweilige Forschungszentrum ist uneinheitlich. Ergänzende Analysen haben keine Anhaltspunkte ergeben, dass es eine Abhängigkeit von der Größe des Forschungszentrums oder der Zahl der Teilnehmenden eines Forschungszentrums gibt. Zwei Drittel der internen Coaches kommen aus Forschung (38 %) und Forschungsmanagement (29 %). Das Forschungsmanagement ist damit überproportional häufig vertreten, Administration und Stabsstellen unterproportional, wie zusätzliche Auswertungen belegen. Führungskräfte mit fachlicher und disziplinarischer Verantwortung messen dem internen Coaching eine hohe Relevanz bei. Sie haben nicht nur relativ den mit Abstand höchsten Anteil, sondern stellen mit knapp zwei Drittel der internen Coaches auch absolut das Hauptkontingent.

Abb. 9 offenbart, dass dieses große Engagement unter Würdigung der praktischen Qualifikation jedoch auf recht wackligen Füßen steht. Nur 70 der 145 internen Coaches (48 %) haben eine praktische, Coaching-spezifische Qualifikation, davon gerade einmal 9 (6 %) eine Coach-Ausbildung mit mehr als 160 Stunden. Bei 52 der internen Coaches (36 %) basiert die Coaching-Expertise allein auf der Berufs- und Lebenserfahrung. Dies überzeugt im Vergleich zum Coaching-Markt und den zahlreich vorhandenen Qualifizierungsoptionen nicht. Die erhobenen Daten geben keine klare Auskunft, worin der geringe Professionalisierungsgrad begründet ist. Einige Freitext-Kommentare legen nahe, dass es zum einen an einem sehr vagen Verständnis von Coaching liegen könnte, zum anderen an dem tradierten Selbstverständnis, mit dem Erreichen einer gewissen Führungsfunktion ausgelernt zu haben.

6. Fazit

In der vorliegenden empirischen Studie wurde erstmals gezielt der Einsatz von Coaching in deutschen Forschungszentren untersucht. Bei der nicht-repräsentativen Befragung in den 18 Mitgliedszentren der Helmholtz-Gemeinschaft wurde ein Multi-Stakeholder-Ansatz verfolgt: Ehemalige, aktuelle und potenzielle Coachees und Coaches standen ebenso im Fokus wie die Auftraggeber*innen von Coaching. Bereits die ersten deskriptivstatistischen Auswertungen der Daten von 757 Teilnehmenden liefern einen umfangreichen Einblick in den Ist-Zustand mit dem Fokus auf Coachees und interne Coaches.

Auffällig ist vor allem die große Diskrepanz zwischen der hohen Wertschätzung von Coaching und dem sehr positiven Feedback zu eigenen Erfahrungen mit Coaching auf der einen Seite sowie der fehlenden Akzeptanz und mangelnden Deckung des Coaching-Bedarfs auf der anderen. Frauen sind von dieser Diskrepanz noch stärker betroffen als Männer. Unabhängig von ihrer Größe und Finanzkraft zeigen sich auch bei den Forschungszentren erhebliche Unterschiede im Verhältnis zu Coaching.

Alle sieben Kernthesen wurden für die Stichprobe bestätigt:

- Mehr als 57 % der Teilnehmenden erwarten, dass der Coaching-Bedarf zunimmt, darunter überproportional viele Coachees.
- Für 62 % der Teilnehmenden, insbesondere Beschäftigte ohne Führungsverantwortung, wird ihr Coaching-Bedarf durch das Angebot ihres Forschungszentrums höchstens mittelmäßig gedeckt.
- 79 % aller Teilnehmenden und 87 % der Coachees bewerten den Einsatz von Coaching mindestens positiv.
- Dennoch ist für mehr als 70 % der Teilnehmenden, vor allem in der Hochschullehre, Coaching nicht allgemein akzeptiert.
- Eine Minderheit von 46 % der Teilnehmenden hat eigene Erfahrungen als Coachee, davon sind 81 % Führungskräfte.
- Die eigenen Coaching-Erfahrungen werden von 79 % der internen Coaches und 87 % der Coachees mindestens positiv bewertet.
- Bei 36 % der internen Coaches basiert die Coaching-Expertise allein auf der Berufs- und Lebenserfahrung, nur 6 % haben eine Coach-Ausbildung mit mehr als 160 Stunden.

Kritisch anzumerken ist, dass die Ziehung einer Zufallsstichprobe nicht möglich war. Die Übertragbarkeit der Ergebnisse auf die Grundgesamtheit ist daher eingeschränkt. Auch wurde die Perspektive externer Coaches, die im Auftrag von Mitgliedszentren der Helmholtz-Gemeinschaft agieren, nicht erfasst. Zudem konnten wegen der begrenzten Ressourcen bislang nur einige ausgewählte Aspekte beleuchtet werden, die den Fokus auf Coachees und interne Coaches legen. Dennoch lassen sich bereits jetzt erste Handlungsfelder ableiten, die aufzeigen, wo und wie durch einen verstärkten Einsatz von Coaching Mehrwert für die Mitarbeiter*innen sowie die Forschungszentren der Helmholtz-Gemeinschaft geschaffen werden kann.

Zu diesen Handlungsfeldern zählen unter anderem:
- Breite Aufklärung über Einsatzmöglichkeiten und -grenzen von Coaching,
- Bewerbung von Coaching als in erster Linie zielgerichtete Unterstützung von Leistungsträger*innen,

- Gewinnung von sichtbaren Vorbildern für die Inanspruchnahme von Coaching-Angeboten auf den obersten Führungsebenen,
- Obligatorische Coaching-Angebote, insbesondere für Führungs- und Führungsnachwuchskräfte sowie Mitarbeiter*innen in Veränderungsprozessen,
- Sensibilisierung von Führungs- und Führungsnachwuchskräften für geschlechtsspezifische Unterschiede bei der Deckung des Coaching-Bedarfs,
- Adäquate Qualifizierung interner Coaches.

Die Umsetzung der Handlungsfelder in konkrete Maßnahmen erscheint umso bedeutsamer, als die umfangreichen Reformen und veränderten Rahmenbedingungen in Verbindung mit dem wachsenden globalen Wettbewerb, der steigenden Volatilität und dem immer höheren Druck zur Dynamisierung weiterhin zu einem hohen Anpassungsbedarf von Organisationsstrukturen, Prozessen und Personal in den Forschungszentren führen werden. Dem daraus resultierenden Bedarf folgend wird die Coaching-Nachfrage in den Forschungszentren in den nächsten Jahren zunehmen.

Es bleibt zu wünschen, dass die erhöhte Coaching-Nachfrage mit einer durchgängig professionellen Qualifizierung bei den Coaches einhergeht. Neben der Nutzung von Coaching als Personalentwicklungsinstrument für ihre Mitarbeiter*innen bieten Universitäten und Hochschulen zunehmend Coaching als Masterstudiengang an, was eine weitergehende Perspektive für den Umgang und die Beschäftigung mit Coaching in Wissenschaft und Forschung allgemein eröffnet (Strikker, 2016).

Literaturverzeichnis

Blum, N., Bott, U. & Schlusen, B. (2014). Global fischen – an der Isar fördern. *Wissenschaftsmanagement 20*(5), 24-31.

BMBF (2015). Bericht der Bundesregierung über die Umsetzung des Bologna-Prozesses 2012 - 2015. Berlin: Bundesministerium für Bildung und Forschung. https://www.bmbf.de/files/Bericht_der_Bundesregierung_zur_Umsetzung_des_Bologna-Prozesses_2012-2015.pdf. Zugriff: 24.03.2018.

BMBF (2017). Impulse für die Spitzenforschung. Exzellenzinitiative und Exzellenzstrategie von Bund und Ländern. Berlin: Bundesministerium für Bildung und Forschung. https://www.bmbf.de/pub/Impulse_fuer_die_Spitzenforschung.pdf. Zugriff: 25.03.2018.

BMBF (2018a). Das Wissenschaftssystem – Pakt für Forschung und Innovation. Berlin: Bundesministerium für Bildung und Forschung. https://www.bmbf.de/de/pakt-fuer-forschung-und-innovation-546.html. Zugriff: 09.03.2018.

BMBF (2018b). Forschung nicht nur an den Universitäten. Berlin: Bundesministerium für Bildung und Forschung. https://www.research-in-Germany.org/de/forschungslandschaft/forschungseinrichtungen.html. Zugriff: 09.03.2018.

Gotzen, S. & Wergen, J. (2012). Qualitätsaspekte im Wissenschaftscoaching aus Sicht der Akteure. *Organisationsberatung – Supervision – Coaching* 19(1), 59-67.

Graf, E.-M., Berninger-Schäfer, E. & Künzli, H. (2015). Zum Start der Zeitschrift: Was ist und welches Ziel verfolgt die Zeitschrift Coaching | Theorie und Praxis? *Coaching | Theorie und Praxis* 1(1), 1-4.

Greif, S. (2008). Coaching und ergebnisorientierte Selbstreflexion. Theorie, Forschung und Praxis des Einzel- und Gruppencoachings. Göttingen: Hogrefe.

Greif, S. (2011). Qualitative oder quantitative Methoden in der Coachingforschung – Methodenstreit zwischen unversöhnlichen Wissenschaftsauffassungen? In E.-M. Graf, Y. Aksu, I. Pick & S. Rettinger (Hrsg.). *Beratung, Coaching, Supervision. Multidisziplinäre Perspektiven vernetzt* (S. 37-52). Wiesbaden: VS Verlag für Sozialwissenschaften.

Helmholtz-Gemeinschaft (2012). *Satzung des Vereins "Hermann von Helmholtz-Gemeinschaft Deutscher Forschungszentren e. V."*. Bonn: Hermann von Helmholtz-Gemeinschaft Deutscher Forschungszentren.

Helmholtz-Gemeinschaft (2016). *Jahrbuch der Absolventinnen und Absolventen der Helmholtz-Akademie für Führungskräfte 2015*. Bonn: Hermann von Helmholtz-Gemeinschaft Deutscher Forschungszentren.

Helmholtz-Gemeinschaft (2017a). *Geschäftsbericht 2017*. Bonn: Hermann von Helmholtz-Gemeinschaft Deutscher Forschungszentren.

Helmholtz-Gemeinschaft (2017b). *Pakt für Forschung und Innovation – Bericht der Helmholtz-Gemeinschaft 2017*. Bonn:

Hermann von Helmholtz-Gemeinschaft Deutscher Forschungszentren.

Helmholtz-Gemeinschaft (2018). *Faktenblatt zur Programmorientierten Förderung*. Bonn: Hermann von Helmholtz-Gemeinschaft Deutscher Forschungszentren. https://www.helmholtz.de/fileadmin/user_upload/01_forschung/pof/DE_Faktenblatt_PoF_Stand_180914.pdf. Zugriff: 04.08.2020.

Jappe, A. (2012). Coaching für Wissenschaftler in der außeruniversitären Forschung. *Organisationsberatung – Supervision – Coaching 19*(3), 309-319.

Jenssen, C. & Roth, K. (2014). Innovationen durch Menschen erreichen. *Wissenschaftsmanagement 20*(5), 32-37.

Klinkhammer, M. (2004). Supervision und Coaching für Wissenschaftlerinnen. Theoretische, empirische und handlungsspezifische Aspekte. Wiesbaden: VS Verlag für Sozialwissenschaften.

Klinkhammer, M. (2009). Angebot und Nachfrage von Coaching für Wissenschaftler/innen. *Organisationsberatung – Supervision – Coaching 16*(2), 122-133.

Klinkhammer, M. (2013). Charakteristika und Belastungen des Arbeitsplatzes Hochschule. *Organisationsberatung – Supervision – Coaching 20*(3), 307-318.

Klinkhammer, M. (2014). Coaching für Wissenschaftler/innen. In R. Wegener, M. Loebbert & A. Fritze (Hrsg.). *Coaching-Praxisfelder. Forschung und Praxis im Dialog* (S. 73-93). Wiesbaden: Springer Fachmedien.

Klinkhammer, M., Pohl, M. & Hubrath, M. (2010). Tagung des Coachingnetzes Wissenschaft: "Coach me if you can" – Zur Gestaltung von Coachingprogrammen an Hochschulen, 19.4.2010, Köln. *Organisationsberatung – Supervision – Coaching 17*(4), 445-448.

Middendorf, J. (2017). 15. Coaching-Umfrage Deutschland 2016/2017. Frechen: Büro für Coaching und Organisationsberatung. https://coachingumfrage.files.wordpress.com/2017/08/ergeb-coaching-umfrage-2016.pdf. Zugriff: 04.03.2018.

Middendorf, J. (2020). 18. Coaching-Umfrage Deutschland 2019/2020. Frechen: Büro für Coaching und Organisationsberatung. https://coachingumfrage.files.wordpress.com/2020/05/ergebnisse-coaching-umfrage-2019-1.pdf. Zugriff: 08.08.2020.

Peus, C., Weisweiler, S. & Frey, D. (2009). Coaching für Habilitand/innen am Beispiel der LMU München. *Organisationsberatung – Supervision – Coaching 16*(2), 193-201.

Pohl, M. & Husmann, D. (2009). Navigationskompetenzen an der Hochschule – Coaching als Bestandteil wissenschaftlicher Qualifikation. *Organisationsberatung – Supervision – Coaching 16*(2), 134-149.

Quendt, J. & Oellerich, K. (2016). "Wir mussten Coaching erstmal salonfähig machen". Differenzierung und Wandel von Coachingkulturen in Organisationen. *Organisationsberatung – Supervision – Coaching 23*(1), 59-74.

Raab-Steiner, E. & Benesch, M. (2012). *Der Fragebogen. Von der Forschungsidee zur SPSS-Auswertung* (3. Aufl.). Wien: Facultas.

Rauen, C. (2014). *Coaching* (3. Aufl.). Göttingen: Hogrefe.

Renkes, V. (2016). Wie wär's mit Coaching? Bonn: Helmholtz-Gemeinschaft Deutscher Forschungszentren. https://www.helmholtz-talentcampus.de/gute-gruende-fuer-coaching/. Zugriff: 05.03.2018.

Rohrmann, B. (1978). Empirische Studien zur Entwicklung von Antwortskalen für die sozialwissenschaftliche Forschung. *Zeitschrift für Sozialpsychologie 9*(3), 222-245.

Roundtable der Coachingverbände (2014). Profession: Coach. Ein Commitment des Roundtable der Coachingverbände. Wülfrath: Roundtable der Coachingverbände. http://www.roundtable-coaching.eu/wp-content/uploads/2015/03/RTC-Profession-Coach-2015-03-19-Positionspapier.pdf. Zugriff: 18.02.2017.

Schnell, R., Hill, P. B. & Esser, E. (2013). *Methoden der empirischen Sozialforschung* (10. Aufl.). München: Oldenbourg.

Schmidt, B. & Hubrath, M. (2016a). Coaching in Hochschule und Wissenschaft – Erfahrungen und Trends 2016. Einleitung. Berlin: Coachingnetz Wissenschaft. http://www.coachingnetz-wissenschaft.de/befragung/. Zugriff: 07.01.2017.

Schmidt, B. & Hubrath, M. (2016b). Coaching in Hochschule und Wissenschaft – Erfahrungen und Trends 2016. Fragebogen. Berlin: Coachingnetz Wissenschaft. http://www.coachingnetz-wissenschaft.de/wp-content/uploads/2016/08/Frageb ogen-Coachingnetz-Wissenschaft-2016-Alle-Teile-zusamm en-1.pdf. Zugriff: 07.01.2017.

Schmidt, B. & Hubrath, M. (2017). Coaching in Hochschule und Wissenschaft – Trends und Erfahrungen 2016. Vorstellung der Ergebnisse einer Befragung im deutschsprachigen Raum. Berlin: Coachingnetz Wissenschaft. http://www.coachingnetz-wissenschaft.de/wp-content/uploads/2017/04/Ege

bnispräsentation-Befragung-Schmidt-Hubrath.pdf. Zugriff: 04.05.2017.

Schophaus, M. (2010). Coaching für Wissenschaftler/innen. Ein landesweiter Coach-Pool als Modell für systematische Personalentwicklung. *Hochschulmanagement 5*(4), 114-119.

SoSci Survey (2018). Willkommen bei SoSci Survey. München: SoSci Survey. https://www.soscisurvey.de/. Zugriff: 14.04.2018.

Stephan, M. & Gross, P.-P. (2013). Coaching-Marktanalyse 2013 – Zusammenfassung. Ergebnisse der 3. Marburger Coaching-Studie 2013. Osnabrück: Deutscher Bundesverband Coaching.

Stephan, M. & Rötz, C. (2018). Coaching-Marktanalyse 2016/17 – Ergebnisse der 4. Marburger Coaching Studie 2016/17. Osnabrück: Philipps-Universität Marburg.

Strikker, F. (2016). Coaching-Qualifizierungen. Zwischen individuellem Gusto und Master-Studium. In: R. Wegener, S. Deplazes, M. Hasenbein, H. Künzli, A. Ryter & B. Uebelhart (Hrsg.). *Coaching als individuelle Antwort auf gesellschaftliche Entwicklungen* (S. 417-425). Wiesbaden: Springer VS.

Strikker, F. (2007). Coaching zwischen Populismus und Professionalität – Thesen zur Bilanz eines erfolgreichen Konzeptes. In F. Strikker (Hg.). *Coaching im 21. Jahrhundert. Kritische Bilanz und zu-künftige Herausforderungen in Wissenschaft und Praxis* (S. 10-26). Augsburg: ZIEL.

Szczyrba, B. (2011). Beratung und Coaching im Feld der Hochschule. *journal hochschuldidaktik 22*(2), 30-31.

Wildt, J. (2009). Ausgelernt? Professor/innen im Prozess der Professionalisierung. *Organisationsberatung – Supervision – Coaching 16*(2), 220-227.

Digitale Prozesse und Innovationen

Führungskräfteentwicklung - Lerne, die digitale Zukunft zu gestalten: Eine Untersuchung zum Transfer in den Arbeitsalltag nach einem innovativem Qualifizierungsformat

Sybille Arnegger

Die Digitalisierung ist ein wesentlicher Treiber des aktuellen Umfeldes in dem sich Organisationen bewegen. Dieses Umfeld ist komplex und gleichzeitig durch schnelle und tiefgreifende Veränderungen gekennzeichnet. Das stellt Manager[1] und Führungskräfte in Unternehmen vor neue Herausforderungen. Vielfältige Lernangebote sollen Führungskräfte unterstützen, die digitale Transformation im Unternehmen zu treiben. Um Veränderungen wirksam umzusetzen, ist allerdings der Transfer in den Alltag notwendig. In dem Beitrag wird am Beispiel einer durchgeführten Learning Journey untersucht, was den Transfer in den Alltag erschwert und ich gebe Handlungsempfehlungen, die eine wirkliche Veränderung unterstützen können.

Digitalization is a key driver of the current environment in which organizations operate. This environment is complex and at the same time characterized by rapid and far-reaching changes. This poses new challenges for managers and executives in companies. A variety of learning opportunities are designed to support managers in driving digital transformation within the company. In order to implement changes effectively, however, the transfer into everyday life is necessary. In my thesis, I use the example of a learning journey to examine what makes the transfer into everyday life more difficult and give recommendations for action that can support real change.

---

[1] Hinweis: Aus Gründen der Lesbarkeit wurde im Text dieser Master-Thesis die männliche Form gewählt, nichtsdestoweniger beziehen sich die Angaben auf Angehörige aller Geschlechter.

1. Einleitung

„Wir leben in einer komplexen Umwelt mit schnellen und tiefgreifenden Veränderungen. Ein wesentlicher Treiber dieser Veränderung ist die exponentielle technologische Entwicklung, die häufig mit dem Schlagwort Digitalisierung beschrieben wird." (Petry, 2016, S. 11). Eine Folge der technologischen Möglichkeiten ist, dass in immer kürzeren Zeitabständen neue Ideen entstehen und in Angebote für Kunden übersetzt werden. Start-ups werden basierend auf einer innovativen Idee gegründet. Kollaboration, Kreativität, Geschwindigkeit und eine kompromisslose Ausrichtung auf Kundenbedürfnisse zeichnen die Arbeitsweise erfolgreicher Start-ups aus. Dadurch sind sie in der Lage, innerhalb kurzer Zeit attraktive Angebote zur Marktreife zu bringen und greifen etablierte Unternehmen an. Die zunehmende Veränderungsgeschwindigkeit stellt in etablierten Unternehmen die Unternehmens- und Personalführung vor erhebliche Herausforderungen. Vorgehensweisen, die in der Vergangenheit häufig erfolgreich waren, funktionieren in einer Welt nicht mehr, die von ständiger Veränderung, Komplexität und der Zunahme von Geschwindigkeit geprägt ist. Unternehmen sind darauf angewiesen ihre gewohnten Arbeitsweisen anzupassen sowie das Wissen und die Kompetenzen aller Mitarbeiter einzubeziehen. Das Bundesministerium für Arbeit und Soziales schreibt im Weißbuch Arbeiten 4.0. „Agile Märkte brauchen agile Entscheidungsprozesse in Unternehmen, um schnell auf veränderte Kundenwünsche oder Markterfordernisse reagieren zu können." Um jedoch in unserer häufig hierarchisch geprägten Unternehmenswelt agile Prozesse zu verwirklichen sowie den Kunden im täglichen Handeln in den Mittelpunkt zu stellen, ist ein radikales Umdenken erforderlich.

Eine Bank testete ein Qualifizierungsmodul genannt „Learning Journey – Lerne, die digitale Zukunft zu gestalten". Die Learning Journey soll Führungskräfte anregen, den digitalen Wandel der Bank mit zu gestalten. Führungskräfte müssen erkennen, welche Auswirkungen die Digitalisierung auf ihren Verantwortungsbereich hat und wie sie zukunftsfähig agieren können. Das Umfeld sowie die Bank selbst sind so komplex, dass es im Unternehmen nicht die eine Person gibt, die das für alle Bereiche vorgeben kann. Petry (2016, S. 40) führt dazu aus, dass im aktuellen Umfeld Unternehmenslenker und Führungskräfte nie allwissend sind, Führung stärker verteilt und die gesamte kollektive Intelligenz im Unternehmen genutzt werden sollte.

Die Learning Journey beinhaltet 4 Module: Die Module „Inspirieren" und „Verstehen" sollen die Führungskräfte anregen, sich den digitalen Herausforderungen zu stellen und Wissen zu spezifischen Themen auszubauen. Verbunden werden diese Elemente durch eine „Challenge", die mit der Methode Design Thinking gelöst wird; damit lernen die Teilnehmer eine neue Arbeitsmethode kennen und können diese direkt anwenden (Modul „Testen"). Das Modul „Anwenden" begleitet den Transfer. Die Abbildung 1.1 skizziert das Format der Learning Journey.

Abb. 1.1: **Abbildung der Learning Journey, Projektteam Digital Academy, Juni 2018**

Die Masterthesis untersucht, ob die Teilnehmer nach der Learning Journey in der Lage sind, ihre Erkenntnisse in ihren Arbeitsalltag zu übertragen. Dabei konzentriert sich die Thesis auf den Transfer auf der individuellen Ebene sowie auf der Ebene der Organisation. Die Hypothese ist, dass die Qualfizierungsmaßnahme Impulse für eine veränderte Arbeitsweise bietet, jedoch nicht zu einer signifkanten Verhaltensveränderung bei den Teilnehmern führt. Bestätigt sich die Hypothese, werden im Fazit Handlungsempfehlungen abgeleitet, die den Teilnehmern beim Transfer helfen.

2. Theoretische Grundlagen zur Learning Journey

Die Learning Journey im Kontext der aktuellen Diskussion zu Digitalisierung und Management

Um ein Verständnis für die Herausforderungen der Führungskräfte beim Transfer zu entwickeln, ist ein Blick in deren Umfeld notwendig: Banken befinden sich in einer komplexen Umbruchphase. Das anhaltende Niedrigzinsumfeld drückt auf die Erträge. Regulierungsreformen sorgen für einen nicht unerheblichen Aufwand. Die fortschreitende Digitalisierung birgt neben neuen Chancen auch Risiken. „Unter diesen Bedingungen strategische Entscheidungen zu treffen, das fühlt sich unter Umständen so an, als müsse man bereits heute die Weichen stellen für eine Zugfahrt, von der man noch nicht weiß, wo sie endet." (Dombret, 2017) Doch nicht nur die Banken leben in einer komplexen Umwelt mit schnellen und tiefgreifenden Veränderungen. „Wirtschaft und Gesellschaft stehen global in einer der geschichtlich größten Transformation von der Alten Welt, wie wir sie kennen, in eine Neue Welt, die wir noch nicht kennen." (Malik, 2015, S. 11/12)

Diese Umfeldsituation wird auch als VUCA-Umwelt bezeichnet. VUCA steht für häufige Veränderungen und sprunghafte Entwicklungen (Volatility), für eine unklare Situation beziehungsweise nebulöse Veränderungen (Uncertainty), für eine Situation, in der viele bzw. vielfältige Elemente ineinander spielen (Complexity) sowie eine unklare, unscharfe und gegebenenfalls sogar widersprüchliche Umwelt (Ambiguity). Malik (2015, S. 41) stellt fest, dass die Erfahrung im Umgang damit fehlt, denn solche Umbrüche hat kaum jemand erlebt. Bisher bewährte Denkweisen, Instrumente und Methoden sind eher hinderlich als eine Hilfe. Erfahrung wird so häufig sogar zur Gefahr.

Wenn die bisherige Erfahrung nicht weiterhilft, ist Offenheit und Neugier auf neue Denk- und Handlungskonzepte essentiell, um den eigenen Verantwortungsbereich für die Zukunft zu gestalten. Eine Annäherung kann durch das „Beobachten" des Umfeldes und den Konzepten anderer erreicht werden - unter anderem von Start-ups. „Erfolgreiche Start-ups sind in aller Munde und ihr Erfolg schürt auch Fragen nach deren Management, Methoden und grundsätzlicher Herangehensweise an unternehmerische Herausforderungen" (Schumacher, 2018). Das Beobachten der Start-ups aber auch das sinnvolle Übertragen der Erkenntnisse in den eigenen Verantwortungsbereich unterstützt das Entwickeln von neuem Verhalten. Daher sind die Theorien des Beobachtungslernens und darin insbesondere der sozial-kognitive Ansatz von Albert Bandura interessant. Allerdings führt Neues zu sehen nicht automatisch dazu, anders zu handeln. Der Mensch muss die Entscheidung treffen, das, was er erkannt und gesehen hat, in wirksames Handeln zu übertragen. Dazu liefern Theorien von Dewey, Kolb und Covey Erkenntnisse für den individuellen Transfer.

Über die individuellen Voraussetzungen hinaus benötigen Menschen in Unternehmen die Rahmenbedingungen und das notwendige Handwerkszeug, um ihre Erkenntnisse umsetzen zu können. Agilität ist ein Ansatz, für ein erfolgreiches Agieren in einem Umfeld mit permanenter Veränderung. Agilität erfordert jedoch neben grundlegender Anpassungen in der Unternehmensführung konkrete Methoden und Tools. Eine Methode ist Design Thinking, die radikale Kundenzentrierung, konsequente Zusammenarbeit im Team sowie eine iterative Vorgehensweise in den Fokus setzt. Die Learning Journey basiert auf der Methode Design Thinking. Theoretische Grundlagen zu Agilität und Design Thinking bieten Scheller und Weinberg.

Grundlagen für den individuellen Lerntransfer

Beobachtungslernen nach Bandura

„Wer ein neues Verhalten lernt, erwirbt die Grundlagen in der Regel durch Imitation" (Horstmann, 2015, S 34). Die Werke und Experimente des Psychologen Albert Bandura liefern hierzu wichtige Erkenntnisse. Er hat gemeinsam mit Richard H. Walters 1963 den Klassiker *Social Learning und Personality Development* veröffentlicht. Danach hat Bandura seine Überlegungen zur Lerntheorie mehrfach umformuliert und zu einer allgemeinen sozial-kognitiven Theorie ausgeweitet (vgl. Schermer, 2006, S.83). Seine vielfältigen und häufig realen Lebenssituationen angeglichenen experimentelle Arbeiten beziehen sich ausschließlich auf Humanstudien und die Natur den Menschen.

Daher sind die Erkenntnisse seiner Arbeit auch für Veränderungsprozesse in Unternehmen relevant, da in diesem Kontext erwachsene Menschen lernen, die autonom und selbständig denkend agieren sollten. Nach Bandura erfolgt ein Großteil des Lernens durch Beobachtung anderer und nicht durch persönliche Erfahrung. Wir beobachten das Verhalten anderer und dessen Konsequenz und imitieren vielleicht später ihr Verhalten (Mazur, 2006, S. 406). „Das Schöne am Lernen durch Beobachten ist, dass die Lernenden das erwünschte Verhalten verstehen können, lange bevor sie es selbst ausführen." (Mazur, 2006, S. 445). Damit können Menschen Verhaltensweisen, die sie beobachten und für sich als richtig anerkennen, auf spätere Situationen übertragen. Nach Bandura übt die Fähigkeit des **vorausschauenden Denkens**, also die Vorwegnahme möglicher künftiger Ereignisse auch einen wichtigen Einfluss auf momentanes Verhalten und Handeln aus, da sich daraus vielfältige Motivationen entwickeln können. Das **Lernen am Modell** ist von zentraler Bedeutung innerhalb der Lerntheorie Banduras. Durch die Beobachtung anderer gewinnt man eine Vorstellung davon, wie ein bestimmtes Verhalten ausgeführt wird. Bei späteren Gelegenheiten steuert die kodierte Information dann die eigenen Handlungen (Bandura, 1976). Auch hier sind die Konsequenzen des Handelns verantwortlich für die Lernprozesse, in dem beobachtet wird, welche Konsequenzen das Handeln anderer mit sich bringt. Diese Beobachtung kann eine Grundlage für die eigene Verhaltenssteuerung und damit für Lernprozesse sein. Vorbilder spielen dabei eine entscheidende Rolle im Lernprozess.

Lehrreiche Erfahrung in neues Wissen zu übertragen, benötigt allerdings eine Reflexion, also das intensive Nachdenken über im Alltag auftauchende Problemsituationen.

<u>Erfahrungslernen nach Dewey und Kolb-Lernzyklus nach Kolb</u>

Auch nach Dewey (2004) ist Lernen auf Erfahrung aufgebaut; damit bemisst er dem Handlungsbezug von Wissen eine wesentliche Bedeutung im Lernprozess zu. Erst durch eine aktive und reflexive Auseinandersetzung mit konkreten Erlebnissen setzt der Lernprozess ein. Bezugnehmend auf Dewey und andere entwickelte David Kolb (1984) einen erfahrungsbasierten Lernzyklus, der die in

Abbildung 2.1 dargestellten vier Schritte beinhaltet: Konkrete Erfahrung (CE), Beobachtung und Reflexion (RO), Abstrakte Begriffsbildung (AC), Aktives Experimentieren (AE). Einfacher ausgedrückt: Erleben, Reflektieren, Denken, Handeln.

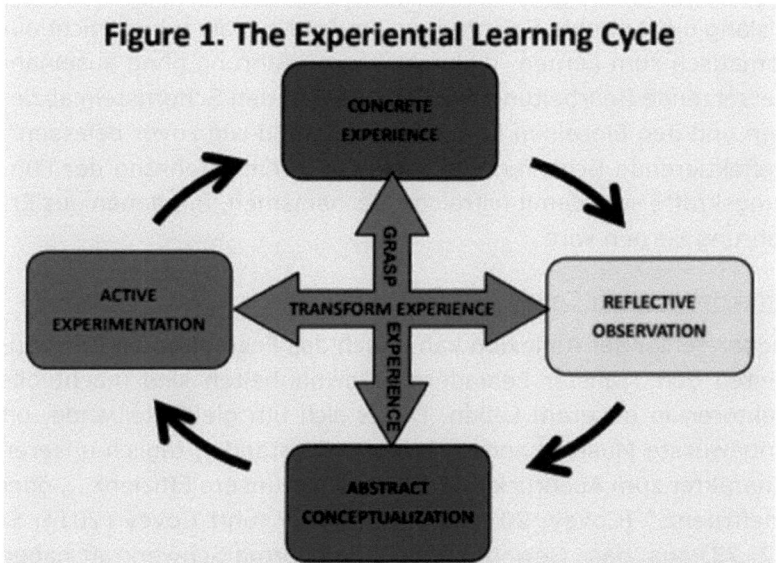

Abb 2.1: The Experiential Learning Cycle aus Deliberate Experiential Learning: Mastering the Art of Learning from Experience. (Kolb, D. 1984)

Die Erfahrung ist die Grundlage für Beobachtung seiner eigenen Erfahrung und der Reflexion. Daraus leitetet der Lerner durch Nachdenken abstrakte Konzepte ab und übersetzt diese in Handlungen. Diese Handlungen können getestet werden und dienen wiederum als neue Erfahrung. Somit ist das Lernen nicht in erster Linie ein interner Prozess eines Individuums, sondern findet in der Interaktion mit der Umwelt statt (Kolb 1984). Weiter führt Kolb (1984) aus, wenn Lernen als ganzheitlicher Anpassungsprozess konzipiert ist, bietet es Brücken zwischen Lebenssituationen wie Schule und Arbeit und stellt Lernen als kontinuierlichen, lebenslangen Prozess dar. Er stellt auch die Ähnlichkeiten zwischen Anpassungs- und Lernaktivitäten dar. Lernen ist somit ein Prozess, bei dem Wissen durch Transformation von Erfahrung erzeugt wird. Gleichzeitig formt der Lerner mit seinem Verhalten sein Umfeld. Einen Bezug zum Lernen in Organisationen bietet Rolf Stiefel (2016) in einem Handbuch für Förderungsprogramme für das Management. Er zeigt die Bedeutung der Reflexion für das Lernen von Führungskräften auf. Stiefel (2016, S. 24) schreibt „Neue, bislang nicht erlebte Erfahrungen am Arbeitsplatz führen nicht automatisch zum Lernen. Vielmehr kann Erfahrung ohne auseinandersetzende Bearbeitung wie Rauch durch den Schornstein abziehen und den Einzelnen im gleichen Zustand wie zuvor belassen". Reflektierende Schleifen und Prozesse in die Erfahrung der Führungskräfte sind damit hilfreiche Mechanismen, mit denen aus Erfahrung Lernen wird.

Effektivität nach Covey

Neben fehlender Reflexion kann auch das Festhalten an Gewohnheiten den Transfer behindern. „Gewohnheiten sind machtvolle Faktoren in unserem Leben. Da es sich um gleichbleibende, oft unbewusste Muster handelt, bringen sie ständig, täglich unseren Charakter zum Ausdruck und produzieren unsere Effizienz ... oder Ineffizienz." (Covey, 2014, S. 71). Weiter führt Covey (2014, S. 72, 73) aus, dass Gewohnheiten eine enorme Schwerkraft haben – mehr als die meisten Leute erkennen oder zugeben würden. Es braucht mehr als ein bisschen Willenskraft und ein paar kleine Veränderungen, um tief verwurzelte Gewohnheiten zu brechen. Um Gewohnheiten zu brechen, müssen wir an unserem Wissen (was tun und warum), unserem Können (wie tun) und unserem Wollen (tun wollen) arbeiten. Covey bietet in seinen Ausführungen sieben Wege an, seine Effektivität zu erhöhen. Einer davon ist „Pro-aktiv sein". Wir besitzen als Menschen die Initiative und die Befähigung, Dinge zu gestalten. Dabei werden pro-aktive Menschen nicht von den Umständen, den Bedingungen oder ihrer Umwelt getrieben. Sondern sie werden durch Werte geleitet. Wenn es zu ihren Werten gehört, qualitativ gute Arbeit zu leisten, dann hängt das nicht davon ab, ob das Umfeld dem zu- oder abträglich ist. Damit sind sie Lösungen für Probleme und nicht selbst das Problem. Sie ergreifen Initiative und tun das, was nötig ist, um die Aufgabe zu erledigen, und zwar im Einklang mit korrekten Prinzipen. Weiter führt Covey (2014) aus, dass pro-aktive Menschen ihre Bemühungen auf ihren Einflussbereich fokussieren. Damit arbeiten sie an den Dingen, bei denen sie etwas bewirken können. Um mit Gewohnheiten zu brechen hilft auch der Weg "Das Wichtigste zuerst". Darin beschreibt Covey (2014, S 178 ff.), wie effektives Selbstmanagement funktioniert. Die wirkliche Herausforderung liegt nicht darin seine "Zeit zu managen", sondern "sich selbst zu managen". Covey hält es für relevant zwischen "dringend" und "wichtig" zu unterscheiden. Dringende Angelegenheiten sind gewöhnlich sichtbar und fordern uns auf, unmittelbar zu handeln. Aber sie sind oft unwichtig und die Dringlichkeit beruht auf den Prioritäten anderer. Effektive Menschen allerdings kümmern sich in erster Linie um Themen, die ihnen wichtig sind. Wenn geklärt ist, was das Wichtigste ist, dann erst stellt sich nach Covey (2014, S. 189) die Frage, wie organisieren und verrichten wir die Aufgaben im Sinne dieser Prioritäten.

Theorien zu agilen Organisationen und Methoden

Beim Lernen von Individuen in Organisationen spielt das Umfeld, in dem das Gelernte angewendet werden soll, eine entscheidende Rolle für den Lernerfolg. Sollte das System nicht zulassen, dass Handlungen getestet und somit Erfahrungen gesammelt werden, findet kein Lernen und somit keine Veränderung statt. Aufgrund dieser Wechselwirkungen werden im Folgenden Theorien rund um Agilität betrachtet.

<u>Einführung in Agilität</u>

Agilität ist nach Scheller (2017, S. 107) ein Ansatz um sich in einem Kontext mit hoher Unsicherheit und permanenter Veränderung – der VUKA-Welt – immer wieder erfolgreich anzupassen und so zu überleben. „In einer VUKA-Welt kann nur schrittweise und aufeinander aufbauend, verbunden mit schnellem Feed-back, vorgegangen werden. Dies entspricht einem Vorgehen mittels Experiment statt Plänen. Dieses Vorgehen entspricht einem Anpassen durch Lernen!" (Scheller, 2017, S. 41). Ausgangspunkt für die Anpassungsprozesse sind unter anderem die Bedürfnisse der Kunden, die Leistungen des Unternehmens abnehmen. Und die Bedürfnisse der Kunden ändern sich durch die fortschreitende Digitalisierung mittlerweile schnell und radikal. Das ist für bestehende Organisationen häufig eine der größten Herausforderungen. Denn bisher wurden Organisationen entwickelt, die dauerhaft stabil waren. Und diese festen Organisationsstrukturen verhindern schnell und flexibel auf Kunden reagieren und innovativ sein zu können.

Auf dem Weg zur agilen Organisation

„Agilität ist seit vielen Jahren Standard in der IT und Softwareentwicklung." (Scheller, 2017, S. 211). Im Jahre 2001 verabschiedeten 17 Experten der Softwareentwicklungsmethodik das *Agile Manifest*. „In diesem sind die agilen Werte und Prinzipien definiert". (Scheller, 2017, S. 212). Diese Erklärung bildet die Basis für Agilität, für agiles Vorgehen, agile Methoden und agile Prinzipien. Der Gedanke der Agilität wurde mittlerweile auf die Organisationsentwicklung übertragen und ist somit, laut Tödtmann (2018), vom heißen IT-Trend zum Unwort geworden. Nach ihrer Erfahrung ist das Problem allerdings nicht die Methode, sondern das Fehlen eines tiefen Verständnisses für Agilität als Denk- und Führungsmuster sowie eine halbgare Umsetzung. Daher ist es für Organisationen wichtig, dass sie sich damit auseinandersetzen, was Agilität für sie beinhaltet und wie sie es umsetzen wollen. „Wirkliche Agilität erfordert eine andere Auffassung davon, wie Menschen sind, wie sie sich motivieren (lassen) oder wie sie zusammenarbeiten. Aus dieser anderen inneren Haltung – dem agilen *Mindset* – heraus resultieren Handlungen und Verhaltensweisen, die zu echter Agilität führen. Der Weg zur agilen Organisation führt also zwingend zu Veränderung des Mindsets." (Scheller, 2017).

Als Mindset wird allgemein das menschliche Handeln beschrieben, das auf inneren Einstellungen, Überzeugungen und Werten basiert (Scheller, 2017, S. 114). Die Summe der Einstellungen und Verhaltensweisen sowie der Handlungen eines jeden Einzelnen im Unternehmen ergeben die Kultur des Unternehmens. Agilität kann damit nicht „einfach nur mal so" angewendet werden, sondern erfordert ein Umdenken in der gesamten Organisation und eine Veränderung der Unternehmenskultur. Dabei spielen die Führungskräfte bei der Entwicklung neuer Verhaltensweisen eine entscheidende Rolle. Denn eine Organisation kann sich nicht weiterentwickeln als die Entwicklungsebene, auf der sich die Führungskräfte befinden (Laloux 2014). Dieser Beitrag untersucht jedoch nicht, wie ein Kulturwandel vollzogen werden kann, sondern bezieht sich darauf, was die Teilnehmer der Learning Journey benötigen, um nach der Durchführung ihre Erkenntnisse in den Alltag zu transferieren. Da ist die Kultur des Unternehmens relevant, allerdings liegt das unter Umständen für die gesamte Organisation nicht im Einflussbereich der Teilnehmer. Allerdings können sie durch ihr Verhalten eine Kulturveränderung anregen. Scheller (2017, S. 369) führt als ein Beispiel für ein Anregen zur Kulturveränderung *Culture Hacking* auf. *Culture Hacking* ist nach Scheller (2017, S. 542) das Eindringen in eine Kultur und das Verändern von innen heraus. Der Begriff kommt aus der Kunst und meint Provozieren des aktuellen kulturellen Standards, um Althergebrachtes aufzubrechen und Neues zu schaffen. In der Unternehmenswelt ist *Culture Hacking* eine systemische Intervention, mit der das zu hackende System zu einer Veränderung angeregt werden soll. Dabei geht es nicht um eine zielgerichtete Steuerung, sondern um eine Anregung zur Selbstveränderung. Diese Anregung zur Veränderung wird *Hack* genannt. „Ihr Erfolg ist nicht garantiert, da nicht klar ist, wie die Organisation darauf reagieren wird. *Hacks sind daher Experimente:* Wir haben eine Idee, wie etwas zur Veränderung angeregt werden könnte. Doch wir haben keinerlei Garantie, dass dies auch wie gedacht funktioniert!" (Scheller, 2017, S. 542). „Allgemein läuft Culture Hacking in drei Phasen ab: Einsichten gewinnen, Optionen entwickeln und eine Option als Experiment durchführen." (Scheller, 2017, S. 543). Nach Durchführung wird das Resultat beobachtet und daraus gelernt. *Hacks* können damit von jedem Einzelnen durchgeführt werden, auch in Verbindung mit anderen Gleichgesinnten. Durch den *Hack* zeigen die Durchführenden das Verhalten, das sie gerne auch von anderen sehen würden.

Eine weitere Perspektive sowie eine konkrete Methode in Bezug auf neue Denk- und Handlungskonzepte liefert Ulrich Weinberg (2018) abgeleitet aus dem Mindset und dem Prozess des Design Thinking.

Network-Thinking / Design Thinking

Design Thinking ist ein Ansatz, der sich die Arbeitsweisen, Methodiken und Denkweisen von Designern zu Hilfe nimmt und versucht Problemlösungen zu finden, die gewisse Bedürfnisse von Nutzern oder Kunden befriedigen. Die Denkweise des Design Thinking's wurde stark vereinfacht in die Wirtschaft übertragen mit dem Fokus auf einen menschenzentrierten Designprozess, der versucht Probleme zu identifizieren, für die Ideen generiert werden, die rasch in Prototypen greifbar dargestellt werden. Es gibt diverse Design Thinking Prozessmodelle. Basis der nachfolgenden Ausführungen ist der Design Thinking Prozess nach dem Modell der HPI School of Design Thinking in Potsdam. Kernelemente dieses Prozessmodells sind Multi-Disziplinäre-Teams, ein iterativer Prozess sowie ein variabler Raum, dargestellt in der Abbildung 2.2.

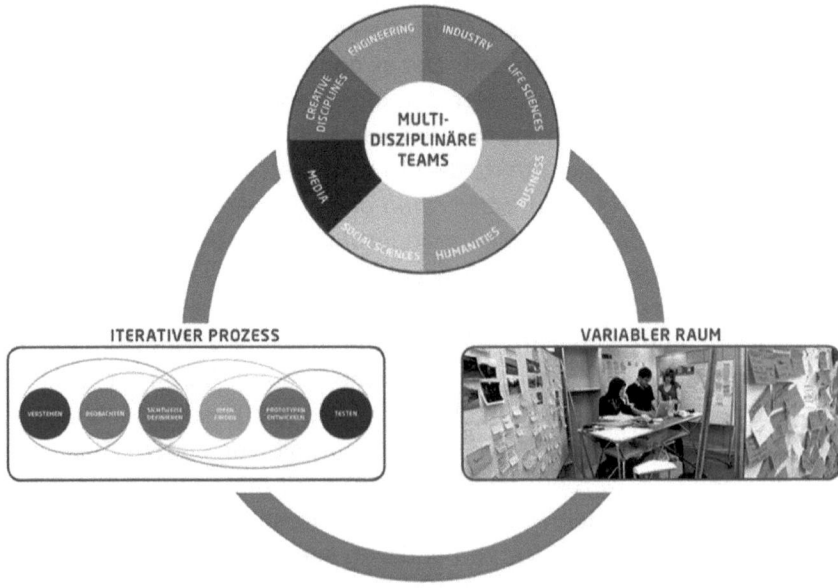

Abb 2.2. Design Thinking Prozess nach dem Modell der HPI School of Design Thinking in Potsdam
https://hpi.de/school-of-design-thinking/design-thinking/mindset.html

Weinberg (2018) beschreibt diese drei Elemente wie folgt:

- weg von der Einzelorientierung mit Einzelbewertung hin zur Teamorientierung ohne Bewertung
- weg von linearen Problemlösungswegen/Methoden hin zu nichtlinearen, iterativen Prozessen, geprägt durch intensive Recherche und extensives Prototyping
- weg von starren, dem kompetitiven Einzelmodus unterstützenden räumlichen Umgebungen hin zu flexiblen, die Zusammenarbeit unterstützenden Räumen, die Teams atmen lassen.

Notwendig ist diese Vorgehensweise laut Weinberg (2018, S. 25), da sich Komplexität dem linearen Modus des theoretischen und praktischen Zugriffs auf die Welt entzieht. „Vernetzung, Enthierarchiesierung, Entwicklung und Konzipieren im Team, Öffnen und Teilen von Wissen, kurz: der radikale Wandlungsprozess unserer kulturellen Praxis ist nicht mehr nur optional. In ihm liegt die Herausforderung und Aufgabe für die nahe Zukunft." (Weinberg, 2018, S. 25). Weiter führt er aus „Die Energie, mit der Teams an der Lösung komplexer Probleme arbeiten ist deutlich höher als in klassischen Bewertungssystemen und die Qualität der Ergebnisse steigt deutlich." (Weinberg, 2018, S. 72). Aus seiner Sicht helfen keine Expertenlösungen, sondern auf Brauchbarkeit und Machbarkeit und Finanzierbarkeit geprüfte Ergebnisse. Dazu ist vernetztes Denken sowie vernetztes Handeln notwendig, eine hohe Teamkompetenz zur Verbindung von unterschiedlichen, anspruchsvollen Kompetenzen sowie die Fähigkeit, das Problem zu verstehen. Dabei ist nach Weinberg (2018, S. 47) der Kunde in den Mittelpunkt zu stellen, da dieser in erster Linie nach dem Nutzen für sich selbst fragt. „Der Design Thinking Prozess gliedert sich ausgehend von einer (Kunden)-Challenge in verschiedene Phasen. Neben der Iteration innerhalb des Prozesses ist dieser durch die Abwechslung von divergentem und konvergentem Denken geprägt. Zunächst wird ein breites Blickfeld eröffnet (divergent), um viel Input zu gewinnen und um sich danach auf wenige Sichtweisen zu konzentrieren. Anschließend werden Ideen für Lösungen gewonnen und Prototypen entwickelt (divergent), um im Anschluss an den Test von Prototypen sich auf einen zu konzentrieren, der in ein Geschäftsmodell integriert wird (konvergent) (Schallmo, 2017, S. 18). In jeder Phase können unterschiedliche Techniken angewendet werden. Diese Zusammenhänge werden in der Abbildung 2.3. dargestellt (Ettl, 2018).

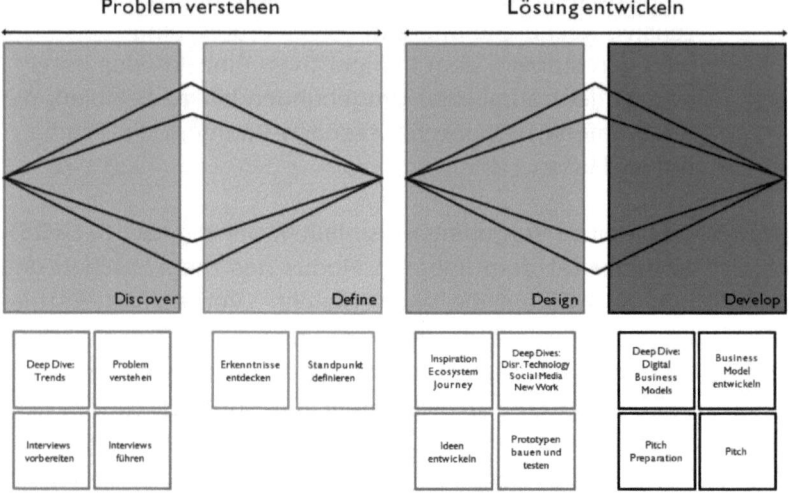

Abb 2.3.   Gestaltungsprozess Quelle Forever Day One (2018) https://foreverday.one

„Allerdings reicht es nicht, den Design-Thinking-Prozess nur zu verstehen – ist es auch wichtig, die spezifischen Techniken und Fähigkeiten zu kennen, die an verschiedenen Punkten während des gesamten Prozesses eingesetzt werden können (Gerstbach, 2017, S. 13). Weiter führt Gerstbach (2017) aus, dass die Durchführer mit einer Vielzahl verschiedener Techniken vertraut sein sollten, um die richtige Technik für das Projekt und das entsprechende Team zu wählen.

3. Empirischer Transfer bei einer Learning Journey

Für die Fragestellung, was den Teilnehmern nach Abschluss der Learning Journey helfen kann, ihre Erkenntnisse aus der Learning Journey allgemein, eine kundenzentrierte und agilere Arbeitsweise sowie konkrete Elemente aus der Methode Design Thinking in ihren Arbeitsalltag zu übertragen, habe ich mich für eine qualitative Forschung entschieden. Die Befragung wurde in Form eines Leitfadeninterviews durchgeführt. Die Befragten waren Teilnehmern der Learning Journey, die ich nach dem Zufallsprinzip und der Bereitschaft für das Interview ausgewählt habe. Durchgeführt habe ich 10 Interviews. In der Regel waren für die Interviewpartner seit Durchführung der Learning Journey 6 – 12 Monate vergangen.

Durchführung der Forschung

Interview
Im Folgenden wird der Aufbau des Fragebogens dargestellt.

Einleitungs- bzw. Vorstellungphase
Zunächst begrüße ich meinen Interviewpartner, „plauderte" kurz, um eine entspannte und offene Gesprächsatmosphäre herzustellen. Nach Hermanns (2000, S. 363) ist es eine zentrale Aufgabe, die ersten Minuten so zu gestalten, dass sich die Menschen ohne Befürchtung zu den Aspekten ihrer Person und ihrer Lebenswelt zeigen können.

Frage zur aktuellen Aufgabe
Die Frage dient der Feststellung, ob sich seit Teilnahme an der Learning Journey und dem Interview die aktuelle Aufgabe verändert hat. Das hätte Einfluss auf die Transferbedingungen haben können. Nur bei einem der Interviewpartner war dies der Fall.

Frage zu den Erkenntnissen aus der Learning Journey
Die Frage zielt allgemein darauf ab, welche subjektiven Erkenntnisse der Interviewpartner mitgenommen hat. Darüber kann ich die Perspektive der jeweiligen Person in der Konstruktion seiner Welt erfassen. Jeder Teilnehmer kann andere Erkenntnisse für sich gewonnen haben.

Fragen zur Umsetzung
Ich fragte erst offen, was von den Erkenntnissen zu Handlungen im Alltag geführt hat und lasse mir konkrete Beispiele und Erleb-

nisse schildern. Im weiteren Verlauf des Gesprächs fragte ich geschlossen, ob die Person gerne noch mehr umgesetzt hätte. Je nach Antwort, fragte ich weiter nach Bedingungen, die der jeweiligen Person geholfen hätten, noch mehr umzusetzen. Dem folgte die Frage, nach individuellen Barrieren sowie nach Barrieren aus dem Umfeld. Des weiteren fragte ich nach der Einbindung von Kunden und welche Tools aus Design Thinking, der Teilnehmer im Alltag einsetzt – jeweils verbunden mit den Fragen „Was fördert die Anwendung?" und „Was hindert dich daran, es nicht zu tun?". Am Ende des Parts „Umsetzung" stellte ich die Frage, was die Person gerne an der Organisationsstruktur verändern würde, um erfolgreicher arbeiten zu können.

Fragen zu Digitalisierung und Agilität
In diesem Teil des Interviews wurde ich allgemeiner, mit dem Ziel herauszufinden, welche Herausforderungen die Teilnehmer der Learning Journey subjektiv für sich selbst und ihren Verantwortungsbereich in Verbindung mit den Veränderungen durch die Digitalisierung sehen. Ergänzend stellte ich die Frage, was der jeweiligen Person helfen würde, diese Herausforderungen zu bewältigen. Diese Fragen sollen den Interviewpartner dazu führen, sich vom Kontext der Learning Journey zu lösen. Mir gibt das die Möglichkeit herauszufinden, ob die Inhalte der Learning Journey zu den Herausforderungen der Teilnehmer passen und welche Konsequenzen das für die Transferbedingungen hat. Noch gezielter werde ich mit der Frage nach den Kompetenzen, die Führungskräfte aus Sicht der Teilnehmer benötigen, um mit den genannten Herausforderungen klar zu kommen und wie die Führungskräfte derzeit in der Bank beim Aufbau dieser Kompetenzen unterstützt werden. Zum Abschluss stelle ich die Frage, welche Unterstützung sich der Teilnehmer von der Bank wünscht und was er in Eigeninitiative für seine Weiterbildung unternimmt.

Auswertung der Daten

Bei der Auswertung der Interviews lasse ich mich von den Ausführungen von Schmidt (2000, S. 447-456) leiten. Ich erstelle in der Auseinandersetzung mit meinem erhobenen Material und dem theoretischen Vorwissen Auswertungskategorien, nach denen ich die Interviews codiere. Nachfolgend fasse ich die Ergebnisse der Interviews zusammen, gegliedert nach dem Fragebogen.

Erkenntnisse nach der Learning Journey
Alle Teilnehmer haben Erkenntnisse mitgenommen, die sie auch einige Zeit nach Durchführung der Learning Journey präsent hatten. Insbesondere die Methodik Design Thinking sowie die damit verbundene kundenzentrierte Arbeitsweise hat sich eingeprägt ebenso wie die Erkenntnis, dass in kurzer Zeit mit einem diversen Team sehr gute Ergebnisse erzielt werden können. Die Teilnehmer sind davon überzeugt, mit Design Thinking bessere Arbeitsergebnisse zu erzielen. Die Teilnehmer haben ebenfalls die Erkenntnis erhalten, dass ein Wandel in der Organisation und in ihrem persönlichen Verhalten notwendig ist, damit die Bank schneller und kundenzentrierter agieren kann.

Umsetzung und Barrieren
Der überwiegende Anteil der Teilnehmer konnte einzelne, jedoch wenige Elemente der Methode Design Thinking umsetzen. Einige richten tatsächlich ihre Arbeitsweise stärker nach den Kundenbedürfnissen aus. Wenige beschäftigen sich regelmäßig damit, welches neue Wissen und welche neuen Kompetenzen sie für ihren Verantwortungsbereich aufbauen sollten. Alle sagen, sie hätten gerne mehr umgesetzt und nannten Gründe, die sie daran hindern. Die Gründe liegen im Wesentlichen darin, dass den Teilnehmern im Alltag die Zeit fehlt für Reflexion und Planung, sie ihren „inneren Schweinehund" zu wenig überwinden und damit an ihren Gewohnheiten festhalten. Auch das Zurückfallen in alte Muster bei zu viel Stress und der Forderung, schnell ein Ergebnis zu liefern, verhindert eine Veränderung. Zu wenig Kompetenz und Routine in der Anwendung der Methode Design Thinking ist ebenfalls eine Barriere insbesondere in Verbindung mit fehlendem Mut und zu hohem Perfektionsanspruch. Auch haben noch zu wenige Führungskräfte im Unternehmen Erfahrung rund um Agilität und fordern das daher nicht ein – bis auf einige Ausnahmen. Vielen Führungskräften fehlt das Bewusstsein und das Wissen, was Agilität bedeutet und welcher Nutzen damit verbunden ist. Damit fehlen Vorbilder. Auch gibt es zu wenige Kollegen im direkten Um-

feld, die Erfahrung mit agiler Arbeitsweise haben. Dadurch fühlen sich einige der Teilnehmer als „Alleinkämpfer" und sind mit dieser Rolle überfordert. Auch können nicht alle ihr Wissen an ihre Mitarbeiter weitergeben - aufgrund fehlender Methodenkompetenz.

Was hilft bei der Umsetzung?
Einige setzen einzelne Elemente der Methode Design Thinking um. Ihnen hilft es zu sehen, dass der Einsatz der Techniken zu mehr Kreativität, Spirit, Engagement und Interaktion führt. Sie merken, dass die Einbindung der Nutzer zu Ergebnissen führt, die am Ende abgenommen werden. Unterstützend wirken zusätzlich ein offenes Umfeld, also Kollegen und Teammitglieder, die mitgehen und Führungskräfte, die immer wieder nachfragen und die Umsetzung einfordern. Die Teilnehmer motiviert auch zu sehen und zu erleben, dass in immer mehr Bereichen der Bank agile Arbeitsweisen zum Einsatz kommen. Es helfen auch Kollegen und Kolleginnen, die neu in der Bank eingestellt wurden und bei ihrem vorherigen Arbeitgeber bereits aktiv mit agilen Methoden gearbeitet haben.

Wünsche der Teilnehmer
Die Teilnehmer wünschen sich mehr Unterstützung des Managements und der direkten Führungskraft. Sie brauchen mehr Menschen in der Organisation mit Kompetenz und Erfahrung im Bereich Digitalisierung sowie agiler und kundenzentrierter Arbeitsweise – als Vorbilder und Sparringspartner aber auch für konkrete Zusammenarbeit. Sie wünschen sich eine Begleitung oder ein nachgelagertes Training für die Verfestigung der Methode und brauchen die Möglichkeit sowie den Mut für die Anwendung, um Routine zu erhalten. Die Befragten sehen keine Notwendigkeit, Strukturen in der Organisation zu verändern, sondern fordern eine Kultur, die ausgehend vom Kunden handelt, agile Arbeitsweise und Zusammenarbeit sowie Vernetzung fördert. Interessant ist die Tatsache, dass keiner der Befragten daran zweifelt, dass Veränderungen notwendig sind und eine agile Arbeitsweise und eine stärkere Kundenzentrierung der Bank helfen würden, erfolgreicher zu agieren.

Digitalisierung und Agilität
Die befragten Teilnehmer der Learning Journey sehen Herausforderungen, die aufgrund der digitalen Transformation auf sie zukommen werden. Allerdings weisen die unspezifischen Antworten daraufhin, dass diese nicht konkret bei ihnen spürbar sind oder sie diese nicht als solche erkennen. Die Antworten zielen eher allgemein auf Kultur, Mindset, Haltung ab und wie Mitarbeiter sowie Kunden auf dem Weg mitgenommen werden sollten. Einige äußern sich zu nicht zeitgemäßer Technik. Viele haben das Gefühl die Organisation müsse sich schneller verändern und sind der Meinung, sie oder auch nur allgemein die Bank müsse Wissen und Kompetenzen aufbauen zu digitalen Themen.

Was hilft bei der Bewältigung der Herausforderungen?
Die Teilnehmer wünschen sich den Austausch mit anderen sowie ihre eigenen Führungskräfte als Vorbilder und Gesprächspartner zur Bewältigung der Herausforderungen. Sie selbst lesen viel und betreiben Research.

Welche Kompetenzen benötigen die Führungskräfte im Umfeld der Teilnehmer aktuell?
Als wichtigste Kompetenz benennen nahezu alle Teilnehmer, die Fähigkeit, Mitarbeitern und Teams Freiraum zu geben für eine erfolgreiche Gestaltung ihrer Arbeit. Darüber hinaus sollten Führungskräfte Veränderungen positiv begleiten und gestalten können. Führungskräfte benötigen aus Sicht der Befragten soziale Kompetenzen und Methodenkompetenzen. Als Unterstützung für den Aufbau der Kompetenzen wünschen sie sich ihre eigenen Führungskräfte als Vorbilder sowie eine aktive Begleitung im Veränderungsprozess und beim Aufbau von Methodenkompetenzen durch Coaches.

4. Vergleich der Daten mit der Ausgangstheorie

Malik (2015) und Sinnhold (2013) schreiben, Organisationen sollten ihre Mitglieder befähigen mit Veränderungen professionell und schnell umgehen zu können. Die Unternehmenskultur sollte danach ausgerichtet werden, ergänzt um Instrumente, die Bereichen, Abteilungen und Teams helfen, komplexe Situationen zu managen. Die Rückmeldungen der Teilnehmer der Learning Journey bestätigen diese Notwendigkeit. Sie sind der Meinung, ihre Organisation müsse sich schneller verändern. Sie glauben auch, dass eine veränderte Unternehmenskultur notwendig ist, das zu erreichen. Eine auf Kundenbedürfnisse ausgerichtete Arbeitsweise halten sie für eine sinnvolle Vorgehensweise, um auf Veränderungen reagieren zu können. Nach Freudenthaler-Mayrhofer & Sposato (2017) ist Design Thinking ein Ansatz, um Bedürfnisse von Kunden zu befriedigen. Die Methode Design Thinking sowie die damit verbundene „Sprintidee", das heißt, fokussiert in definierten Zeiträumen Ergebnisse zu erarbeiten, wurde von den Teilnehmern der Learning Journey ebenso positiv bewertet wie die Arbeit in den gemischten Teams. Weinberg (2018) stellt fest, dass die Energie, mit der Teams unter Anwendung von Design Thinking an der Lösung komplexer Probleme arbeiten, höher ist als bei klassischen Vorgehensweisen und zu besseren Ergebnissen führt – zu Ergebnissen, die von Kunden abgenommen werden. Das bestätigen die Teilnehmer der Learning Journey. Den Kunden permanent zu erfreuen und sich schnell an veränderte Bedürfnisse und Erfordernisse anpassen zu können, darum geht es nach Scheller (2017) bei Agilität. Damit richten nach Scheller (2017) die Teams ihre Vorgehensweise nach den Kunden aus und nicht nach dem Management. Nach der Erfahrung von Tödtmann (2018) fehlt in den Organisationen das tiefe Verständnis für Agilität als Denk- und Führungsmuster. Scheller (2017) schreibt, wirkliche Agilität erfordert eine andere Auffassung davon, wie Menschen zusammenarbeiten. Nach Weinberg (2018) muss sich diese Zusammenarbeit in den meisten Unternehmen erst entwickeln. Die Befragung bestätigt diese Überlegungen: Ein zu geringes Verständnis in der Organisation für agile Arbeitsweisen in Verbindung mit zu wenigen Menschen, die bereits über Kompetenzen und Erfahrung darin verfügen, erschwert den Teilnehmern den Transfer der Methodenkompetenzen in den Alltag. Sie wünschen sich mehr Breite in der Organisation zu diesen Methoden. Gleichzeitig stellen sie fest, dass sie selbst über zu wenig Methodenkompetenz verfügen, um sicher damit agieren und andere darin führen zu können. Nach Weinberg (2016) gliedert sich der Design

Thinking Prozess in verschiedene Phasen, in denen unterschiedliche Techniken angewendet werden können. Nach Gerstbach (2017) reicht es nicht aus, den Design Thinking Prozess zu verstehen, sondern es ist auch wichtig, mit den verschiedenen Techniken vertraut zu sein. Die Teilnehmer wünschen sich mehr Begleitung bei der Anwendung der Methoden entweder durch die eigene Führungskraft oder durch einen Coach. Jedoch schaffen es einige der Teilnehmer, einzelne Elemente der Methode Design Thinking im Alltag anzuwenden und auch darüber hinaus Erkenntnisse aus der Learning Journey in ein verändertes Verhalten zu übertragen. Geholfen haben ihnen dabei ihre Teams, die bereit waren, mit zu experimentieren. Nach dem Lernzyklus von Kolb (2011) ist eine Grundlage von Lernen, Handlungen zu testen und Erfahrung damit zu sammeln. Basierend auf der Erfahrung reflektiert der Lernende und testet wieder. Somit findet der Prozess des Lernens in der Interaktion mit der Umwelt statt. Die Befragung zeigt, je offener das Umfeld (Team, Kollegen und Führungskraft) für Experimente ist oder bereits mit agilen Methoden arbeitet, um so höher ist die Wahrscheinlichkeit, dass die Teilnehmer die Methoden anwenden. Die positiven Erfahrungen führen dazu, dass die Befragten trotz der vorgenannten Barrieren im Unternehmen weiter experimentieren. Die Befragten, die kaum bis gar nicht mit Elementen der Methode Design Thinking arbeiten, nannten als einen Grund, ihnen fehle die Zeit, sich damit auseinander zu setzen. Reflexion ist jedoch nach Stiefel (2016) die Voraussetzung für Lernen. Nach Stiefel (2016) kann durch den Einbau reflexiver Schleifen aus Erfahrungen Lernen werden. Auch im Lernzyklus nach Kolb (2011) ist Reflexion ein wesentlicher Bestandteil. Dewey (2004) fand in seiner Forschung die Bedeutung der reflexiven Intelligenz im Prozess der Erfahrung und der Fähigkeit des Handelnden, Schlüsse zu ziehen, um die Kontrolle über die Zukunft systematisch zu erweitern. Die Zeit für reflexive Schleifen ist jedoch im Alltag einzuplanen. Persönliche Effektivität kann helfen, die individuell zur Verfügung stehende Zeit entsprechender seiner eigenen Prioritäten zu planen. Nach Covey (2014) ist zunächst mit tief verwurzelten Gewohnheiten zu brechen. Die Befragung zeigt, gerade in stressigen Zeiten oder wenn es schnell gehen soll, fallen die Teilnehmer in gewohnte Verhaltensmuster zurück. Die wirkliche Herausforderung liegt nach Covey (2014) nicht darin, seine Zeit zu managen, sondern sich selbst. Viele Menschen haben dringende Angelegenheiten zu erledigen, die zu sofortigen Handlungen auffordern. Das sind jedoch nicht immer die Aufgaben, die dem Ausführenden wichtig sind. Covey (2014) empfiehlt daher, zwischen Dringend und Wichtig bewusst zu unterscheiden und den wichtigen Handlungen Priorität einzuräumen. Covey (2014) beschreibt auch die Fähigkeiten der Menschen, die Initiative zu ergreifen und empfiehlt „pro-aktiv" zu handeln. Pro-aktive Menschen werden nach Covey (2014) nicht von den Umständen oder den Bedingungen ihrer Umwelt getrieben, sondern sie ergreifen die Initiative und tun, was nötig ist im Einklang mit ihren Werten. Im besten Fall sind die individuellen Werte im Einklang mit den Werten des Unternehmens. Ist das nicht der Fall, kann Pro-aktives Verhalten den Teilnehmern helfen, die von ihnen gewünschte Kulturveränderung im Unternehmen in Bezug auf eine agilere Arbeitsweise anzuregen und nicht darauf zu warten, bis sie vom Management angestoßen wird. Scheller (2017) beschreibt *Culture Hacking* als eine systemische Intervention von Innen heraus, die eine Anregung zur Selbstveränderung geben kann. Durch den Hack zeigen die Durchführenden das Verhalten, das die gerne auch von anderen sehen würden. Die Teilnehmer der Learning Journey sind selbst Führungskräfte der mittleren Ebene oder Senior-Projektleiter. Nach Bandura (1976) kann Beobachtung die Grundlage für eigene Verhaltenssteuerung und damit für Lernprozesse sein. Durch die Beobachtung anderer gewinnt man eine Vorstellung davon, wie ein bestimmtes Verhalten ausgeführt wird. Nach Mazur (2006) können die Lernenden das erwünschte Verhalten verstehen, lange bevor sie es selbst ausführen. Bei späteren Gelegenheiten steuert die kodierte Information dann die eigenen Handlungen (Bandura 1976). Damit können die Teilnehmer als Vorbilder für andere dienen, in dem sie das Verhalten entwickeln, das sie sehen wollen. Es wird in der Befragung allerdings auch deutlich, dass den Befragten selbst in der Organisation Vorbilder fehlen, an denen sie ihr eigenes Handeln ausrichten können. Auch für den Austausch und als Sparringspartner fehlen vielen Führungskräften Vorbilder im Management. Sie finden jedoch durch die anderen

Teilnehmer der Learning Journey Menschen, mit denen sie sich pro-aktiv austauschen und Handlungen planen können. Frei nach der Aussage von Spotifiy: *Du bist die Kultur: Entwickle das Verhalten, das Du sehen möchtest.* (Scheller, 2018).

5. Fazit und Handlungsempfehlungen

Die heutige Art des Managements hat ihre Wurzeln noch in einer weit einfacheren und langsameren Welt. Wie eingangs beschrieben, funktionieren Vorgehensweisen, die in der Vergangenheit erfolgreich waren, nicht mehr in einer Welt, die von ständiger Veränderung, Komplexität und Zunahme von Geschwindigkeit geprägt ist. Die Teilnehmer der Learning Journey gehen mit dieser Erkenntnis aus der Qualifizierungsmaßnahme und dennoch findet kaum ein Transfer ihrer Erkenntnisse in den Arbeitsalltag statt. Es fällt ihnen sehr schwer, in ihrem eigenen Verantwortungsbereich die Arbeitsweisen auf den Kunden auszurichten, obwohl sie davon überzeugt sind, darüber bessere Ergebnisse erreichen zu können. Sie schaffen es, einzelne Tools aus der Methode Design Thinking in den Alltag einzubauen. Ihr Wissen zu digitalen Themen haben allerdings nur wenige weiter ausgebaut. Somit wird das Ziel, den eigenen Verantwortungsbereich im Wandel der Digitalisierung zu gestalten, nicht erreicht. Meine Forschung zeigt, dass die Teilnehmer den Willen zum Transfer haben, die Notwendigkeit erkennen und dennoch scheitern. Meine Eingangsthese, dass die Teilnehmer durch die Qualifizierungsmaßnahme Impulse mitnehmen, jedoch keine signifikante Verhaltensveränderung erreicht wird, bestätigt sich damit. Verantwortlich dafür sind Gründe auf der individuellen Ebene sowie auf der organisatorischen. Meine Forschung zeigt, dass das Umfeld in der Organisation den Transfer nicht fördert. Das liegt am geringen Verständnis und Wissen des Managements und der Führungskräfte für agile Arbeitsweisen sowie der jeweiligen Kollegen und Kolleginnen. Ein Kulturwandel scheint notwendig zu sein, der zu einem veränderten Mindset führt, über das wiederum das Handeln der Einzelnen bestimmt wird. Bei meinen Recherchen bin ich auf Unternehmen gestoßen, die diesen Kulturwandel über den CEO auf den Weg gebracht haben. Ein prominentes Beispiel ist „Otto" mit dem CEO

Alexander Birken. Von ihm habe ich folgendes Zitat gefunden[2]: „Wir können die Digitalisierung nur meistern, wenn wir uns mit dem Kulturwandel beschäftigen – das ist der herausforderndste Teil." Die Teilnehmer der Learning Journey können das Management „anstupsen" durch Culture Hacks. Das Bewusstsein der Teilnehmer dafür sollte geschärft werden, und sie selbst müssen den Mut und die Disziplin aufbringen, Culture Hacks durchzuführen und in der Organisation sichtbar werden lassen. Das Team der Digital Academy kann dazu „Hilfestellung" geben. Daher leite ich folgende Empfehlungen für die Learning Journey und den Transfer ab:

1. Ein Deep-Dive zu Agilität, Kulturwandel und Culture-Hacks in die Learning Journey aufnehmen. Damit erhalten die Teilnehmer die Chance, zu erkennen, was sie nach der Learning Journey bei ihrer Rückkehr in den Alltag erwartet. Sie werden darüber auch erkennen, wie sie wirksam Veränderungen anstoßen können.
2. Einen Transfertag anbieten, der eine Woche nach der Learning Journey stattfindet. An diesem Transfertag sollten die Teilnehmer konkret erarbeiten, welche der Erkenntnisse sie für sich selbst und für ihr Team umsetzen wollen. Die Maßnahmen sind zu beschreiben und anhand des Kalenders für die nächsten Wochen zu planen. Am Transfertag kann auch seitens der Coaches der Unterschied zwischen „Dringend" und „Wichtig" thematisiert werden. Darauf aufbauend können die Teilnehmer bereits erarbeiten, was für sie „wichtig" ist und wie sie mit „dringenden" Themen umgehen. Die Teilnehmer können mit einem individuellen „Actionplan" in den Alltag starten.
3. Aufbau der Methoden- und Toolkenntnisse unterstützen. In meiner Feldforschung bin ich auf viele Inseln im Unternehmen gestoßen, die Schulungen und Workshops zu agilen Methoden anbieten. Den Teilnehmer der Learning Journey sollten diese aufgezeigt werden. Daraus können

---

[2] https://kulturwandel.org/inspiration/interviews-und-texte/schoene-neue-arbeitswelt/ - gefunden am 21.06.2019

sie für sich individuell wählen, in welche Methode sie tiefer einsteigen wollen.
4. Bildung einer Community und/oder Lerntandems nach dem Transfertag. Damit können sich die Teilnehmenden gegenseitig motivieren, unterstützen und austauschen. Mit Blick auf den Lernzyklus ist das Testen von Handlungen und die Reflektion elementar für Lernen. Meine Forschung zeigt, dass Lernen und Testen gemeinsam mit Anderen leichter fällt.
5. Den Lernzyklus am Ende der Learning Journey erläutern und immer wieder die Teilnehmer ermutigen, zu experimentieren, zu beobachten, zu reflektieren und wieder auszuprobieren.
6. Die Culture Hacks im Unternehmen sichtbar werden lassen. Durch diverse Formate wie Barcamps, Berichte in den internen Social Media Kanälen können Culture Hacks sichtbarer werden und andere animieren sich anzuschließen. Das Team der Digital Academy sollte mit motivierten Teilnehmern sowie Teilnehmern aus dem Top-Management, die ebenfalls die Learning Journey durchlaufen haben, den Rahmen dafür geben und eine „Sichtbarkeit" der Culture Hacks unterstützen.

Es braucht die individuelle Bereitschaft gegen Widerstände zu handeln sowie die Handlungen zu planen, um allein nur kundenzentrierte Methoden und Tools in den Alltag zu integrieren. Meine Forschung zeigt, dass die Bereitschaft bei den Teilnehmern der Learning Journey vorhanden ist. Die vorgenannten Handlungsempfehlungen können ein weiterer kleiner Schritt sein, auf dem Weg zur mehr Kundenzentrierung, Kollaboration, Kreativität und Beweglichkeit im Unternehmen.

Literaturverzeichnis

Birken, A. (2019). *kulturwandel.org*. Von https://kulturwandel.org/inspiration/interviews-und-texte/schoene-neue-arbeitswelt/ abgerufen

Covey, S. R. (2014). *Die 7 Wege der Effektivität.* Offenbach: GABAL Verlag.

Dewey, J. (2004). *Erfahrung, Erkenntnis und Wert.* Frankfurt am Main: suhrkamp.

Dombret, D. A. (6. März 2017). *Bundesbank.* Von https://www.bundesbank.de/Redaktion/DE/Reden/2017/2017_03_06_dombret.html abgerufen

Ettl, M. (2018). Projektbegleitung "Learning Journey". https://foreverday.one.

Freudenthaler-Mayrhofer, D., & Sposato, T. (2017). *Corporate Design Thinking.* Wiesbaden: Springer Gabler.

Gerstbach, I. (2017). *77 Tools für Design Thinker.* Offenbach: GABAL Verlag.

Hermanns, H. (2000). Interviewen als Tätigkeit. In U. Flick, E. von Kardorff, & I. Steinke, *Qualitative Forschung.* Reinbek: Rowohlt Taschenbuch Verlag.

Kolb, D. (1984). *learningfromexperience.* Von https://learningfromexperience.com/downloads/research-library/the-process-of-experiential-learning.pdf abgerufen

Kolb, D. A. (13. September 2011). *learningfromexperience.* Von https://learningfromexperience.com/downloads/research-library/deliberate-experiential-learning.pdf abgerufen

Laloux, F. (2014). *Reinventig Organizations.* München: Franz Vahlen.

Malik, F. (2015). *Navigieren in Zeiten des Umbruchs.* Frankfurt / NewYork: Campus Verlag.

Petry, T. (2016). *Digital Leadership.* Freiburg: Haufe.

Schallmo, D. R. (2017). *Design Thinking erfolgreich anwenden.* Wiesbaden: Springer Gabler.

Scharmer, O. C. (2015). *Theorie U - Von der Zukunft her führen.* Heidelberg: Carl-Auer-Systeme Verlag.

Scheller, T. (2017). *Auf dem Weg zur agilen Organisation.* München: Franz Vahlen München.

Schmidt, C. (2000). Analyse von Leitfadeninterviews. In U. Flick, E. von Kardoff, & I. Steinke, *Qualitative Forschung.* Reinbek: Rohwolt Taschenbuch Verlag.

Schumacher, T. (Januar 2018). Editorial - Das Eine, das Andere und beides ... *OrganisationsEntwicklung*.

Sinnhold, D. H. (06 2013). Managen von Komplexität. *Komplexe Systeme und Handlungssitationen*. Hamburg: Euro-FH, Studienheft KCMI 1/H.

Stiefel, R. (2016). Förderungsprogramme - Handbuch der personellen Zukunftssicherung im Management. Wiesbaden: Springer Gabler.

Tödtmann, C. (15. August 2018). *Wirtschaftswoche - ManagementBlog*. Von https://blog.wiwo.de/management/2018/08/15/fuenf-irrtuemer-mit-denen-die-idee-von-agilitaet-in-planlosigkeit-oder-chaos-endet-gastbeitrag-von-internet-pionier-willms-buhse/ abgerufen

Weinberg, U. (2018). *Network Thinking*. Hamburg: Murmann Publishers.

Business-Coaching in der zukünftigen Arbeitswelt

Ansätze zur Verwendung von Virtueller Realität

Jochen Wannicke

Der Beitrag befasst sich mit der Frage, ob in der zukünftigen Arbeitswelt Business-Coaching in virtuellen Realitäten einsetzbar ist, in welcher Art, mit welchen Systemen und welcher Verkörperung. Die Auswertungen führen zu dem Ergebnis, dass in der Arbeitswelt in fünf bis zehn Jahren Business-Coaching in virtuellen Realitäten theoretisch einsetzbar ist mit interagierenden Verkörperungen der beteiligten Menschen als VR-Avatare und mit von künstlicher Intelligenz gesteuerten Assistenten in Form von VR-Agenten. Zudem wird die besondere Transferfähigkeit des Mediums VR und die Konsequenzen für das Business-Coaching betrachtet.

The article deals with the question of whether business coaching can be used in virtual realities in the future working world, in which kind, with which systems and which embodiment. The evaluations lead to the result that in the working world in five to ten years business coaching in virtual realities is theoretically applicable with interactive embodiment of people in kind of VR-Avatars and artificial intelligence controlled assistants in kind of VR-Agents. In addition, the special transferability of the medium VR and the consequences for business coaching are considered.

1. Einleitung

Digitalisierung, Robotik und Künstliche Intelligenz werden die Arbeitswelt grundlegend verändern. Sie werden den Weltarbeitsmarkt homogener, aber auch wettbewerbsintensiver machen. Schon heute verschwimmen die Grenzen zwischen Arbeit und privaten Aktivitäten durch moderne Kommunikationsmittel und die globalen Wirtschaftsbeziehungen. Bekannte Arbeitsformen treten durch die Digitalisierung in einem neuen Erscheinungsbild auf oder lassen sich global organisieren. Dies erfordert auch die Entwicklung neuer mediengestützter Lehrformen, die den Anforderungen des digitalen Zeitalters gerecht werden. (Hermeier, Heupel & Fichtner-Rosada, 2019, S.10ff)

Durch innovative Lernsysteme zum selbstorganisierten Lernen wird nach Einschätzung von Werner und Simon Sauter der pädagogische Dialog im Rahmen des E-Coaching und des Co-Coachings beim betrieblichen Lernen eine wachsende Bedeutung erlangen. (Sauter & Sauter, 2013, S. 59) Die Verfügbarkeit kostengünstiger und leistungsstarker Medien begünstigt zudem die Entwicklung neuer Lernumgebungen und -technologien, wie z. B. der Virtuellen Realität. (Gerwens, 2018)

Damit können Lernumgebungen für Aus- und Weiterbildungsprozesse gestaltet und virtuell durchgeführt werden. (Thomas, Metzger & Niegemann, 2018, S. 5) Das Training von Notfallsituationen für Notfallsanitäter[1], das interaktive, kollaborative Lernen an einer virtuellen Druckmaschine[2] oder der empathische Trainingsbegleiter für den Bewerbungsprozess[3] sind Beispiele dafür, was heute schon möglich ist.

Ziel dieses Beitrages ist es, zu klären, ob und wie Virtuelle Realität (VR) im Business-Coaching (BC) zur Personalentwicklung eingesetzt werden kann und ob der Einsatz von Künstlicher Intelligenz (KI) beim BC den Coach ergänzt oder ersetzt in der zukünftigen Arbeitswelt aufgrund der fortschreitenden technologischen Entwicklungen. Daraus ergibt sich die forschungsleitende Fragestellung dieser Abhandlung:

Ist in der zukünftigen Arbeitswelt Business-Coaching in Virtuellen Realitäten einsetzbar, als Ganzes oder in Teilen und wird dies durch Menschen und/oder Maschinen durchgeführt?

Die in die Zukunft gerichtete Frage hat die Perspektive einer sozialwissenschaftlichen Prognose. Interviews sind dabei ein

---

[1] Verfügbar am 12.09.2019 unter https://epicsave.de/
[2] Verfügbar am 12.09.2019 unter http://www.social-augmented-learning.de/projektinformationen/#SVL2020
[3] Verfügbar am 12.09.2019 unter http://www.empat-projekt.de/

zentrales Instrument zur Generierung von Daten in der qualitativen Sozialforschung. Eine verbreitete und beliebte Form ist die Expertenbefragung in Form von Einzelinterviews, bei der man sich das spezifische Wissen aus dem beruflichen Kontext der Personen zunutze macht. (Bachleitner, Weichbold & Pausch, 2016, S. 37 ff) Die Empirie legt den Fokus auf VR. Verwandte Themen wie Augmented Reality oder andere von KI gesteuerte Assistenzsysteme werden erwähnt, fließen aber nicht in die Evaluation und Zusammenfassung mit ein. Das Untersuchungsdesign wurde in Anlehnung an Armin Töpfer in Töpfer (2012), das Vorgehen nach Sandra Wassermann in Niederberger und Wassermann (2015) entworfen.

Das Prognoseziel ist die Beantwortung der forschungsleitenden Fragestellung in Hinblick auf Aussagen zum Zeitraum des Eintretens, des voraussichtlichen Weges und der Abhängigkeit von Rahmen- und Randbedingungen, sowie der Beschreibung von möglichen Zukunftsszenarien. (Bachleitner, Weichbold & Pausch, 2016, S. S 91f)

Zuerst widmet sich der Beitrag im zweiten Kapitel der Komplexität der Arbeitswelt durch die beschriebenen grundlegenden Veränderungen. Die Bewältigung durch individuelle Kompetenzentwicklung und deren Erlangung durch mediengestütztes betriebliches Lernen steht dabei im Vordergrund. Im dritten Kapitel werden die medialen Voraussetzungen, Lösungen und Differenzierungen des Lernens im BC aufgezeigt. Eine Beschreibung des Coaching-Prozesses zum Prozess-Lernen folgt beispielhaft nach der Karlsruher Schule für virtuelles Coaching. Das vierte Kapitel befasst sich mit der Geschichte, den Nutzungsvoraussetzungen, aktuellen Einsatzgebieten und Möglichkeiten von VR. Aus den bis dahin gewonnenen Erkenntnissen werden Kriterien zur Anwendung von VR im BC definiert. Das fünfte Kapitel gibt den Weg von der Planung, über die Durchführung bis zur inhaltlichen Analyse der geführten Experteninterviews wieder, um im sechsten Kapitel eine Antwort auf die forschungsleitende Fragestellung in der Zusammenfassung und dem Ausblick zu geben unter Berücksichtigung der definierten Kriterien.

2. Komplexität und Arbeitswelt

Unternehmen agieren heute in einem Umfeld, das von einer hohen Dynamik, permanentem Wandel und hoher Komplexität geprägt ist. Dieser anhaltende Transformationsprozess bedingt eine schnelle und ständige Anpassungsfähigkeit und zeigt Grenzen auf in der Steuerungsfunktion von Führungskräften in der Aufbau- und Ablauforganisation des Unternehmens. (Fortmann & Kolocek, 2018, S. 83)

Im Hays HR-Report von 2017 wurden als die drei größten organisatorischen Herausforderungen in der Digitalisierung das Managen von zunehmender Komplexität in der Kooperation, die Anpassung der Führungskultur an flexible Arbeitsmodelle und die Entwicklung neuer Vernetzungsformen ermittelt. Die Studie weist zudem auf Handlungsbedarf bei der Kompetenzentwicklung, bei der Flexibilität und Veränderungsbereitschaft, als auch bei der Fähigkeit mit Komplexität und Unsicherheit umzugehen hin. (Eilers et al., 2017, S. 3ff) Wie kann also die zunehmende Komplexität auf organisationaler und individueller Ebene bewältigt werden?

Bewältigung von Komplexität

Damit ein Unternehmen wettbewerbsfähig bleibt, muss es agil werden, lernwillig sein und sich laufend neue Kompetenzen aneignen. Dabei ist wichtig, zu verstehen, dass es um eine ständig lernende, sich adaptierende und innovierende Unternehmung geht, die interdisziplinär und crossfunktional arbeitet und neue Anforderungen an den Erwerb relevanter Kompetenzen stellt. (Fortmann & Kolocek, 2018, S. 359ff)

Eine Unternehmung setzt sich grundsätzlich aus Menschen mit verschiedenen Rollen und Aufgaben zusammen, die diese Agilität und Lernbereitschaft besitzen sollten. Aus diesem Grund wird im weiteren Verlauf auf die Menschen, bzw. Mitarbeiter einer Organisation und deren individuelle Kompetenzentwicklung eingegangen im Kontext der Bewältigung von Komplexität.

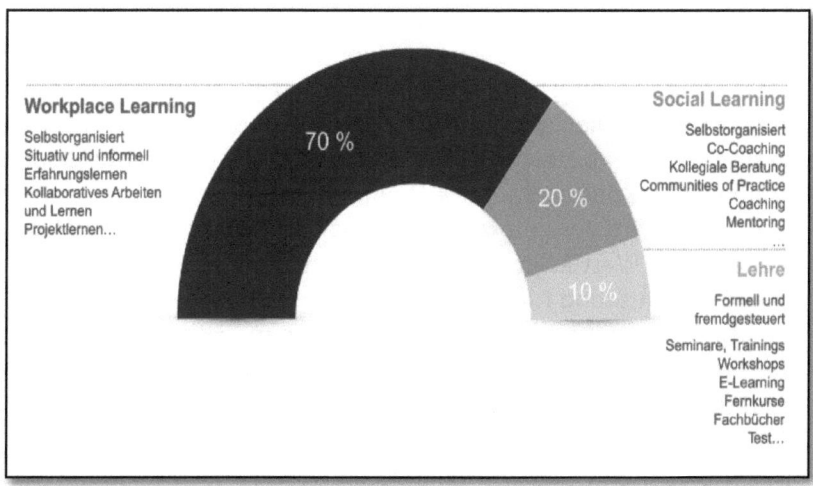

Abb. 1: 10:20:70-Regel des betrieblichen Lernens
Sauter, Sauter & Wolfig, 2018, S. 188

Kompetenzen sind eine Sammlung von Befähigungen, die eine Person in die Lage versetzt, in konkreten Situationen erfolgreich, selbstorganisiert und in Interaktion mit anderen zu handeln. (Hillebrand, 2018, S. 27)

Siebzig Prozent des betrieblichen Lernens ist Erfahrungslernen in der Praxis, zwanzig Prozent werden durch Lernpartner, Führungskräfte, Coaches und Mentoren initiiert und nur zehn Prozent finden als formelles Lernen in Seminaren oder durch E-Learning statt. (Sauter, Sauter & Wolfig, 2018, S. 187)

Das arbeitsbezogene und soziale Lernen kann gemäß Abb. 1 dabei selbstorganisiert stattfinden, was gemäß Hillebrand einen größeren Kompetenzgewinn mit sich bringt. Welche didaktischen Ansätze und Lehr-Lern-Prinzipien betriebliches Lernen für das individuelle, selbstorganisierte Lernen zur Kompetenzentwicklung enthalten sollte, betrachten wir im Folgenden.

Lehr-Lern-Prinzipien

Mitarbeiter benötigen in einer zunehmend digitalisierten Arbeitswelt Handlungsanker, die ihnen grundlegende Orientierung geben in der Bewältigung von Komplexität. Deshalb gewinnen Werte und ihre Entwicklung immer mehr an Bedeutung. Wertehaltungen, die Arbeits- oder Lebensprobleme lösen, verankern sich tief in den Emotionen des Mitarbeiters und motivieren ihn zu weiterem Kompetenzaufbau. Dieser Kompetenzaufbau wird als Social Workplace Learning (SWL) bezeichnet, der eine agile Mitarbeiterentwicklung ermöglicht. (Sauter, Sauter & Wolfig, 2018, S. 239f)

Dabei wird der Lernrahmen für den Lernenden individuell gestaltet. Ein Werte- und Ermöglichungsrahmen bietet grundlegende Orientierung für das eigene Handeln innerhalb der Organisation. Didaktische und methodische Ansätze fixieren sich auf den individuellen, selbstorganisierten Lern-Prozess zur Aneignung von Wissen und Kompetenzen. (Erpenbeck, Sauter & Sauter, 2016, S. 2f)

SWL findet in der Vernetzung von Menschen statt und erfordert somit Kooperationskompetenzen der Beteiligten zum kollaborativen Lernen. Kooperation benötigt gleiche Ziele, Vertrauen, Reziprozität, Transparenz, Aufmerksamkeit, Emotionen und einen konstruktiven Umgang mit unterschiedlichen Meinungen, Kompetenzen und Erfahrungen. (Robra-Bissantz & Siemon, 2019)

Der Mensch lernt jedoch entlang der Anforderungen, die an ihn gestellt werden, um ein unökonomisches Vorratslernen zu vermeiden. So ist es für den Lernerfolg und die Stimulierung der Such- und Lernprozesse wichtig, dass die Herausforderungen möglichst real sind und die lernende Person persönlich betreffen. Auch die Dringlichkeit, Relevanz und Sinnhaftigkeit müssen sich dem Lernenden dabei erschließen. (Covarrubias Venegas, Thill & Domnanovich, 2018, S. 392)

Neue Lernformen wie Agiles Sprintlernen (Korge, Jungclaus & Bauer, 2018) oder Lernsysteme, die es den Mitarbeitern ermöglichen, direkt im Prozess der Arbeit unabhängig von Ort und Zeit und nach individuellem Bedarf zu lernen sind die daraus folgende Konsequenz. (Erpenbeck, Sauter & Sauter, 2016, S. 6) Wechselnde Perspektiven dieser neuen Lernformen und Lernsysteme durch verschiedene Methoden und Medien ermöglichen das Angebot von vielfältigen Lernoptionen. Damit wird besser auf die Lebenswelten und Inhalte der Lernenden eingegangen, was wiederum zu selbstgesteuertem und selbstorganisiertem Lernen motiviert. (Schäfer, 2017, S. 121)

Zusammenfassend sind also orientierungsgebende Handlungsanker und ein definierter Lernrahmen sowie reale Herausforderungen, die relevant, dringlich und sinnhaft sind, entscheidende Voraussetzungen für einen individuellen oder kollaborativen und selbstgesteuerten ökonomischen Lernprozess.

Im Zeitalter der Digitalisierung lernen die Mitarbeiter zunehmend digital. Speziell über den Einsatz digitaler Medien werden der Umgang mit Wissen im Arbeitsprozess einerseits und der Aufbau von Wissen durch die Gestaltung von Lehr- und Lernumgebungen andererseits zunehmend miteinander verzahnt. (Tippelt & Hippel, 2018, S. 1533)

Einsatz von Medien zum Lernen

Die 13. Trendstudie mmb Learning Delphi vom Herbst 2018 beschäftigt sich mit der Frage von Trends beim digitalen Lernen in den nächsten drei Jahren. Dazu wurden 65 Expertinnen und Experten aus Deutschland, Österreich und der Schweiz befragt. 60 Prozent der Befragten sagten, das digitale Sprachassistenten wie Alexa, Cortana oder Siri in den kommenden Jahren eine zentrale Lernform sein werden. 72 Prozent der Befragten rechnen damit, dass informelle niedrigschwellige Lernformen beim Lernen im Unternehmen eine wichtige Rolle spielen werden. Dazu gehören Blended-Learning mit 97 Prozent, Videos, bzw. Erklärfilme mit 94 Prozent, Micro-Learning mit 93 Prozent, mobile Anwendungen mit 89 Prozent und virtuelle Klassenräume mit 86 Prozent zur Spitzengruppe. Deutlich gesteigert hat sich das Interesse an immersiven 3D-Lerntechnologien wie Virtual Reality (VR) mit 37 Prozent, Augmented Reality (AR) mit 42 Prozent und Simulationen mit 53 Prozent. (mmb Institut, 2019)

Mobile Anwendungen spielen im Kontext des SWL eine zunehmend wichtige Rolle, indem sie die Möglichkeit der Kommunikation und Information an den Arbeitsplatz bringen und beschleunigen. So ist die Verbindung von Mobile- und Micro-Learning mit dem externen Internet oder innerbetrieblichen Intranet die Grundlage für die zukünftige Kompetenzentwicklung im Netz. (Erpenbeck & Sauter, 2015, S. 24f) Die Vernetzung mit Lernpartnern oder Experten zum Austausch über Lerninhalte erfolgt über soziale Netzwerke, wie z. B. die in der Trendstudie erwähnten virtuellen Klassenzimmer. (Erpenbeck, Sauter & Sauter, 2016, S. 6)

Digitales Lernen erfolgt über tertiäre Medien, bei dem sowohl der Sender als auch der Empfänger ein technisches Gerät verwendet. Dazu gehört die technische Infrastruktur, wie z. B. das Netz bzw. Internet, Trägermedien wie der Computer oder das Smartphone und mediale Modi[4], zwischen denen, ohne ein anderes Medium zu verwenden, fließend gewechselt werden kann. Damit handelt es sich bei Medien nicht um technische Artefakte, sondern bedeutungsvolle Objekte, mit denen wir umgehen, sie benutzen und diesen, je nach Gebrauch, einen Stellenwert für uns geben. (Höflich, 2016, S. 41f) Sie sind bedeutungsgenerative Projektionsflächen, die nicht nur die objektive Realität, sondern die lebens- und kulturgeschichtlich bedingte Realitätsvorstellung, die Gefühle, Einstellungen und Überzeugungen des Nutzers spiegeln. (Geißler in Wegener, Loebbert & Fritze, 2014, S. 136) Auf neue Arbeitsformen und die große Verbreitung mobiler Medien reagieren Unternehmen. Im Trendmonitor 2019 der School for Communication and Management (SCM) wurden 251 Leiter und Mitarbeiter der Kommunikationsabteilungen von Unternehmen unterschiedlicher Größe zur internen Kommunikation befragt. (SCM, 2019, S. 28f) Die Ergebnisse bestätigen die Herausforderungen der Organisationen in Bezug auf die Entwicklung neuer Vernetzungsformen.

Die in der 13. Trendstudie erwähnten 3D-Lerntechnologien spielen ebenfalls zunehmend eine Rolle. So kommen neben den bereits erwähnten Anwendungen z. B. beim Automobilhersteller BMW[5] oder bei Siemens[6] VR in der Ausbildung zum Einsatz. Die Audi AG hat ihr Budget für Weiterbildungsmaßnahmen bis zum Jahr 2025 auf eine halbe Milliarde Euro aufgestockt, um ein digi-

---

4 z. B. mediale Modi wie E-Mail, Web-Browser, Musikplayer oder Videoplayer auf dem Smartphone
5 Verfügbar am 12.09.2019 unter https://www.press.bmwgroup.com/deutschland/article/detail/T0291763DE/berufsausbildung-4-0-%E2%80%93-azubis-auf-dem-weg-in-die-zukunft?language=de
6 Verfügbar am 12.09.2019 unter https://www.marktspiegel.de/erlangen/c-lokales/neues-siemens-ausbildungzentrum-eingeweiht_a24428

tales VR-Lern-Öko-System aufzubauen[7]. Was das Besondere an dem Medium VR ist und diese Entwicklungen antreibt, wird im Kapitel 4 behandelt.

Aufgrund des aufgezeigten Trends zum digitalen Lernen mit mobilen bedeutungsvollen Objekten muss sich Coaching im Business-Kontext diesen medialen Gegebenheiten stellen.

3. Mediales Business-Coaching

Traditionelle Medien im (Business-)Coaching haben eine Basis- und eine Anreicherungsfunktion. Die Basisfunktion bezieht sich auf die grundlegende Verständigung zwischen Coach und Coachee. Sie benötigt ein kommunikationstechnisches Medium und eine methodische Struktur dieses Mediums. Diese Basiskommunikation kann zusätzlich durch den Einsatz von medial vermittelten methodischen Werkzeugen angereichert werden, um bestimmte Absichten zu verfolgen. Mithilfe von Audio- und/oder Videoübertragung, Avatar-basierter Kommunikation, synchronem oder asynchronem Text-Chat ist es inzwischen möglich, die traditionell durchgeführte Basiskommunikation im Coaching zu virtualisieren und Face-to-Face-Coaching in Distanz-Coaching zu transformieren. Diese Coaching-Modalität hat in den letzten Jahren stark an Umfang und Bedeutung zugenommen. (Wegener, Loebbert & Fritze, 2014, S. 140f)

Bevor Konzepte und Methoden für die Basis- und Anreicherungsfunktionen mit modernen Medien betrachtet werden, ist es wichtig, den generellen Lernprozess im BC zu verstehen.

Lernen im Business-Coaching

Wie bereits weiter oben ausgeführt, lernt der Mensch individuell und ökonomisch entlang der Anforderungen, die an ihn in seinem Arbeitsumfeld gestellt werden. In Bezug auf das Lernen von Individuen lassen sich drei Ebenen unterscheiden:

---

[7] Verfügbar am 12.09.2019 unter https://www.automobilwoche.de/article/20180912/NACHRICHTEN/180919928/vom-medienstudio-bis-zum-vr-labor-audi-testet-lernen-der-zukunft

- Anpassungslernen. Man spricht dabei auch von Single-loop-Lernen, bei dem die Effizienz im Vordergrund steht.
- Veränderungslernen. Hier spricht man auch von Double-loop-Lernen, bei dem die Effektivität im Vordergrund steht.
- Prozess-Lernen. Diese Ebene wird auch als Deutero-Lernen bezeichnet. Im Vordergrund steht die Erhöhung der Lernfähigkeit. (Backhausen & Thommen, 2017, S. 4)

Für das Anpassungslernen benötigt man ein Experten-Coaching, in welchem bestimmte Fertigkeiten zur Erreichung von Resultaten oder Zielen vermittelt oder geübt werden. Veränderungslernen erfordert ein Prozess-Coaching, in welchem der Coach keine konkreten Handlungsempfehlungen gibt, sondern die Problemlösungsfähigkeit des Coachees gestärkt wird. Letztlich geht es um eine Hilfe zur Selbsthilfe. (Backhausen & Thommen, 2017, S. 4ff)

Die Differenzierung macht deutlich, dass mit einem Experten-Coaching vor allem das Single-loop-Lernen verbessert wird, während mit dem Prozess-Coaching das Double-loop-Lernen und Prozess-Lernen unterstützt wird, um Handlungsmuster zu lernen und zu verlernen. (Ebd., S. 181)

Neben den Fach-, Methoden-, Sozial- und Selbstkompetenzen definiert Thommen die Systemkompetenz und Wahrnehmungsstrukturierungskompetenz, die sich Führungskräfte aneignen sollten. Diese Kompetenzen zu entwickeln, bleibt in erster Linie dem systemisch-konstruktivistischen Prozess-Coaching vorbehalten. (Backhausen & Thommen, 2017, S. 180)

Unterstützung durch Medien

Moderne Medienbausteine im (Prozess-)Coaching sind
- didaktisch vorstrukturierte nicht interaktive Medien, wie Dokumente, Bilder oder Videos,
- didaktisch offene interaktive Medien, wie asynchron oder synchron erstellte Texte, Audio- und Videoaufnahmen, sowie Visualisierungen und Zeichnungen und
- didaktisch vorstrukturierte interaktive Medien wie vorgegebene Coaching- oder Testfragen, die Nutzung oder Modifizie-

rung von digitalen Fotos, Visualisierungen und Zeichnungen, sowie gestaltungsfähige virtuelle Welten mit und ohne Avatare.

Diese können sowohl bei der Kommunikation zwischen Coach und Coachee als auch beim Selbst-Coaching eingesetzt werden. (Geißler & Metz, 2012, S. 144ff)

Die Medien des Präsenz-Coaching, also des Coachings in einem Raum, in dem Coach und Coachee präsent sind und das Distanz-Coaching über E-Mail, Chat und Textnachrichten haben abgenommen, während das audiovisuelle Distanz-Coaching über das Netz stark zugenommen hat. (Sherpa Coaching LLC, 2019, S. 10) Für die Zukunft kann daher erwartet werden, dass Coaching über Raum und Zeit hinweg in bestimmten Kontexten wie z. B. dem Distanz-Coaching stark zunehmen wird und verschiedene Formen von Blended-Coaching deutlich an Bedeutung gewinnen, während das Präsenz-Coaching weiter zurückgeht. (Bachmann & Fietze, 2018, S. 283ff). Dieser Wandel könnte dazu führen, dass bei dringlichem, relevantem und ökonomischem Bedarf die Führungskräfte und Mitarbeiter den Aufbau und Ausbau ihrer Kompetenzen durch ein Blended-Coaching oder Prozess-Coaching in Zukunft mobil abdecken.

Moderne Coaching-Problemlösungsmedien unterstützen den Coachee bei der problemaufklärenden und -lösenden Bearbeitung seines Themas oder Anliegens, indem sie ihn von der unmittelbaren Führung des Coaches unabhängiger machen und damit seine Eigenständigkeit stärken. Zum einen wird diese Unterstützung in Form von Selbst-Coaching außerhalb des geschützten Coaching-Raums und zum anderen innerhalb dieses Raums angeboten. (Heller, 2018, S. 20)

Der Coach muss deshalb in der Lage sein, den Lern- und Coaching-Prozess abhängig von Form und Medium aktiv zu steuern.

Konzepte und Methoden

In der Coaching-Literatur werden verschiedene Konzepte und Modelle zur Steuerung von Coaching-Prozessen beschrieben, die sich in der Gestaltung des Prozesses, der Art und Weise, wie die Begegnung im Coaching-Gespräch gestaltet wird und den gewählten Interventionen unterscheiden. (Berninger-Schäfer, 2018, S. 61)

In der Karlsruher Schule wird ein Coaching-Ablauf umgesetzt, gelehrt und erforscht, der sowohl Face-to-Face als auch über das Netz durchgeführt werden kann. Dahinter steht ein Konzept, das die Bedingungen und Vorgehensweisen beschreiben, wie ein Coachee von einer zu verändernden themenoffenen Ist-Situation in eine erwünschte Ziel-Situation begleitet werden kann, wie z. B. das Lösen eines Problems.

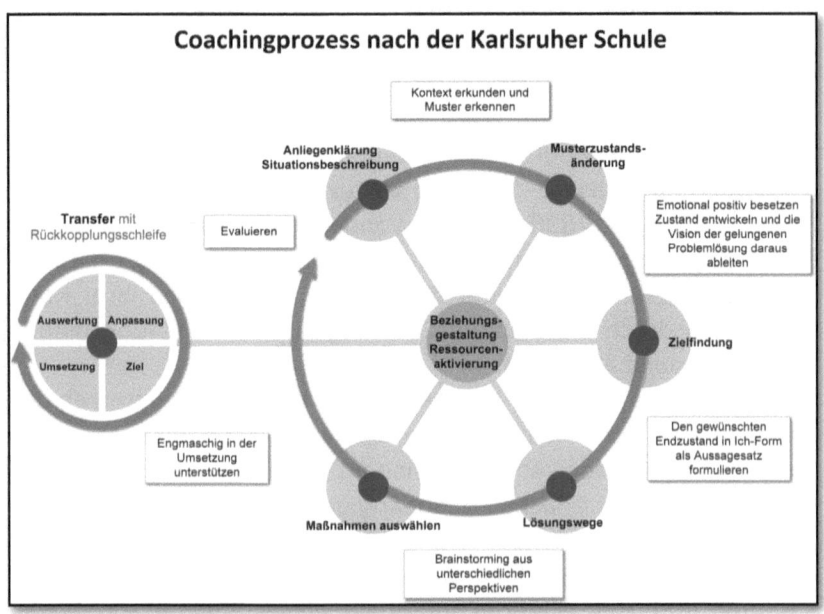

Abb. 2: Coachingprozess nach der Karlsruher Schule
Eigene Darstellung in Anlehnung an Berninger-Schäfer 2018, S. 81

Nach der Kontaktaufnahme und der Erstellung des Coaching-Kontrakts finden die vereinbarten Coaching-Einheiten in Form des in Abb. 2 dargestellten Coaching-Prozesses statt. (Berninger-Schäfer, 2018, S. 68ff) Dieser Coaching-Prozess und das damit verbundene Prozess-Lernen bestehen aus fünf Prozessschritten und einem Subprozess für den Transfer. Bei dem in Abb.

2 im Kreis oben links dargestellten Punkt „Anliegenklärung" und „Situationsbeschreibung" beginnt der Prozess. Zur Herausarbeitung des Themas und der Fragestellung des Coachee dient die Anliegenklärung. Erschließt sich das Anliegen nicht unmittelbar, erfolgt der Einstieg über eine Situationsbeschreibung und die damit verbundene Selbstreflexion des Coachees. Durch förderliche, empathische und wertschätzende Anregungen des Coaches, gemeinsame Strukturierung und ggf. Visualisierung soll die Situation beleuchtet und dadurch das eigentliche Anliegen geklärt werden. Im Uhrzeigersinn folgt in Abb. 2 danach der Prozessschritt der „Musterzustandsänderung"[8]. In dieser Phase soll die Selbstwirksamkeit des Coachees gezielt gestärkt und eine Veränderung der Befindlichkeit eingeleitet werden. Die kognitive, emotionale und psychologische Verfassung oder das Muster, das aus der Situation, dem Dilemmata, dem Problem oder Konflikt entstanden ist, wird zu einem ressourcenaktivierenden Lösungsverhalten oder Muster verändert.

Dies wird durch innere Ressourcen, wie früheres Lösungsverhalten oder äußere Ressourcen wie das Betrachten wohltuender Landschaften, wertschätzenden Rückmeldungen, dem Lenken auf Stärken und hilfreichen Bedingungen unterstützt. Nach erfolgter Musterzustandsänderung befindet sich der Coachee in einer positiven Verfassung, die Voraussetzung für den nächsten Prozessschritt ist, der „Zielfindung". Es werden Ziele möglichst konkret abgeleitet, um die prinzipielle Realisierbarkeit sicherzustellen. Zu den einzelnen Zielen dient ein Lösungsbrainstorming, bei dem der Coach einen weiten Raum von Möglichkeiten und unterschiedlichen Perspektiven für „Lösungswege" eröffnet ohne Bewertungen und vorschnelle Zensur. Im nächsten Prozessschritt der „Maßnahmen auswählen" werden aus der Menge der gefundenen Ideen für den Coachee attraktive, terminierbare und durchführbare Umsetzungsmaßnahmen ausgewählt. Die Umsetzung, bzw. der Transfer der ausgewählten und geplanten Maßnahme im Alltag wird vom Coach durch eine engmaschige Unter-

---

[8] Weitere Details zu Mustern und Musterzustandsänderungen und die damit verbundenen Wirkfaktoren in Berninger-Schäfer (2018)

stützung begleitet und hilfreiche als auch hindernde Bedingungen ausgewertet beim „Evaluieren".

Transfer ist ein wesentlicher Wirkfaktor im Coaching. Durch Rückkopplungsschleifen können notwendige Anpassungen der Ziele und Maßnahmen an die aktuelle Situation vorgenommen werden. Dieser Transfer mit einer Rückkopplungsschleife ist in Abb. 2 auf der linken Seite als weiterer Prozess dargestellt. In diesem Subprozess findet permanent eine Evaluation statt. Dabei werden die Umsetzungserfahrungen und die Nützlichkeit des Vorgehens in der Coaching-Einheit ermittelt. Als generelle prozessbegleitende Voraussetzungen sind Beziehungsgestaltung und Ressourcenaktivierung in der Mitte der Grafik dargestellt. (Berninger-Schäfer, 2018, S. 61, S. 81f)

Die Coaching-Einheit mit dem geschilderten Prozesskreis nach der Karlsruher Schule sind Bestandteile der Online-Coaching-Plattform CAI® World[9]. Diese computergenerierte Umgebung mit diversen Medienbausteinen und einem systemisch-konstruktivistischen Prozess-Coaching zum Lernen und Verlernen von Verhaltens- und Denkmustern ergeben ein beispielhaftes Konzept für digitales Lernen im Arbeitsprozess und als ein möglicher Lernrahmen für SWL.

Um die Lernbereitschaft zu fördern und die Vielzahl individueller Bedürfnisse der Lernenden im anhaltenden Transformationsprozess abzubilden, ist das Medium VR für die Zukunft besonders geeignet.

4. Das Medium Virtuelle Realität

Die Bedeutung von Virtueller Realität (VR) bezeichnet Jaron Lanier, einer der Pioniere dieser Medientechnik als simuliertes neues Grenzland, das mit seiner Großartigkeit an das Zeitalter der Entdeckungen oder des Wilden Westens erinnert. (Lanier, 2018, S. 17, S. 69ff)

---

[9] Verfügbar am 12.09.2019 unter https://www.cai-world.com/

Geschichte und Einsatzgebiete

VR ist nicht im Bereich der Kunst oder des Entertainments, sondern im Rahmen militärischer und ziviler Flugsimulatoren entstanden. Die Geschichte der Simulatoren begann 1945 als interaktive Technologie durch eine Überschneidung mit der Geschichte der digitalen Computer, die 1938 ihre Anfänge nahm. (Schröter, 2004, S. 71)

Erst um 1989 fand VR mit einer von der kommerziellen Entertainment-Industrie geprägten Linie der massenmedialen Fiktion den Weg in die Öffentlichkeit. Lanier mit seiner Firma VPL Research (VPL) stellte zu dieser Zeit das erste kommerziell erhältliche VR-System her. (Schröter, 2004, S. 214ff)

2012 begann der zweite VR-Hype mit einer über Crowdfunding finanzierten Entwicklung des Studenten Palmer Luckey, der 2013 die erste öffentliche Entwickler-Version der VR-Brille *Oculus Rift* auf den Markt brachte. (Bruns, 2015, S. 42ff) Neueste High-End-VR-Brillen wie z. B. die *Oculus Quest* sind All-in-One-Systeme, die nur noch aus einem VR-Headset und Controllern bestehen.

Voraussetzungen und Möglichkeiten

Die Inhalte der virtuellen Umgebung werden von technologischen Kombinationen generiert, die es Menschen ermöglichen, reale Objekte, Umgebungen und Prozesse mittels der Abbildung in komplexen Daten grafisch zu verarbeiten und zu visualisieren. Die Prozesse werden durch Simulationen abgebildet und bieten Möglichkeiten der Manipulation und Interaktion über verschiedene technische Schnittstellen. (Rollwagen, 2008, S. 122ff)

Die Interaktion in einem virtuellen dreidimensionalen Raum kann dabei über einen Repräsentanten erfolgen, der als Avatar bezeichnet wird. Dieser wird durch einen menschlichen Nutzer in einer computergenerierten Umgebung kontrolliert bzw. gesteuert. (Geißler & Metz, 2012, S. 122)

Eine andere Form von Repräsentanten sind virtuelle Agenten, die als autonome oder halbautonome Charaktere realistische Interaktionen mit einem Benutzer durchführen können. Sie bilden den neuesten Stand der Technik und können Gesten, Körperbewegungen und Blicke des Benutzers registrieren und in Echtzeit sowohl verbale als auch nonverbale Hinweise generieren, die für eine Kommunikation mit dem Benutzer erforderlich sind. Kurze Gespräche mit einem Benutzer ohne menschliche Kontrolle können von autonomen Agenten geführt werden. Das System speist die registrierten Interaktionen des Benutzers in ein KI-Modell ein und liefert entsprechende Ausgaben, die wiederum in Sprachen und Gesten übersetzt werden. (Pan & Hamilton, 2018, S. 403f)

KI bezeichnet im Allgemeinen das Vorhaben, menschenähnliche Intelligenz zu schaffen. Die Fachwelt unterscheidet dabei zwischen schwacher und starker KI. Bei einer schwachen KI lösen Algorithmen einzelne Aufgaben des Menschen und simulieren dabei Intelligenz. Die starke KI beschreibt einen Zustand, bei der Maschinen eine vergleichbare intellektuelle Fertigkeit wie Menschen haben und über ein Bewusstsein verfügen. Die Realisierung von starker KI wird aber vielfach auf absehbare Zeit angezweifelt. (Wittpahl, 2019, S. 222f)

Soziale und emotionale Sensitivität kann inzwischen durch KI-Systeme abgebildet werden, wie das bereits erwähnte Projekt EmpaT oder das Trainingssystem PARLEY[10] zeigt.

Kriterien zur Anwendung im Business-Coaching

Aus der empirischen Fundierung ergeben sich folgende Kriterien zur Anwendung von BC in einer VR.
1. Bereitstellung eines Werte- und Ermöglichungsrahmens durch die Organisation.
2. Individualisierung durch Unterstützung von diversen Bedürfnissen wie Unabhängigkeit von Raum und Zeit, unterschiedlichen Sprachen, Gender, Kulturen und Ethnien.
3. Interaktionen mit High-End-VR-Brillen unter Berücksichtigung der lebens- und kulturgeschichtlich bedingten Realitätsvorstellungen, Gefühle, Einstellungen und Überzeugungen mit medial vermittelbaren Hilfsmitteln wie Medienbausteine zur methodischen Unterstützung.

---

[10] Verfügbar am 12.09.2019 unter https://www.dfki.de/web/forschung/projekte-publikationen/publikationen/publikation/10331/

4. Inhalte mit niederschwelligen kurzen Lerneinheiten in Verbindung mit einem unmittelbaren Feedback in Form von Simulationen zum Selbst-Coaching, als Einzelarbeit zusammen mit einem Coach oder als Gruppenarbeiten mit Lernpartnern und/oder einem Coach unter Zuhilfenahme von medial vermittelten methodischen Tools.
5. Kompetenzen des Coaches in Form von kommunikativen, technischen und methodischen Prozessgestaltungskompetenzen sowie der Urteilsfähigkeit, wie nützlich und fachlich sinnvoll die einzelnen Medienbausteine für den spezifischen Einsatz sind.

Diese Kompetenzen beziehen sich nicht ausschließlich auf VR, werden gleichwohl dort zur Anwendung benötigt.

Es gibt mit Sicherheit noch weitere Kriterien und Rahmenbedingungen, die aber im Rahmen dieser Arbeit nicht behandelt werden konnten.

Für die ausstehende Bewertung, wie VR im Rahmen von BC in der zukünftigen Arbeitswelt verwendet werden kann, folgt eine empirische Untersuchung für das zweite, dritte und vierte aufgelistete Kriterium im Kontext von VR. Die anderen beiden Kriterien müssten in einer gesonderten Forschungsarbeit betrachtet werden.

5. Evaluation der Anwendbarkeit

Die Evaluation der Anwendbarkeit von VR im BC der zukünftigen Arbeitswelt berücksichtigt somit ausschließlich die Interaktionsmöglichkeiten, Individualisierungsmöglichkeiten und inhaltlichen Gestaltungsmöglichkeiten im arbeitsbezogenen Lern-Prozess.

Konzept und Aufbau

Das Sampling der Experten für die Interviews orientierte sich an der Forschungsfrage und dem empirischen Material (Bogner, Littig & Menz, 2014, S. 34ff) Das Erkenntnisinteresse lag im speziellen bei der von der Personalentwicklung angestrebten Befähigung der Mitarbeiter zum selbstorganisierten digitalen Lernen.

Die didaktische und methodische Gestaltung in medientechnischen VR-Systemen kommt als weitere Perspektive hinzu.

Die Vorgehensweise zur Festlegung der Analyseeinheiten bis zum Beginn der qualitativen Analyse der Kategorien orientierte sich an dem Modell von Mayring und Fenzl (2019) und erfolgte computerunterstützt. Nach Abschluss der deduktiven Analyse wurden alle Experteninterviews nochmals induktiv analysiert in den Textbereichen, die keiner Kategorie bisher zugewiesen waren.

Bei den Experten gab es unterschiedliche Deutungen von Begriffen, die wichtig für die Abgrenzung des Themas in der Forschungsarbeit sind. Abb. 3 zeigt die notwendige Differenzierung zwischen Virtualität (V) und Virtueller Realität (VR) und dem Einsatz von virtuellen Verkörperungen. Der Begriff der Virtualität umschreibt eine Informations- und Kommunikationstechnologie vom Chat bis zur komplexen 3D-Welt. (Bendel, 2016, S. 235) Unter dem Begriff Virtuelle Realität versteht man die Computersimulation von Objekten und Räumen oder eines gedachten, fiktionalen Seins. (Bendel, 2016, S. 236) Dieses fiktionale Sein in Räumen erfordert jedoch eine technische, physikalische und mentale Immersion. Bei der Verwendung des Begriffs Virtuelle Welt ist daher immer der Bezug zu VR oder V notwendig, weil sich diese Welten bezüglich der Immersion stark unterscheiden.

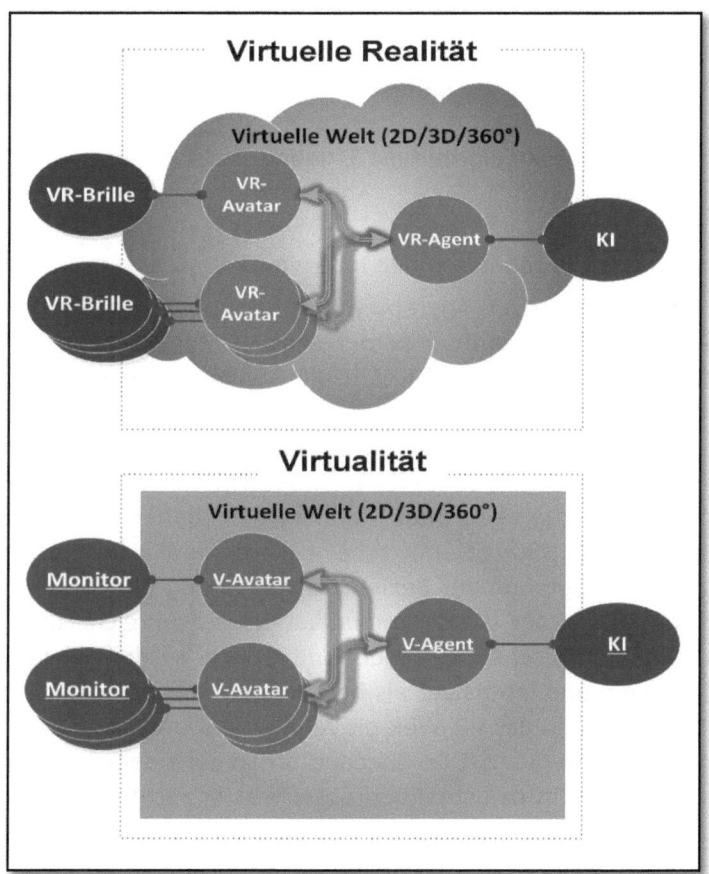

Abb. 3: Virtualität und Virtuelle Realität
Eigene Darstellung

Avatare und Agenten werden in virtuellen Welten sowohl in V als auch VR eingesetzt. Im Kontext der Forschungsfrage bezüglich dem zukünftigen BC in VR mit Maschinen, bzw. KI ist diese Unterscheidung für die Prognose entscheidend. Das Forschungsinteresse liegt auf BC und der damit verbundenen Interaktionen zwischen

- zwei oder mehreren Menschen über die Repräsentation eines VR-Avatars und

- einem oder mehreren Menschen über die Repräsentation eines VR-Avatars und einer oder mehrerer KI's über die Repräsentation eines VR-Agenten.

Unter diesen Vorgaben wurden die Ergebnisse der Interviews differenziert ausgewertet.

Auszüge aus den Ergebnissen der Interviews

Im Bereich Computerized Therapy wurde nachgewiesen, dass ein einseitiger Beziehungsaufbau vom Menschen zu einem technischen System möglich ist ([E2], Z.108ff, 404ff), was ein wesentliches Element von Wirksamkeit im Coaching-Prozess darstellt, ([E3], 362ff) bei gleichzeitiger Akzeptanz und Betrachtung von nur teilweise realen Inhalten. ([E4], Z. 393ff) Soziale Interaktionen und soziales gemeinsames Handeln sind daher in der VR möglich. ([E8], Z. 390ff) Somit scheint die generelle prozessbegleitende Voraussetzung der Beziehungsgestaltung und Ressourcenaktivierung bei der Basiskommunikation und Anreicherungskommunikation zwischen Coachee und Coach in der VR-Welt möglich zu sein und intensiver als bei anderen Technologien.

Hilfreich sind in der VR-Welt die Anonymität und das geringe Beziehungsmanagement. Der Coachee öffnet sich dadurch eher und äußert, was ihn belastet, bedrückt, was er nicht kann oder worin er nicht gut ist und wo er sich verbessern möchte. ([E1], Z. 127ff; [E2], Z. 89ff; [E4], Z. 393ff)

VR bietet den Raum, anhand von virtuellen Szenarien selbstständig zu arbeiten und zu lernen mit direktem Feedback. Dieser computergenerierte Stimulus führt zu einem Transfer der Reaktionen und Wirkungen aus dem virtuellen Erleben in die Realität ([E2], Z. 259ff; [E5], Z. 56f, 218f; [E7], Z. 385f; [E8], 175ff; [E9], Z. 41f) Die didaktisch offenen interaktiven Methoden des Perspektivwechsels, der Perspektivübernahme oder Teleportation an andere Orte können genutzt werden. ([E1], Z. 37ff, 91f; [E4], Z. 64ff) Auch soziale Interaktionen in verschiedenen Identitäten und Situationen sind möglich. ([E4], Z. 73ff) Dies kann in Möglichkeitsräumen zum sich ausprobieren, in Schutzräumen für die persönliche Unversehrtheit oder in Schonräumen zum Entwickeln von Fähigkeiten und Fertigkeiten stattfinden. ([E3], Z. 75f; [E4], Z. 129ff, 209f; [E5], Z. 19ff, 212f;)

Der starke Fokus auf visuelle Reize bringt für Menschen mit Sehschwäche oder Sehbehinderung hohe Einschränkungen bei der Verwendung mit sich. Alternative ausschließliche Audio-Präsentation sind eingeschränkt. ([E7], Z. 91ff, [E7], Z. 295ff, 366f; [E3], Z. 207f, 216f, 274ff; [E9], Z. 244ff)

Es gibt kabellose High-End-VR-Systeme wie die Oculus Quest. Diese haben aber eine Akkulaufzeit von zwei bis drei Stunden und eine Ladezeit von knapp zwei Stunden[11], was bei einer intensiven Nutzung unerwünschte Wartezeiten beim Einsatz zur Folge hat. Zudem widerstreben die am Markt vorhandenen VR-Brillen der Affektiertheit mancher Benutzer und die technische Datenerfassung und Interaktionserkennung ist ausbaufähig. ([E7], Z. 104ff; [E8], Z. 728f).

Abgesehen von den dargestellten Einschränkungen ist es das Medium mit den geringsten Transferverlusten von Virtualität zur Realität und ermöglicht damit nachweislich die Veränderung menschlichen Verhaltens. ([E7], Z. 65f; [E8], Z. 164ff)

Eine Auswertung für den Coach oder ein direktes Feedback für den Coachee ist ebenso durch technische Mess- und Nachverfolgungsmöglichkeiten aller Interaktionen umsetzbar. Der Entwicklungsfortschritt des Coachees und die Evaluation des Coaching-Prozesses werden damit ermöglicht ([E2], Z. 251ff; [E7], Z. 151ff, 183f)

Bei einer KI-Unterstützung spielen Tageszeiten und Zeitzonen keine Rolle mehr. Der Coachee kann seine Lernprozesse individuell in den eigenen Tagesplan integrieren, wenn diese Art des Coachings Akzeptanz findet im Unternehmen und beim Coachee. ([E2], Z. 134ff, 369ff; [E9], Z. 279f) Ein weiterer Vorteil ist das sachliche Feedback. Emotionen können standardisiert und gleichförmig gezeigt und wiederholt werden. Das Feedback ist präziser und schneller als bei einem Menschen. ([E4], Z. 119ff, 262f, 321ff) Das Wissen, dass es sich um eine Maschine handelt, bietet weitere Chancen. Vertrauen und eine größere Offenheit entste-

---

[11] Verfügbar am 12.09.2019 unter https://www.vrnerds.de/oculus-quest-im-test-virtual-reality-fuer-die-masse/

hen, wenn man sich einem VR-Agenten anvertrauen kann bei Problemen im Kollegenkreis oder mit Vorgesetzten. Deshalb sollte der Nutzer immer wissen, ob er es mit einem Menschen oder einer Maschine zu tun hat ([E2], Z. 97ff; [E5], Z. 101ff, 177ff; [E6], Z. 314ff).

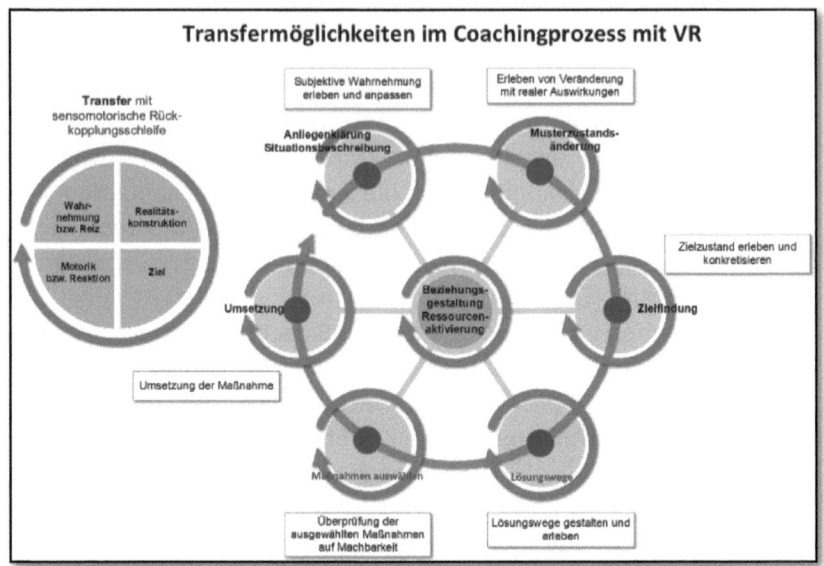

Abb. 4: Transfermöglichkeiten im Coachingprozess mit VR
Eigene Darstellung in Anlehnung an Berninger-Schäfer 2018

Wenn man die Ergebnisse zusammenfasst, kann festgestellt werden, dass der Prozesskreis zum Prozess-Lernen in einer VR theoretisch in Teilen oder als Ganzes möglich ist, wenn die benötigten VR-Inhalte für die notwendige methodische Struktur gestaltet und miteinander verbunden sind. Die enge Kopplung an die sensomotorische Schleife des Menschen bietet dabei große Potenziale für den Transfer im gesamten Lern-Prozess, wie in Abbildung 4 dargestellt.

Dies wäre in allen Phasen von der Anliegenklärung bis zur Umsetzung möglich. Würde der Coachee bei der Umsetzung feststellen, dass die Maßnahme nicht zum Erfolg führt, würde er den Prozess von vorne beginnen. Der Coachee würde dafür keinen physischen

Raumwechsel benötigen und Feedback ohne bemerkbare Latenzen erhalten, was den gesamten Prozess erheblich beschleunigen würde. Ob diese Beschleunigung die Ergebnisqualität des BC verbessert, bleibt offen durch die theoretische Betrachtung.

Der Transfer durch Simulationen mit autonomen oder halbautonomen Assistenzsystemen wäre somit als Anreicherungsfunktion sehr hilfreich und entlastend für den Coach. Die Basisfunktion der grundlegenden Verständigung zwischen Coach und Coachee müssten durch KI-gesteuerte VR-Agenten oder menschengesteuerte VR-Avatare umgesetzt werden. Bei VR-Avataren sind aktuell jedoch soziale Interaktionen aufgrund des ungenügenden sozialen Feedbacks von verkörperten Repräsentanten bedingt möglich. ([E5], Z. 137f; [E7], Z. 276ff) Autonom agierende VR-Agenten für soziale Interaktionen sind eher noch in einem sehr explorativen Stadium, da menschliches Verhalten sehr komplex ist. Daher wird es noch lange viele Grenzen in den Einsatzbereichen geben. ([E7], Z. 139f, 287f)

Grundsätzlich stellt sich beim Einsatz aber die Frage nach dem Mehrwert, der Sinnhaftigkeit, dem Nutzen und den Bedürfnissen der verschiedenen beteiligten Personen, einen menschlichen Coach durch einen KI-gesteuerten VR-Agenten zu ersetzen. ([E9], Z. 336ff, 304ff; [E7], Z. 317ff)

Technisch gesehen wäre eine High-End-VR-Brille wie z.B. die Oculus Quest schon jetzt ausreichend, um ein System zu realisieren, in dem zwei VR-Avatare miteinander interagieren. ([E8], Z. 735ff) Die Erstellung von Inhalten zur sozialen Interaktion von Menschen mit verkörperten VR-Avataren ist ebenfalls möglich. Zudem kann man einem VR-Avatar ein anderes Äußeres geben und damit subjektiven Vorbehalten und Ressentiments in der Wahrnehmung aller Beteiligter entgegentreten. ([E8], Z. 569ff; [E6], Z. 337f) Es ist aber notwendig, die Mitarbeiter im Unternehmen von diesem Medium zu überzeugen, sie damit vertraut zu machen und die benötigte Infrastruktur unternehmensweit bereitzustellen. ([E2], Z. 141ff; [E6], Z. 48ff) Erschwerend kommt hinzu, dass die mit dem Medium verbundenen Nebenwirkungen unbekannt sind und die öffentliche Meinungsbildung ein weiteres Risiko darstellt, wenn sie auf Basis schlechter empirischer Grundlagen erfolgt. ([E7], Z. 27ff; [E6], Z. 84ff; [E9], Z. 354ff; [E8], Z. 697ff)

Deshalb kommt dem engagierten Forschen in dem Bereich eine große Bedeutung zu, um einerseits herauszufinden, welche Nebenwirkungen die Verwendung des Mediums im Prozess-Lernen hat. Andererseits ist die notwendige empirische Fundierung für die gefahrlose Benutzung zu sichern.

6. Zusammenfassung und Ausblick

In der zukünftigen Arbeitswelt sind agile und lernbereite Mitarbeiter gefragt, die fortwährend ihre Kompetenzen entwickeln. Dazu benötigen sie Unterstützung durch einen Coach, der einerseits ihre Ressourcen aktiviert und andererseits sie emotional und inhaltlich bei den Lern- und Entwicklungsprozessen begleitet. VR bietet dabei Möglichkeiten der Individualisierung, Interaktion beim Lernen und einen Lern-Transfer, der so mit anderen Medien nicht in gleicher Weise umsetzbar ist. Das betrifft sowohl die Art und Weise der sozialen Interaktion als auch die Möglichkeit, sich Unbekanntem auf völlig neuen Wegen zu nähern und sich persönliche und berufliche Handlungs-, System- und Wahrnehmungsstrukturierungskompetenzen anzueignen durch digitales Lernen. Dabei sind die Betrachtungen in dieser Arbeit sehr oberflächlich und bedingen einer weiteren vertieften Betrachtung.

Die Frage, ob in der zukünftigen Arbeitswelt BC in VR einsetzbar ist, kann aufgrund der Ergebnisse mit einem klaren „Ja" beantwortet werden, wenn folgende Rahmenbedingungen gegeben sind:

- Ein Werte- und Ermöglichungsrahmen ist definiert, die Medientechnologie wird von der Organisation und dem Coachee akzeptiert,
- die technische Infrastruktur steht zur Verfügung,
- die benötigten VR-Inhalte sind vorhanden,
- die gesetzlichen Vorgaben im Unternehmen in Bezug auf Datenschutz u. ä. sind erfüllt und
- ein Coach mit Kompetenzen für BC in der VR ist verfügbar.

Mit einem allgemein verfügbaren Autorensystem für Dialoge in der VR ist frühestens in fünf bis zehn Jahren zu rechnen, wenn der VR-Hype, der seit zwei bis drei Jahren eingesetzt hat, weiter anhält. Ein Ende ist momentan nicht absehbar, denn viele Firmen haben schon sehr viel in die Technologie investiert und sind deshalb auf Erfolg angewiesen, der sich aber nicht zwingend einstellen muss. ([E9], Z. 77ff) Bleibt das Interesse an der Technologie bestehen, könnten mittelfristig die Inhalte für ein VR-Coaching-System mit VR-Avataren generiert und mit VR-Brillen gearbeitet werden, die ein realistisches Feedback auf Körperbewegungen und die Mimik geben.

Um die benötigten Anreicherungsfunktionen im BC abbilden zu können, müssten im gleichen Zeitraum KI-gesteuerte generische Assistenzsysteme verfügbar sein. Damit sollten die freie Gestaltung und Einbindung von Simulationen mit agierenden und interagierenden VR-Agenten möglich sein. Ob VR-Agenten als autonome Coaches dabei in Aktion treten können, bleibt offen. Aufgrund der aktuellen Forschungsprojekte, wie z.B. an der Universität in Bamberg ist die Rolle eines den Coach und Coachee unterstützenden Assistenten im Lernprozess im gleichen Zeitraum denkbar.

Zwei der Experten sind sich ziemlich sicher, dass KI-gesteuerte VR-Agenten als Kontakte einer Hotline in der Lösung von Problemen langfristig assistieren werden. ([E9], Z. 151ff; [E8], Z. 462ff) Damit könnte das ökonomische Erfahrungslernen in der Praxis abgedeckt werden. Auch für den Erstkontakt in der Personalentwicklung, die folgende Auftragsklärung oder den Kontrakt wäre eine Nutzung möglich. Denkbar wäre noch die autonome Zuweisung und Durchführung von niederschwelligen VR-Trainingseinheiten durch den VR-Agent. Für die Erklärung von Methoden und deren Ausführung bei Anreicherungsfunktionen könnte ein VR-Agent ebenfalls eingesetzt werden oder als neutrale Anlaufstelle für die Einhaltung des Werte- und Ermöglichungsrahmen fungieren. Dieser Ansatz birgt aber die Gefahr einer Zwei-Klassen-Gesellschaft, ähnlich wie im Fitness-Training: Der Manager leistet sich den Personal Trainer in Form eines Präsenz-Coaching. Die Mitarbeiter erhalten nach einer Kurzeinweisung ihren Trainingsplan mit der Erwartung, dass sie damit selbstorganisiert über ein Distanz-Coaching lernen und trainieren können. Deshalb ist der hier nicht detailliert behandelte Werte- und Ermöglichungsrahmen entscheidend, auch beim Einsatz von BC in VR. Damit ist nur ein Bruchteil möglicher Ansätze benannt.

Mit der Entwicklung, Evaluierung von Inhalten und methodischen Ansätzen für VR-Coaching müsste sofort begonnen werden, wie es bereits Pioniere auf dem Gebiet tun[12]. Ausreichend verifizierte und validierte medial vermittelbare methodische VR-Bausteine für den Transfer in den Phasen des Coaching-Prozesses werden für die breite Akzeptanz des Mediums benötigt, damit BC mit VR gelingen kann. Auch wenn sich die Rahmenbedingungen oder organisatorische Abhängigkeiten verändern, könnte man mit den entwickelten VR-Bausteinen auch Lösungen für einzelne Phasen im Lern-Prozess beim BC außerhalb einer Organisation ermöglichen mit den benannten besonderen Wirkfaktoren.

Die Frage nach dem Einsatz von VR im BC in der zukünftigen Arbeitswelt und Ansätze für die Verwendung zu finden konnte somit geklärt werden. Ob der Coach in Zukunft ersetzt werden kann durch Maschinen oder nicht, konnte theoretisch und in Teilen beantwortet werden anhand der beispielhaften Betrachtung des Coaching-Prozesses nach der Karlsruher Schule. Ob dies generell auf alle Prozesse im BC angewendet werden kann, bleibt unbeantwortet. Aufgrund der fortschreitenden technologischen Entwicklungen und der vielen Abhängigkeiten sind die getroffenen Prognosen vage. Viele weitere Abhängigkeiten, Einflüsse und Risiken wurden nicht berücksichtigt. Dazu gehören z. B. die organisatorische Kompetenzentwicklung, gesetzliche Rahmenbedingungen, gesundheitsrelevante Themen in Verbindung mit VR, parallele Entwicklungen von anderen Formen des Prozess-Lernens in der zukünftigen Arbeitswelt.

Schließen möchte ich mit einem Zitat von Hansjörg Künzli aus dem Experteninterview mit ihm, dass auf den Schöpfer und das Ziel seiner Schöpfung verweist:

> *„Beratung besteht ja zum guten Stück darin, dass man sich eben in virtuelle Welten reinbegibt. [...] Virtualität denke ich ist eine*

---

[12] Verfügbar am 12.09.2019 unter https://computerwelt.at/news/topmeldung/virtual-reality-als-digitales-entspannungstool/

Grundbedingung des Menschseins, um Probehandlungen vorzunehmen. [...] Wir können ja in unserer Fantasie ganze Universen entstehen lassen."

VR bietet als Medium die Möglichkeit, diese Fantasien zu präsentieren, zu erweitern, zu relativieren, zu hinterfragen, zu zerstören oder zu ermöglichen. Um VR im BC einsetzen zu können, bedarf es der Kollaboration, förderlicher Rahmenbedingungen und passender Inhalte und Methoden, um Menschen in Komplexität und permanentem Wandel in ihrer Anpassungsfähigkeit zu unterstützen. Mit VR kann dieser Beratungsprozess zum Prozess-Lernen und Lern-Transfer durch seine Möglichkeiten und Wirkungen sehr effektiv und effizient gestaltet werden.

Literaturverzeichnis

Bachleitner, R., Weichbold, M. & Pausch, M., Hrsg. 2016. Empirische Prognoseverfahren in den Sozialwissenschaften. Wiesbaden: Springer Fachmedien Wiesbaden.

Bachmann, T. & Fietze, B. 2018. Die Digitalisierung von Coaching – Gedanken aus der Perspektive teilnehmender Beobachtung. Organisationsberatung, Supervision, Coaching, 25 (3), S. 281–292.

Backhausen, W. & Thommen, J.-P. 2017. Coaching. Durch systemisches Denken zu innovativer Personalentwicklung. 4., aktualisierte Auflage 2017. Wiesbaden: Springer Fachmedien Wiesbaden. (uniscope. Publikationen der SGO Stiftung).

Bendel, O. 2016. 300 Keywords Informationsethik. Grundwissen aus Computer-, Netz- und Neue-Medien-Ethik sowie Maschinenethik. 1. Aufl. 2016. Wiesbaden: Springer Fachmedien Wiesbaden.

Berninger-Schäfer, E. 2018. Online-Coaching. 1. Auflage 2018. Wiesbaden: Springer Fachmedien Wiesbaden.

Bogner, A., Littig, B. & Menz, W. 2014. Interviews mit Experten. Eine praxisorientierte Einführung. Aufl. 2014. Wiesbaden: Springer Fachmedien Wiesbaden.

Bruns, M. 2015. Virtual Reality. Eine Analyse der Schlüsseltechnologie aus der Perspektive des strategischen Managements. Hamburg: Diplomica Verlag GmbH.

Covarrubias Venegas, B., Thill, K. & Domnanovich, J., Hrsg. 2018. Personalmanagement. Internationale Perspektiven und Implikationen für die Praxis. Forschung und Praxis an der FHWien der WKW. Wiesbaden: Springer Gabler.

Eilers, S. et al. 2017. HR-Report 2017. Schwerpunkt Kompetenzen für eine digitale Welt. [WWW] https://www.hays.de/documents/10192/118775/Hays-Studie-HR-Report-2017.pdf. (9. August 2019).

Erpenbeck, J., Sauter, S. & Sauter, W. 2016. Social Workplace Learning. Kompetenzentwicklung im Arbeitsprozess und im Netz in der Enterprise 2.0. Wiesbaden: Springer Gabler. (essentials).

Erpenbeck, J. & Sauter, W. 2015. Kompetenzentwicklung mit humanoiden Computern. Die Revolution des Lernens via Cloud Computing und semantischen Netzen. Aufl. 2015. Wiesbaden: Springer Fachmedien Wiesbaden.

Fortmann, H. R. & Kolocek, B., Hrsg. 2018. Arbeitswelt der Zukunft. Trends - Arbeitsraum - Menschen - Kompetenzen. Wiesbaden: Springer Gabler.

Geißler, H. & Metz, M., Hrsg. 2012. E-Coaching und Online-Beratung. Formate, Konzepte, Diskussionen. Wiesbaden: VS Verlag für Sozialwissenschaften.

Gerwens, N. 2018. Interaktionsdesign in Virtual Reality Lernumgebungen. HAW Hamburg. [WWW] https://users.informatik.haw-hamburg.de/~ubicomp/projekte/master2018-gsem/Gerwens/bericht.pdf. (22. September 2019).

Heller, J., Hrsg. 2018. Digitale Medien im Coaching. Grundlagen und Praxiswissen zu Coaching-Plattformen und digitalen Coaching-Formaten. 1. Auflage 2018. Berlin, Heidelberg: Springer Berlin Heidelberg.

Hermeier, B., Heupel, T. & Fichtner-Rosada, S., Hrsg. 2019. Arbeitswelten der Zukunft. Wie die Digitalisierung unsere Arbeitsplätze und Arbeitsweisen verändert. 1. Auflage 2019. FOM-Edition. Wiesbaden: Springer Fachmedien Wiesbaden.

Hillebrand, A. 2018. Welche Kompetenzen zeichnen einen Experten aus? [Dissertation]. Technische Universität Braunschweig; Springer Fachmedien Wiesbaden GmbH.

Höflich, J. R. 2016. Der Mensch und seine Medien. Mediatisierte interpersonale Kommunikation. Eine Einführung. 1. Aufl. 2016. Wiesbaden: Springer Fachmedien Wiesbaden.

Korge, G., Jungclaus, J. & Bauer, A. 2018. Agiles Sprintlernen. ZWF Zeitschrift für wirtschaftlichen Fabrikbetrieb, 113 (10), S. 637–640.

Lanier, J. 2018. Anbruch einer neuen Zeit. Wie Virtual Reality unser Leben und unsere Gesellschaft verändert. 1. Auflage. Hamburg: Hoffmann und Campe.

Mayring, P. & Fenzl, T. 2019. Qualitative Inhaltsanalyse. In: Baur, Nina & Blasius, Jörg, Hrsg. Handbuch Methoden der empirischen Sozialforschung. Wiesbaden, Germany: Springer VS, S. 633–648.

mmb Institut. 2019. Auf dem Weg zum Assisted Learning? Digitale Auf dem Weg zum Assisted Learning? Digitale Lernanwendungen werden informeller und intelligenter. Ergebnisse der 13. Trendstudie „mmb Learning Delphi". Gesellschaft für Medien- und Kompetenzforschung mbH. [WWW] https://www.mmb-institut.de/downloads/mmb-branchenmonitor-2018-ein-starkes-jahr-fuer-die-kleineren/. (22. September 2019).

Niederberger, M. & Wassermann, S., Hrsg. 2015. Methoden der Experten- und Stakeholdereinbindung in der sozialwissenschaftlichen Forschung. Aufl. 2015. Wiesbaden: Springer Fachmedien Wiesbaden.

Pan, X. & Hamilton, A. F. d. C. 2018. Why and how to use virtual reality to study human social interaction: The challenges of exploring a new research landscape. British journal of psychology (London, England : 1953), 109 (3), S. 395–417.

Pietschmann, D. 2009. Das Erleben virtueller Welten. Involvierung, Immersion und Engagement in Computerspielen. Boizenburg: Hülsbusch. (Game studies).

Robra-Bissantz, S. & Siemon, D. 2019. Digitale Zusammenarbeit. HMD Praxis der Wirtschaftsinformatik, 56 (1), S. 1–6.

Rollwagen, I. 2008. Zeit und Innovation. Zur Synchronisation von Wirtschaft, Wissenschaft und Politik bei der Genese der Virtual-reality-Technologien. Bielefeld: Transcript. (Technik, Körper, Gesellschaft; Bd. 3).

Sauter, R., Sauter, W. & Wolfig, R. 2018. Agile Werte- und Kompetenzentwicklung. Wege in eine neue Arbeitswelt. Berlin: Springer Gabler.

Sauter, W. & Sauter, S. 2013. Workplace Learning. Integrierte Kompetenzentwicklung mit kooperativen und kollaborativen Lernsystemen. Aufl. 2013. Berlin, Heidelberg: Springer Berlin Heidelberg.

Schäfer, E. 2017. Lebenslanges Lernen. Erkenntnisse und Mythen über das Lernen im Erwachsenenalter. Berlin: Springer. (Kritisch hinterfragt).

Schröter, J. 2004. Das Netz und die virtuelle Realität [Zugl.: Essen, Univ., Diss., 2001]. Transcript-Verl. Bielefeld.

SCM. 2019. Trendmonitor. Interne Kommunikation 2019 [Wandel und Professionalisierung]. School for Communication and Management. [WWW] https://interne-kommunikation.net/trendmonitor-interne-kommunikation-2019-herunterladen/#. (22. September 2019).

Sherpa Coaching LLC. 2019. Executive Coaching Survey Report. [WWW] https://www.sherpacoaching.com/pdf_files/2019_Executive_Coaching_Survey_Summary_Report.pdf. (22. September 2019).

Thomas, O., Metzger, D. & Niegemann, H., Hrsg. 2018. Digitalisierung in der Aus- und Weiterbildung. Virtual und Augmented Reality für Industrie 4.0. 1. Auflage 2018. Berlin, Heidelberg: Springer Berlin Heidelberg.

Tippelt, R. & Hippel, A. von, Hrsg. 2018. Handbuch Erwachsenenbildung/Weiterbildung. 6., überarb. u. akt. Auflage 2018. Springer Reference Sozialwissenschaften. Wiesbaden: Springer Fachmedien Wiesbaden.

Töpfer, A. 2012. Erfolgreich Forschen. Ein Leitfaden für Bachelor-, Master-Studierende und Doktoranden. 3., überarb. und erw. Aufl. 2012. Berlin, Heidelberg: Springer Berlin Heidelberg. (Springer-Lehrbuch).

Wannicke, J. 2019a. Unveröffentlichtes Experteninterview [E3].

Wannicke, J. 2019b. Unveröffentlichtes Experteninterview [E5].

Wannicke, J. 2019c. Unveröffentlichtes Experteninterview [E2].

Wannicke, J. 2019d. Unveröffentlichtes Experteninterview [E7].

Wannicke, J. 2019e. Unveröffentlichtes Experteninterview [E9].

Wannicke, J. 2019f. Unveröffentlichtes Experteninterview [E4].

Wannicke, J. 2019g. Unveröffentlichtes Experteninterview [E1].

Wannicke, J. 2019h. Unveröffentlichtes Experteninterview [E8].

Wannicke, J. 2019i. Unveröffentlichtes Experteninterview [E6].

Wegener, R., Loebbert, M. & Fritze, A., Hrsg. 2014. Coaching-Praxisfelder. Forschung und Praxis im Dialog. Wiesbaden: Springer Fachmedien Wiesbaden.

Wittpahl, V., Hrsg. 2019. Künstliche Intelligenz. Technologien | Anwendung | Gesellschaft. [1. Auflage]. Open. Berlin, Heidelberg: Springer Vieweg.

Didaktische Gestaltung von Coaching und Moderation

Steuerung der Interpretation und Umsetzung von Zentralanweisungen bei Bosch Rexroth. Eine Kombination aus Erzeugungs- und Ermöglichungsdidaktik

Daniel Schwarz

Der Wettbewerb zwischen Unternehmen steigt in der heutigen VUCA-Welt weiter an. Hierbei ist eine dynamische und flexible Anpassung der Ressourcen wie Rohstoffe, Finanzen und Wissen an die Umgebungsbedingungen von enormer Bedeutung. Unternehmen, welche das vorhandene Wissen aufrechterhalten und schützen haben einen wesentlichen Vorteil im Wettbewerb. Verschiedene Formen der Didaktik zielen darauf ab, das Wissen auf die Mitarbeiter zu übertragen und somit Informationen in der Organisation zu verteilen. Etablierte Formen wie Schulungen und Seminare stoßen jedoch aufgrund der hohen Veränderungsdynamik oft an ihre Grenzen.

Competition between companies continues to increase in today's VUCA world. A dynamic and flexible adaptation of resources such as raw materials, finances and knowledge to the environmental conditions is of enormous importance. Companies that maintain and protect and their knowledge have a significant competitive advantage. Different forms of didactics aim to transfer the knowledge to the employees and disseminate the information within the organization. However, due to the high dynamic of change, the established forms such as training courses or seminars are reaching their limits.

1. Einleitung

Die heutige Berufswelt ist geprägt durch Volatilität, Ungewissheit, Komplexität und Mehrdeutigkeit. Wer seine Prozesse schnell an die VUCA-Welt[1] anpassen kann und flexibel auf Marktanforderungen reagiert, wird sich am Markt behaupten und weiter wettbewerbsfähig sein. Dynamische und flexible Prozesse sind notwendig, um kurzfristig auf Kundenforderungen reagieren zu können. Neben den Ressourcen wie Rohstoffen und Finanzen, welche rechtzeitig und in ausreichender Menge zur Verfügung stehen müssen, ist sowohl die Infrastruktur des Unternehmens als auch die Aufbau- und Ablauforganisation auf die neuen Bedarfe auszurichten.

Zusätzlich zu diesen Faktoren trägt das Wissen der Mitarbeiter[2] einen erheblichen Anteil zum Erfolg des Unternehmens bei. Hierbei handelt es sich um das dokumentierte Wissen auf Papier oder in Dateien und um das implizite Wissen in den Köpfen der Mitarbeiter. Verschiedene Plattformen wie Dokumentenmanagement-Systeme und Wissensdatenbanken helfen dabei das explizite Wissen den Mitarbeitern verfügbar zu machen, zu vermitteln und so im Unternehmen und zu halten.

Durch Ausscheiden von Mitarbeitern aus dem Unternehmen und durch den demographischen Wandel ist das implizite Wissen der Organisation besonders gefährdet, sodass hierauf ein besonderes Augenmerk gelegt werden muss, um sich vor Wissensabfluss zu schützen. Sobald ein Mitarbeiter seine Arbeitsstelle verlässt, hinterlässt er eine Wissenslücke, welche nur schwierig und langsam wieder geschlossen werden kann. Um dieses Defizit frühzeitig auszugleichen, versuchen viele Unternehmen die relevanten Informationen und Fachwissen von Mitarbeitern zu explizieren und es somit langfristig innerhalb der Organisation verfügbar zu machen.

Eine weitere Form der Informationsübertragung sind Schulungen oder Seminare, welche einem Alltag in der Schule oder einer Vorlesung im Studium ähneln. Auf diese Weise werden Lerninhalte präsentiert und auf die Wissensempfänger übertragen.

---

[1] VUCA-Welt bedeutet Volatility, Uncertainty, Complexity and Ambiguity und bezeichnet die dynamischen Umfeldbedingungen in der heutigen Welt (VUCA-Welt, 2018).

[2] Hinweis: Aus Gründen der Lesbarkeit wurde im Text dieser Master-Thesis die männliche Form gewählt, nichtsdestoweniger beziehen sich die Angaben auf Angehörige aller Geschlechter.

Hierbei liegt jedoch die Schwierigkeit darin, die theoretischen Grundlagen anschließend in der Praxis umzusetzen und auf die alltäglichen Aufgabenstellungen anzuwenden. Bereits der chinesische Philosoph Konfuzius sagte hierzu Folgendes:

> „Das, was ich dir sage, wirst du vergessen. An das, was ich dir zeige, wirst du dich vielleicht erinnern. Aber das, was du tust, wirst du verstehen." (KONFUZIUS).

Im beruflichen Kontext ist ein Trendwechsel in der Didaktik erkennbar. Digitale Plattformen wie Foren oder Social Networks sollen einen Rahmen schaffen, in dem Informationen geteilt, konkrete Fragen beantwortet und somit die Generierung von Wissen ermöglicht wird. Ebenso haben sich in einigen Firmen Open-Space-Meetings oder Virtual Classrooms etabliert, in denen gemeinsam Alltagsprobleme gelöst, Erfahrungen geteilt und so Theorie und Praxis eng verknüpft werden. Die Entwicklung zu dieser neuen Art des Lernens ist jedoch sehr stark von der Branche und der Unternehmenskultur abhängig.

Die Bosch Rexroth AG ist ein Hersteller für Antriebs- und Steuerungstechnik für verschiedene Branchen. Die Vielzahl der Geschäftsfelder mit unterschiedlichen Vertriebsprozessen und die weltweite Ausrichtung führen zu einer Komplexität der Organisation. Mithilfe von Zentralanweisungen soll die Komplexität gesteuert und kontrolliert werden.

1.1 Ziele, Problemstellung und Vorgehensweise der Arbeit

In der Untersuchung soll die Kombination der Erzeugungs- und Ermöglichungsdidaktik im beruflichen Kontext untersucht und bewertet werden.

Hierzu wurden zunächst die Zentralanweisungen an die Mitarbeiter versendet. Dieser Vorgang stellt die aktuelle Situation dar und ist der Erzeugungsdidaktik zuzuordnen. Anschließend wurde von Mitarbeitern aus der Organisation ein Fragebogen ausgefüllt. Als nächster Schritt wurde mit diesen Mitarbeitern ein Workshop durchgeführt, bei dem die praktische Umsetzung der Anforderungen in den jeweiligen Bereichen diskutiert und Lösungsmöglichkeiten erarbeitet wurden. Die Bewertung der Kombination aus Erzeugungs- und Ermöglichungsdidaktik erfolgte anschließend wieder anhand eines Fragebogens.

Ziel ist es zu überprüfen, ob durch das Verknüpfen der beiden Formen der Didaktik das Verständnis und die Umsetzung einer Zentralanweisung besser gesteuert werden kann. Die Hypothese lautet: Durch die Kombination der Erzeugungs- und Ermöglichungsdidaktik kann die Interpretation und Umsetzung von Zentralanweisung besser gesteuert werden.

1.2 Aufbau der Arbeit und Vorgehensweise

Die Arbeit beginnt in einem Grundlagenteil mit der Vorstellung der Erzeugungsdidaktik und der Ermöglichungsdidaktik. Des Weiteren werden die Triebkräfte von der Erzeugungs- zur Ermöglichungsdidaktik durchleuchtet.

Das dritte Kapitel beschreibt den Prozess der Erarbeitung einer Zentralanweisung bis hin zur Veröffentlichung und Verteilung.

Im vierten Kapitel werden zunächst das Vorgehen der Handlungsforschung und die Inhalte des Fragebogens vorgestellt. Anschließend wird die Item- und Skalenanalyse des Fragebogens beschrieben. Den Schluss des Kapitels beschreibt die Planung der Workshops.

In Kapitel 5 wird die Item- und Skalenanalyse bei den Fragebögen aus den Workshops angewandt, um somit die Güte der Fragebögen zu bestimmen. Anschließend werden die Planung sowie die Durchführung der beiden Workshops beschrieben. Die Interpretation der Resultate aus den Fragebögen der Workshops befindet sich am Ende der jeweiligen Kapitel.

Eine Zusammenfassung der Ergebnisse und Handlungsempfehlungen schließt die Untersuchung in der Schlussbetrachtung ab.

2. Grundlagen zur Erzeugungs- und Ermöglichungsdidaktik

Im Folgenden werden die Grundlagen der Erzeugungsdidaktik und der Ermöglichungsdidaktik beschrieben. Durch verschiedene Triebkräfte wird eine Verschiebung von der Erzeugungsdidaktik zur Ermöglichungsdidaktik erkennbar (ARNOLD R. & SCHUESS-LER I., 1998, S. 64).

2.1 Behavioristische Lerntheorie: Erzeugungsdidaktik

Lernen und somit der Aufbau von Wissen wird in der behavioristischen Lerntheorie durch eine Reiz-Reaktions-Kette ausgelöst. Erwünschte Verhaltensweisen werden hier durch positive Anreize verstärkt. Sollten unerwünschte Verhaltensweisen auftreten, werden diese Anreize entsprechend minimiert oder eliminiert. Durch diesen Prozess werden Verhaltensweisen geformt, was eine Erweiterung des Wissens bedeutet (REINMANN G., 2013).

Eine wichtige Grundvoraussetzung für einen erfolgreichen Lernprozess ist wie beim Konditionieren die örtliche und zeitliche Nähe von Reiz und Verstärker. Als Verstärker kann hier die Rückmeldung zur Leistung verstanden werden. Des Weiteren ist eine Wiederholung des Vorgangs eine wichtige Voraussetzung für einen Lernerfolg (MITSCHIAN H., 2000, S. 3).

Ausgehend von diesen Grundkenntnissen des Behaviorismus ist die Erzeugungsdidaktik entstanden. Wesentliche Merkmale sind, dass der Lernende als passives Objekt verstanden wird, in dem Wissen abgelegt wird. Durch den linearen Bezug von Input und Output ist eine geringe Wechselwirkung zwischen dem Lehrenden und dem Lernenden vorhanden. Anhand eines vorhandenen Lernprogrammes wird das Wissen vom Lehrenden weitergegeben, sodass die Qualität dieser Übertragung demnach stark von der Eignung und Performance des Vermittlers abhängig ist (SCHUESSLER I., 2015, S. 90f).

Vorteile der Erzeugungsdidaktik

Durch die lineare Input-Output-Beziehung entsteht eine gewisse Sicherung der Maßnahmenwirksamkeit. Demnach kann die Vermittlung des Wissens beurteilt und sogar gemessen werden (ARNOLD R. & SIEBERT H., 2006, S. 44). Durch vorgegebene Lernziele kann der Istzustand regelmäßig mit dem Sollzustand abgeglichen und bei Abweichungen durch entsprechende Maßnahmen auf den Lernprozess eingewirkt werden. Die Vermittlung von Informationen ist somit steuerbar, wodurch der Output einer

Lernsequenz vorausgesagt und zielgerichtet beeinflusst werden kann (MEIR S., n.d., S 10).

Als Beispiel sollen hier gesetzliche und rechtliche Anforderungen herangezogen werden, welche wenig Raum für Interpretationen bieten. An dieser Stelle ist es wichtig, die relevanten Informationen zu übermitteln, welche anschließend vom Lernenden aufgenommen und verinnerlicht werden (QUILLING K., 2015, S. 2). Der Fokus wird hierbei auf das richtige Beantworten von Fragen und richtiges Handeln in bestimmten Situationen gelegt, welches eine zentrale Zielsetzung der Erzeugungsdidaktik ist. Durch die standardisierte Übermittlungsmethodik kann dieses relevante Wissen zielgerichtet an die Lernenden übertragen werden, was einen weiteren Vorteil der Erzeugungsdidaktik darstellt (ARNOLD R. & SIEBERT H., 2006, S. 44).

Grenzen der Erzeugungsdidaktik

Neben den Vorteilen gibt es einige Grenzen, welche die Erzeugungsdidaktik aufweist. So werden u. a. die Inhalte eines Lernplanes in der Theorie vom Lehrenden übermittelt. Der Lernende nimmt lediglich diese Informationen auf und lagert diese ab. Einen Bezug zu den praktischen und individuellen Problemstellungen im Alltag findet hier nur begrenzt statt (KERRES M. & DE WITT C., 2002, S. 3). Für den Lernenden handelt es sich hierbei also um einen passiven Prozess des Wissenserwerbs. Da es sich bei der Erzeugung von neuem Wissen jedoch um einen aktiven Vorgang handelt, in dem praktisches Vorwissen und aktuelle Fragestellungen mit der Theorie verknüpft werden, sind der Erzeugungsdidaktik Grenzen gesetzt (BOLLE B., 2008, S. 59).

Ein weiteres Defizit ist die Aktualität der Schulungsunterlagen. Die Inhalte von Trainings und Seminaren werden meist nur unregelmäßig und in größeren Abständen überarbeitet, sodass hier träges Informationsmaterial an die Lernenden weitergegeben wird. Gerade in modernen Unternehmen im heutigen dynamischen Umfeld stößt man nahezu täglich auf neue Problemstellungen und entwickelt neue Kenntnisse, welche eine Aktualisierung oder Ergänzung der Unterlagen erfordern. Hier entsteht eine Diskrepanz zwischen vorhandenem theoretischen Wissen und notwendigen Handeln in der Praxis (GRUBER H., MANDL H. & RENKL A., 2000, S. 139 ff.).

Betrachtet man nun die zukunftsorientierten Herausforderungen und die sich daraus ergebenden Arbeitsweisen im Unternehmen, wie beispielsweise agiles Arbeiten und flexible Anpassung der Prozesse an die Umwelt, so werden hier die Grenzen der Erzeugungsdidaktik deutlich (SAUTER R., SAUTER W. & WOLFIG R., 2018, S. 165). Es handelt sich hierbei um eine starre Lehrkultur, welche zunächst Inhalte und Ziele für eine Maßnahme in Curricula definiert und anschließend standardisiert vermittelt. Anhand dieser Vorgaben können nun die Erfolge der Informationsübertragung gemessen und überprüft werden (ERPENBECK J. & SAUTER W., 2016, S. 117). Eine Ableitung auf Probleme im Alltag und Verknüpfung mit aktuellen Schwierigkeiten im Umfeld findet jedoch nur bedingt statt (ARNOLD R. & TUTOR C., 2007, S. 92).

2.2 Konstruktivistische Lerntheorie: Ermöglichungsdidaktik

Nachdem die Erzeugungsdidaktik die Übermittlung von Informationen als Zielsetzung hat, wird bei der Ermöglichungsdidaktik der Fokus auf die aktive Aneignung von neuem Wissen gelegt.
Abbildung 2.1 stellt diese beiden Formen der Didaktik gegenüber. Die Erzeugungsdidaktik wird als Maschinenmodell mit definiertem Input und Output assoziiert, während die Ermöglichungsdidaktik als Systemmodell dargestellt wird. Wesentliche Eigenschaft des Systemmodells ist, dass der Input durch Umwelteinwirkungen beeinflusst wird und dadurch die Ergebnisse im Output nicht vorausgesagt werden können (ARNOLD R. & TUTOR C., 2007, S. 95).

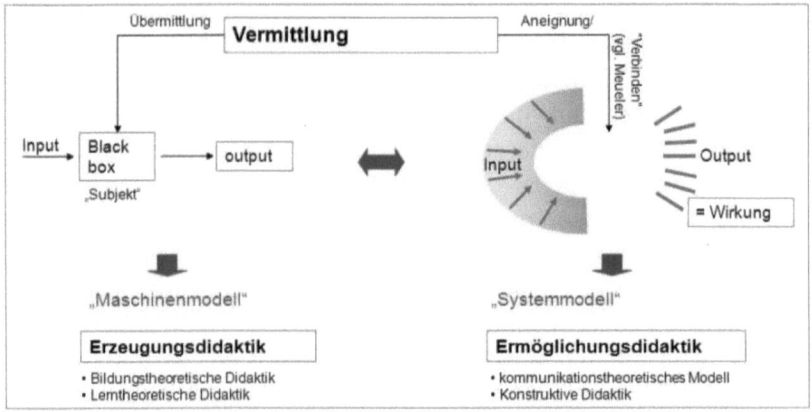

Abb. 2.1: Von der Erzeugungs- zur Ermöglichungsdidaktik
(ARNOLD R. & TUTOR C., 2007, S. 95).

Die Ursprünge der Ermöglichungsdidaktik sind auf den Konstruktivismus zurückzuführen, welcher den Lernprozess als Konstruieren von neuem Wissen definiert. Nachdem Informationen hinzugefügt wurden, werden basierend auf den Vorkenntnissen des Lernenden in einem selbstgesteuerten Vorgang Wissen entwickelt und somit nachhaltig Kompetenzen aufgebaut (SIEBERT H., 2015, S. 44). Diese Vorkenntnisse werden von den jeweiligen Empfindungen des Individuums, sozialen Denkweisen und Verhaltensformen sowie durch „lebensgeschichtliche Erfahrungen, Anforderungen und Erwartungen" beeinflusst (SCHWEIKERT T., 2007, S. 67). Im unternehmerischen Umfeld sind diese Erfahrungen u. a. durch unterschiedliche Geschäftsbereiche, Arbeitsweisen oder kulturelle Unterschiede geprägt.

Aufgrund dieser unterschiedlichen Vorkenntnisse der Lernenden sind die Lernergebnisse nicht vorhersehbar und erfordern individuelle Lernstrategien und Verfahren der Wissensvermittlung (MEIXNER J. & MUELLER K., 2004, S. 2).

Ziel der Ermöglichungsdidaktik ist es, einen Kontext und eine Atmosphäre zu schaffen, in der die Entwicklung von neuem Wissen ermöglicht werden kann (ERPENBECK J. & SAUTER W., 2016, S. 108). Der Lernende soll motiviert werden, selbstständig Lösungswege für alltägliche Problemsituationen zu erarbeiten und dadurch Kompetenzen aufzubauen. Es handelt sich hierbei um eine wirkungsoffene Maßnahme, bei der das Ergebnis nicht vorab in Lernplänen bestimmt werden kann (SCHWEHM J., 2017, S. 63).

Die Rolle des Lehrenden ändert sich in diesem Modell hin zum Coach, Beobachter und Berater für den Lernprozess (HOFFMANN E., 2018, S. 189). Die Lernenden auf der anderen Seite nehmen eine aktive Rolle ein, indem sie den Aufbau von Wissen selbst steuern (SIEBERT H., 2012, S. 104). Die Qualität des Lernprozesses steht so in Bezug mit der Eigenlogik der Lernenden und ist nicht wie bei der Erzeugungsdidaktik vom Lehrenden abhängig (ARNOLD R., 2007, S. 38). Es handelt sich hierbei um Anschlusslernen, also Verknüpfung des vorhandenen Wissens mit den neuen Informationen (ARNOLD R., 1999, S. 20).

Vorteile der Ermöglichungsdidaktik

Dadurch, dass im Rahmen der Ermöglichungsdidaktik aktuelle und praktische Probleme behandelt werden und der Prozess vom Lernenden selbst gestaltet wird, können die erworbenen Kompetenzen sofort in den Alltag des Lernenden integriert werden. Dies macht den Prozess der Wissensgenerierung effizient. Ein weiterer Vorteil ist, dass bei der Ermöglichungsdidaktik eine Reflexion des Lernprozesses stattfindet und somit „reflexives Wissen" aufgebaut wird. Diese Fähigkeit der Selbstreflexion gibt die Möglichkeit, die Lernprozesse in der Zukunft zu optimieren (ARNOLD R. & SCHUESSLER I., 2010, S. 76ff.).

Durch eigenverantwortliches Vorgehen und die Selbstkontrolle bei der Ermöglichungsdidaktik wird beim Lernenden das Selbstbewusstsein gesteigert, welche sich wiederum im Lernprozess und zukünftig auf die Lösungsfindung positiv auswirkt (TIETGENS H., 1999, S. 32). Es wird eine hohe „Methoden-, [...] Selbstorganisations- und Selbstlernkompetenz" entwickelt, um Problemstellungen in der Zukunft zu bewerkstelligen (SAUTER W. & SAUTER S., 2013, S. 64).

Das Wirtschaftsförderinstitutes der Wirtschaftskammer Österreich hat mit wissenschaftlicher Unterstützung durch Dr. Rolf Arnold ein Konzept für ein Lernmodell entwickelt, um sich auf die neue Form des Lernens einzustellen. Das Akronym LeNa steht für „Lebendig und Nachhaltig" und umfasst die notwendigen Schritte für einen dauerhaften Lernerfolg. Es geht hierbei darum, die Bedürfnisse der Lernenden aktiv einzubeziehen und auf die jeweiligen Erfahrungen aufzubauen (wifi, 2011). Grundprinzip ist es, die Aufgaben selbstgesteuert, produktiv, aktiviert, situativ und sozial zu lösen, um dadurch Kompetenzen aufzubauen. Hierzu ist unter anderem eine Anpassung der Rolle des Trainers und der Lernenden auf die neuen Bedürfnisse erforderlich (ARNOLD R., 2012, 79f.).

Grenzen der Ermöglichungsdidaktik

Neben den beschriebenen Vorteilen sind jedoch auch einige Grenzen der Ermöglichungsdidaktik zu verzeichnen. So sind Wirkungsoffenheit und Unsicherheit der Ergebnisse zu nennen. Der Ausgang des Lernprozesses kann nicht vorhergesagt werden. Ein Abgleich zwischen Ist-Zustand und Lernplan ist somit nur bedingt möglich (SCHUESSLER I., 2015, S. 92).

Diese Grenzen werden deutlich, wenn man z. B. gesetzliche Anforderungen betrachtet, welche keinen Interpretationsspielraum bieten. Diese Anforderungen sollen von den Lernenden aufgenommen und unverändert beachtet bzw. umgesetzt werden. Da jedoch bei der Ermöglichungsdidaktik, je nach Vorwissen und Prägung, unterschiedliche Deutungen der Gesetze erfolgen, können diese in der Praxis unterschiedlich ausgelegt werden. Dies enthält die Gefahr von Fehlinterpretationen oder falschen Auffassungen. Die Vermittlung von strikten Vorgaben mittels der Ermöglichungsdidaktik ist somit nicht zu empfehlen und stellt einen Nachteil dieser Methodik dar (ZECH R., 2006, S. 65).

Aufgrund der Tatsache, dass die Ergebnisse des Lernens nicht prognostiziert werden können und somit eine Ungewissheit des Lernerfolges vorhanden ist, müssen zunächst Mitarbeiter und Führungskräfte für die Anwendung der Lernmethode überzeugt werden. An dieser Stelle sind ein vertrautes Verhältnis sowie eine offene Unternehmenskultur in der Organisation von besonderer Bedeutung, um sich auf diese Methode mit ungewissem Ausgang einzulassen (SAUTER W. & SCHOLZ C., 2015, S. 42).

2.3 Triebkräfte des Lernwandels

Bereits Ende der 80er war ein Trend in der Lernkultur erkennbar, welcher auch heute noch präsent ist. So wird beispielsweise der Wechsel von der reinen Fachbildung sowie kurzfristiger und operativer Lernprozesse in der Erzeugungsdidaktik hin zur ganzmenschlichen sowie strategisch und systemorientierten Weiterbildungsarbeit in der Ermöglichungsdidaktik beschrieben. Als Ursache werden hier unter anderem die Strukturänderung in der Arbeitswelt und erweiterte Qualifikationsanforderungen, ausgelöst durch die Globalisierung und Digitalisierung, genannt (REISCHMANN J., 1988, S. 14).

Der Paradigmenwechsel soll dem „Obsolenzproblem" und den Defiziten in der Prognose von Lernprozessen entgegenwirken. Während bei der Erzeugungsdidaktik der Transfer von beruflichen Informationen im Vordergrund steht, werden bei der Ermöglichungsdidaktik Kompetenzen aufgebaut, um diesem Missstand entgegenzuwirken und somit handlungsorientiert zu lernen (GRABOWSKI U., 2007, S. 4). Daneben ist eine Veränderung und Stärkung der persönlichen Eigenschaften zu erkennen. Hier werden vor allem „Kreativität, Zutrauen und Eigeninitiative" genannt, welche ebenfalls durch die Ermöglichungsdidaktik gefördert werden (FLEISCHER A. & CZACHS S., 2016, S. 132).

Mit der Vision lebenslangen Lernens, „um den Anforderungen des 21. Jahrhunderts gerecht werden zu können" (BUELOW-SCHRAMM M., 2006, S. 73), werden die Schranken der Erzeugungsdidaktik durchbrochen. Kennzeichen des lebenslangen Lernens sind u. a. individuelle Ziele und Entscheidungen für den Kompetenzaufbau zu definieren anstatt vorgeschriebene Curricula abzuarbeiten. Zudem wird die Nutzung von neuen Medien im Lernprozess gefördert (HOSKINS B., CARTWRIGHT F. & SCHOOF U., 2010).

Hierzu ist jedoch eine Umgestaltung der Aufgaben für Personalentwickler, Vorgesetzte, Lehrende und Lernende notwendig. Die eingefahrenen Straßen der Erzeugungsdidaktik müssen verlassen werden, um die Vorteile der Ermöglichungsdidaktik zu integrieren. Dies stellt eine Herausforderung für die Zukunft dar (ERPENBECK J. & SAUTER W., 2013, S. 72).

3. Veröffentlichung von Zentralanweisungen

Wie in den meisten großen Unternehmen gibt es auch bei Bosch Rexroth Vorgaben und Regelungen, welche von der Organisation eingehalten werden müssen. Diese Vorgaben sind in sogenannten Zentralanweisungen niedergeschrieben.

Die Veröffentlichung der Anweisungen wird hauptsächlich durch die Erzeugungsdidaktik realisiert, sodass die Vorteile dieser Methodik, wie Umsetzung von gesetzlichen Vorgaben, sichergestellt werden können.

3.1 Vorgehensweise beim Erstellen von Zentralanweisungen

Um eine Zentralanweisung erstellen zu können, müssen zunächst die relevanten Eingabegrößen und Vorgaben bestimmt werden. An dieser Stelle ist u. a. die DIN ISO 9001 zu nennen, welche darauf abzielt einen bestimmten Qualitätsstandard in Organisationen zu erreichen, um Kundenanforderungen zu erfüllen (KUESTERER S., 2008, S. 25). Hier müssen bspw. relevante Prozesse und Ressourcen bestimmt werden, welche notwendig sind, um diese Normanforderungen einzuhalten (DIN ISO 9001, 2015, S. 16).

Nachdem diese Phase der Inhaltsklärung abgeschlossen wurde, startet der Prozess der Externalisierung. Das implizite Gruppenwissen wird also zunächst in einem Dokument niedergeschrieben und expliziert und somit für andere verfügbar gemacht (NONAKA I. & TAKEUCHI H., 1995; zitiert aus MESCHEDER B. & SALLACH C., 2012, S. 19). Lokale Gegebenheiten erfordern einen gewissen Handlungsspielraum, sodass die Anweisung nicht bis ins letzte Detail beschrieben werden kann.

3.2 Publizieren von Zentralanweisungen

Nachdem das Wissen dokumentiert wurde, gibt es verschiedene Möglichkeiten, dieses in der Organisation zu verteilen und zu publizieren, was den zweiten Schritt der Externalisierung darstellt (NONAKA I. & TAKEUCHI H., 1995; zitiert aus MESCHEDER B. &

SALLACH C., 2012, S. 19). Bei der Firma Bosch Rexroth wird dieses externalisierte Wissen in einem zentralen Datenmanagementsystem veröffentlicht.

Nach dem Publizieren müssen nun die neuen oder aktualisierten Anforderungen in der jeweils lokalen Organisation umgesetzt werden. An dieser Stelle werden die Vorgaben in den Dokumenten interpretiert und auf die lokalen Prozesse transferiert.

3.3 Grenzen bei der Interpretation und Umsetzung der Zentralanweisungen

Neben den Vorteilen und der Notwendigkeit der Erzeugungsdidaktik gibt es jedoch einige Grenzen und Risiken, welche mit dieser Methodik verbunden sind.

So beinhaltet bspw. der Interpretationsspielraum eine Gefahr der Über- bzw. Unterregulierung der Prozesse. Bei einer Überregulierung sind die Anforderungen und Vorgaben in den Prozessen höher als notwendig, sodass mehr Ressourcen und Kapazitäten für die Umsetzung benötigt werden und dadurch eine Verschwendung stattfindet.

Bei einer Unterregulierung hingegen besteht eine weitaus größere Gefahr, indem die Anforderungen nicht vollständig umgesetzt werden und somit Lücken im Prozess vorhanden sind. Hier kann es zu fehlerhaften Produkten oder nicht konformen Dienstleistungen kommen.

4. Datenerhebung, Datenauswertung und Workshop-Vorbereitung

Im folgenden Kapitel werden zunächst die Forschungsmethode und der Untersuchungsplan vorgestellt sowie anschließend auf die Datenerhebung und Datenaufbereitung als auch den Aufbau des Fragebogens eingegangen. Zum Ende des Kapitels wird das Konzept für die Planung und Durchführung der Workshops anhand der sechs Dimensionen eines Interventionsdesigns dargelegt.

4.1 Aufbau Untersuchungsplan sowie Item- und Skalenanalyse des Fragebogens

Die Handlungsforschung, welche zur Ableitung von Lösungen bei konkreten Praxisproblemen angewandt wird, stellt das Forschungskonzept der vorliegenden Arbeit dar. Typisch für die Handlungsforschung ist, dass während der Untersuchung ständig zwischen Informationssammlung, Diskussionen der Betroffenen sowie dem Praxisbezug gewechselt wird (MAYRING P. 2002, S. 53).

Als Instrument für die Datengenerierung wurde auf die wissenschaftliche Fragebogenmethode zurückgegriffen, welche eine „zielgerichtete, systematische und regelgeleitete" schriftliche Erhebung von Informationen einer Person bzgl. eines bestimmten Themas darstellt (DOERING N. & BORTZ J., 2016, S. 398).

Der Fragebogen wurde in Anlehnung an Will, Winteler & Krapp erstellt. In dem Buch Evaluation in der beruflichen Aus- und Weiterbildung wurde ein Fragebogen abgebildet, mit dem der Nutzen einer bestimmten Form der Didaktik ermittelt werden kann (WILL H., WINTELER A. & KRAPP A., 1987, S. 97). Einige Ergänzungen wurden aus einem Fragebogen von Holla hinzugefügt, welcher auf die Qualitätsentwicklung in der Weiterbildung abzielt (HOLLA B., 2002, S. 293ff.).

Nachdem im ersten Schritt die Zentralanweisung in der Organisation verteilt wurde, wird von einigen Mitarbeitern der Organisation zunächst der erste Fragebogen zur Beurteilung der Erzeugungsdidaktik ausgefüllt. Hierdurch soll die Vermittlung der Inhalte und das Verständnis der Anweisung bei den Kollegen erfasst werden.

Anschließend wird mit diesen Mitarbeitern im dritten Schritt des Untersuchungsplans ein Workshop durchgeführt, bei dem jeweils Problemstellungen aufgezeigt und Lösungsmöglichkeiten anhand praktischer Beispiele erarbeitet werden. Durch die Sammlung von Erfahrungen und Feststellungen sowie Diskussionen werden neue Kenntnisse aufgezeigt, welche das Wissen der Workshop-Teilnehmer erweitern.

Als vierter Schritt wird nun die Kombination aus der Erzeugungs- und Ermöglichungsdidaktik und somit der Nutzen des Workshops von den Teilnehmern beurteilt. Dies geschieht durch einen zweiten Fragebogen, welcher am Ende des Workshops an die Kollegen ausgegeben wird.

Skalierungsverfahren wie bspw. die Ordinalskala werden benötigt, um die Items aus den Fragebogen messbar und vergleichbar zu machen (FRIEDRICHS J., 1973, S. 98). In diesem Fall wurden die Ordinalskala zur Skalierung und die Likert-Technik zum Aufbereiten der Ergebnisse aus dem Fragenkatalog herangezogen (DIEKMANN A., 2012, S. 240 f.).

Die Trennschärfe bzw. die Produkt-Moment-Korrelation sagen aus, wie die einzelnen Items zueinander korrelieren. Eine hohe Trennschärfe heißt also, dass die einzelnen Antworten sehr ähnlich zur Gesamtauswertung differenzieren. Eine Trennschärfe nahe 0 hingegen deutet darauf hin, dass dieses Item unabhängig von den übrigen Fragebogen misst. Bestimmt wird die Produkt-Moment-Korrelation indem man die Summe eines Items und die Summe der restlichen Items zueinander überprüft (BUEHNER M., 2011, S. 171).

Bei einem Wert über 0,4 korrelieren die Items gut miteinander und deuten auf eine gute Trennschärfe hin. Niedrige Trennschärfen hingegen geben eine Information darüber, dass diese Items etwas Anderes messen als die übrigen Fragen. Entsprechend können durch Eleminieren dieser Items die Qualität der Skala verbessert werden (KELAVA A. & MOOSBRUGGER H., 2012, S. 86). Es wird empfohlen diesen Schritt bei einer Trennschärfe unter 0,3 durchzuführen (KORDTS-FREUDINGER R., 2015).

Mithilfe der Reliabilität, welche durch einen Korrelationskoeffizienten dargestellt wird, kann die Reproduzierbarkeit der Messergebnisse beurteilt werden (KROMREY H., 2002, S. 250). Ein Wert nahe 1 bedeutet, dass die Messwerte stabil sind und keine Zufallsfehler bei der Messung aufgetreten sind. Demnach bedeutet ein Wert bei null, dass die Messung nicht stabil ist und Fehler vorhanden sind, welche eine Nachbesserung der Skala erfordern (HAEDER M., 2015, S. 104). Die interne Konsistenz ist eine Möglichkeit mit der die Reliabilität einer Skala bestimmt werden kann. Cronbachs Alpha ist hierbei die am meisten verwendete Methode.

Eine hohe Reliabilität einer Skala ist über 0,9 vorhanden. Um eine Datenzuverlässigkeit einer Skala zu haben und diese anschließend interpretieren zu können, wird ein Wert über 0,8 empfohlen (KORDTS-FREUDINGERR., 2015).

4.2 Aufbau des Fragebogens

Im ersten Fragebogen wurden Fragen zum Inhalt/Informationen, dem Ziel/Nutzen sowie dem Aufbau und Verständlichkeit der Anweisung formuliert. Außerdem wurde das Verständnis der Teilnehmer, hinsichtlich Eindeutigkeit und Verständlichkeit sowie inhaltliche Unklarheiten der Anweisung im Fragebogen, behandelt. Weitere Fragen zielen darauf ab, Kenntnisse über die praktische Umsetzbarkeit der Anweisung aus Sicht der Teilnehmer zu bekommen.

Für die Beurteilung der Kombination aus Erzeugungs- und Ermöglichungsdidaktik wurde zunächst der gleiche Fragebogen wie für die Erzeugungsdidaktik herangezogen, um später einen Vorher-Nachher-Vergleich durchführen zu können.

Zusätzlich wurden beim Fragebogen der Ermöglichungsdidaktik noch Fragen hinsichtlich des Workshops aufgenommen. Diese beziehen sich deshalb auf eine andere Dimension. So soll von den Teilnehmern die Qualität hinsichtlich Planung und Durchführung des Workshops beurteilt und beschrieben werden.

4.3 Vorbereitung der Workshops

Lipp Ulrich und Will Hermann zählen zu den Grundelementen eines Workshops die „Arbeit, in einer Gruppe, an einer Aufgabe, außerhalb der Routinearbeit". Des Weiteren setzen sich die Teilnehmer im Workshop aus Experten oder Betroffenen sowie einem Moderator, welcher den Workshop leitet, zusammen (LIPP U. & WILL H., 2008, S. 13). Ein wesentlicher Erfolgsfaktor eines Workshops ist der Praxisbezug der behandelten Thematik (BEERMANN S. & SCHUBACH M., 2009, S. 7).

Bei der Vorbereitung des Workshops sind einige Punkte zu berücksichtigen, welche eine positive Wirkung auf die Ergebnisse des Workshops haben. Hier sind u. a. die sechs Dimensionen eines Interventionsdesigns zu nennen, welche sich mit Themen wie Zeit, Raum und Inhalt beschäftigen. Aber auch Komponenten wie

Symbolik, soziale Gegebenheiten und Didaktik haben einen wesentlichen Einfluss auf den Erfolg eines Workshops (STRIKKER F. & STRIKKER H., 2018, S. 282).

5. Auswirkung der Kombination aus Erzeugungs- und Ermöglichungsdidaktik

Im fünften Kapitel sollen nun die Ergebnisse der reinen Erzeugungsdidaktik und Kombination aus Erzeugungs- und Ermöglichungsdidaktik gegenübergestellt und beurteilt werden. Hierdurch soll eine Aussage über die Steuerung der Interpretation und Umsetzung der Zentralanweisung getroffen werden.

5.1 Zentralanweisung für Sonderfreigaben

In der Zentralanweisung für Sonderfreigaben werden wichtige Anforderungen und Vorgehensweisen beschrieben, welche umgesetzt und eingehalten werden müssen, wenn es zu Abweichungen an den Produkten oder in den Prozessen kommt.

Item- und Skalenanalyse – Sonderfreigabe

Bevor die Ergebnisse der Fragebögen beurteilt werden können, müssen die aufbereiteten Daten der Fragebögen analysiert und bewertet werden. Die Trennschärfe der einzelnen Fragen wird mittels des Produkt-Moment-Korrelationskoeffizienten berechnet.

Bei der Skala zur Erzeugungsdidaktik weisen sechs der zehn Items eine Trennschärfe von über 0,4 auf, was als gute Trennschärfe gilt. Die Werte der Fragen 2 und 10 hingegen sind sehr gering, sodass diese Items eliminiert werden sollten, um dadurch den Gesamtwert der Skala zu verbessern.

Die Reliabilität der Skala wird anhand der Konsistenzanalyse und dem Wert Cronbachs Alpha berechnet bzw. bestimmt. Dieser wird anhand der einzelnen Mittelwerte aus der Korrelation aller Items und der Gesamtanzahl der Items bestimmt. Durch das Eliminieren der Items 2 und 10 kann der Wert Cronbachs Alpha von 0,918 auf 0,934 verbessert werden. Als Folge daraus werden die Items 2 und 10 bei der späteren Interpretation und Analyse der Ergebnisse aus den Workshops nicht herangezogen.

Eine Ursache für den geringen Wert der Trennschärfe könnte eine ungenaue Fragestellung sein. Folglich werden die Items von den Befragten anders interpretiert und schließlich falsch beantwortet. Ein weiterer Grund könnte sein, dass die Items auf eine andere Dimension abzielen und demnach nicht mit den anderen Fragen korrelieren.

Anschließend sollen die Daten der Kombination aus Erzeugungs- und Ermöglichungsdidaktik analysiert und bewertet werden. An dieser Stelle wird eine Unterteilung des Fragebogens in zwei Dimensionen durchgeführt. Die Fragen 11-16 des Fragebogens beziehen sich auf die Bewertung des Workshops, sodass hier eine Trennung und separate Analyse der Fragebögen notwendig ist. Als erster Schritt wird hier die Trennschärfe der einzelnen Items berechnet. Bei der ersten Berechnung weisen die Trennschärfen der Items 12, 13 und 15 einen Wert unter 0,3 auf, sodass der Fragebogen um diese Items bereinigt wird. Nach dem Eliminieren haben die übrigen Items eine Trennschärfe über 0,3 und korrelieren somit miteinander.

Mittels Cronbachs Alpha wird die Reliabilität der Skala für die Ermöglichungsdidaktik überprüft und weist mit 0,985 einen guten Wert auf.

Aufbau des Workshops – Sonderfreigabe

Anhand der beschriebenen sechs Dimensionen wurde der Workshop für die Sonderfreigabe geplant und durchgeführt.

Hinsichtlich der zeitlichen Dimension wurden die Pausenzeiten sehr flexibel gestaltet und Zeit für Diskussionen gelassen. Hierdurch konnte eine lockere Arbeitsatmosphäre geschaffen werden. Bei dem Workshop wurde auf interne Räumlichkeiten zurückgegriffen, welche mit Tischen und Stühlen sowie herkömmlicher Medien wie Beamer, Flipchart und Metaplantafeln ausgestattet sind.

Der Austausch zwischen den erfahrenen Teilnehmern zur praktischen Umsetzung und Problemstellungen der Anweisung sollte den Inhalt des Workshops bereichern. Wesentliche Punkte sind zum einen der Erfahrungsaustausch zwischen den Teilnehmern sowie das Einbeziehen von praktischen Beispielen.

Hinsichtlich der sozialen Dimension wurde der Workshop so konzipiert, dass alle Kollegen zusammen an der Diskussion teilnehmen konnten. Hierdurch wurde die Möglichkeit des gegenseitigen Erfahrungsaustausches geschaffen. Des Weiteren konnte durch das Schreiben von Namensschildern und einer Vorstellungsrunde gute Rahmenbedingungen für eine zukünftige Zusammenarbeit geschaffen werden.

Für die didaktische Dimension wurde auf Flipchart und Whiteboards zurückgegriffen, um die Themen schnell darzustellen und den Fokus der Teilnehmer auf diese Inhalte zu lenken. Lediglich für praktische Beispiele und Prozesse kamen Laptop und Beamer zum Einsatz.

Interpretation der Ergebnisse – Sonderfreigabe

Betrachtet man das Diagramm in Abbildung 5.1, so ist eine Verbesserung der Werte von der reinen Erzeugungsdidaktik hin zur Kombination der beiden Formen der Didaktik durch den Workshop erkennbar. So ist beispielsweise bei der Frage 7 eine Optimierung des errechneten Wertes um fast 30 % zu verzeichnen. Das Verständnis über die praktische Umsetzbarkeit war also für die Teilnehmer nach dem Workshop eindeutiger. Hierdurch konnte entweder das Risiko einer Unterregulierung reduziert oder eine Überregulierung vermieden werden.

Die größte Entwicklung ist bei der Frage 6 erkennbar, bei der es um inhaltliche Unklarheiten in der Anweisung bei den Teilnehmern ging. Hier konnte eine Optimierung des Wertes um 36 % erzielt werden. Als Resultat konnten durch den Workshop die inhaltlichen Unklarheiten der Anweisung bei den Teilnehmern reduziert oder beseitigt werden. Die Inhalte der Zentralanweisung sind somit durch den Workshop nochmal verdeutlicht worden und können nun besser in den Berufsalltag integriert werden.

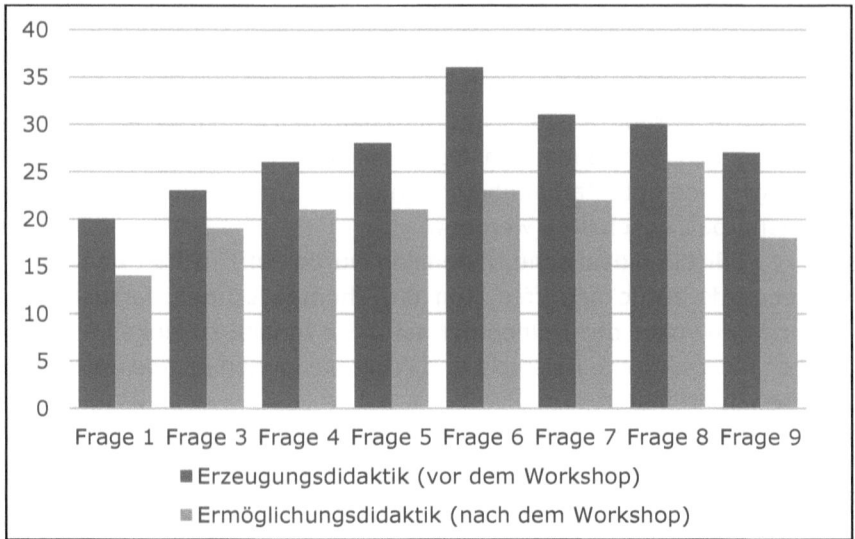

Abb. 5.2: Gegenüberstellung Antworten aus den Fragebögen beim Workshop für die Sonderfreigabe (eigene Darstellung)

5.2 Zentralanweisung für das Auditmanagement

In der Zentralanweisung für das Auditmanagement sind die wesentlichen Punkte zur Planung und Durchführung von Audits sowie die Überprüfung von Ergebnissen und Maßnahmen wie auch die Weiterentwicklung des Prozesses beschrieben.

Item- und Skalenanalyse – Auditmanagement

Hier wird zunächst die Überprüfung der Trennschärfe mittels der Produkt-Moment-Korrelation durchgeführt. Die Trennschärfenkorrelation weist bei fast allen Fragen akzeptable Werte auf. Durch Eliminierung der Frage 18 mit geringem Wert wird die Qualität der Skala verbessert.

Die Berechnung der Zuverlässigkeit mittels Cronbachs Alpha nach der Eliminierung des Items 18 ergibt einen Wert von 0,889, was eine akzeptable Reliabilität der Skala bedeutet.

Aufbau des Workshops – Auditmanagement

Die Planung des Workshops zum Auditmanagement basiert ebenfalls auf den sechs Dimensionen eines Interventionsdesigns. Als erster Schritt soll auf die Planung der sozialen Dimension im Workshop eingegangen werden. Die Teilnehmer wurden in drei Gruppen aufgeteilt, was als positiv von den Kollegen aufgefasst wurde.

Die Dauer für die Workshops über die Ermöglichungsdidaktik zum Auditmanagement war auf dreieinhalb Stunden angesetzt. Anhand der erzielten Ergebnisse kann auf eine ausreichende Zeitvorgabe geschlossen werden.

Bei der Planung der räumlichen Gegebenheiten wurde auf Besprechungszimmer mit Tischen und Stühlen zurückgegriffen. Diese Sitzordnung verbirgt einige Nachteile, was ebenfalls von den Teilnehmern als negatives Feedback zurückgemeldet wurde.

Ziel des Workshops war es, einen Austausch der Kollegen bezogen auf praktische Problemstellungen und Lösungsansätze im Auditmanagement zu initialisieren. Als Feedback hierzu gaben über 80 % der Teilnehmer an, dass die Anzahl der Praxisbeispiele ausreichend war.

Interpretation der Ergebnisse – Auditmanagement

Bevor die Interpretation der Ergebnisse erfolgt, werden zunächst die Daten aufbereitet und in Abbildung 5.2 grafisch dargestellt. Auch hier kann durch den Workshop eine Verbesserung der Ergebnisse bei allen Fragen festgestellt werden.

So ist beispielsweise eine Reduzierung des Wertes bei der dritten Frage um 33 % zu erkennen. Was heißt, dass für die Teilnehmer nach dem Workshop die Ziele der Anweisung klarer waren.

Die größte Entwicklung ist bei der vierten Frage zu erkennen, bei der es um die Anforderung in der Anweisung geht. Durch den

Workshop konnte der Wert dieser Frage um 40 % reduziert werden.

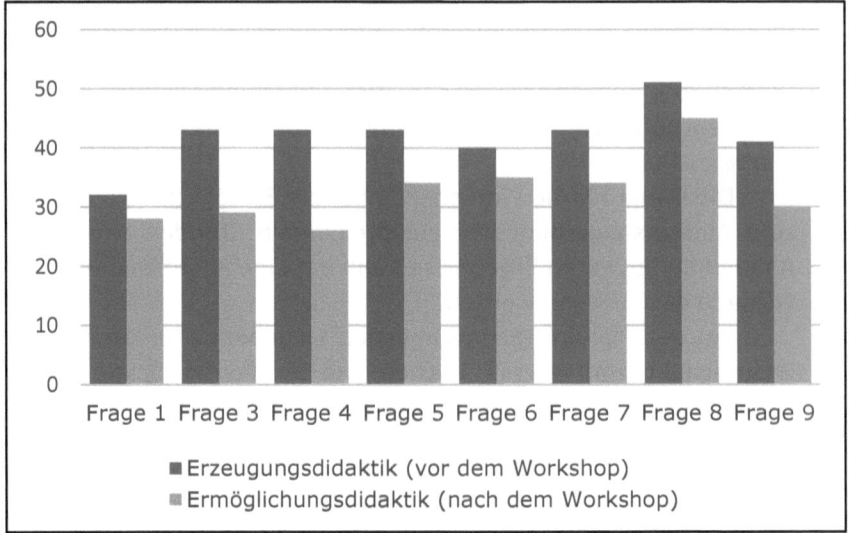

Abb. 5.3: Gegenüberstellung Antworten aus den Fragebögen beim Workshop für das Auditmanagement (eigene Darstellung)

5.3 Zusammenfassung der Ergebnisse aus den Untersuchungen

Für die Planung der Workshops anhand der sechs Dimensionen wurde von den meisten Teilnehmern generell ein positives Feedback gegeben, was wiederum erfolgsversprechende Auswirkungen auf die Ergebnisse hat. Hinsichtlich der Raumplanung ist eine rechtzeitige Buchung im Vorfeld notwendig, um geeignete Rahmenbedingungen zu schaffen.

Sowohl beim Workshop für die Sonderfreigabe als auch beim Auditmanagement waren die Teilnehmer mit der Durchführung zufrieden. Die verwendeten Methoden im Workshop müssen jedoch jedes Mal auf das jeweilige Ziel angepasst werden, was eine hohe Kompetenz und Flexibilität in der Moderation voraussetzt.

Im Vergleich der Ergebnisse zur Erzeugungsdidaktik und Kombination aus der Erzeugungs- und Ermöglichungsdidaktik, ist bei allen Fragen eine Verbesserung der Ergebnisse nach dem Workshop zu erkennen.

Des Weiteren wurden durch den Workshop das Ziel sowie die Anforderungen in der Anweisung verständlicher, wodurch das Risiko einer Unterregulierung minimiert wird. Ebenso konnte bei beiden Workshops das Verständnis zur praktischen Umsetzbarkeit erhöht werden, sodass eine Überregulierung und die damit verbundene Verschwendung von Ressourcen reduziert werden konnten. An dieser Stelle waren der Austausch von Erfahrungen und der Praxisbezug von großer Bedeutung.

Als Resultat aus den Ergebnissen kann zusammengefasst werden, dass die Workshops für die Anweisung zielführend waren, um die Interpretation und Umsetzung von Zentralanweisungen besser zu steuern.

6. Schlussbetrachtung

Die Ergebnisse der Untersuchung haben gezeigt, dass durch die Kombination aus Erzeugungs- und Ermöglichungsdidaktik positive Resultate bei der Interpretation und Umsetzung von den Zentralanweisungen erzielt werden konnten. Die Hypothese, dass durch die Kombination von Erzeugungs- und Ermöglichungsdidaktik die Interpretation und Umsetzung von Zentralanweisungen besser gesteuert werden kann, konnte somit bestätigt werden. Mittels der Erzeugungsdidaktik werden zunächst die Anweisungen an die Organisation verteilt und somit den Mitarbeitern zur Verfügung gestellt. Durch den anschließenden Workshop konnte ein Rahmen geschaffen werden, in dem die Teilnehmer praktische Beispiele und Problemstellungen diskutiert sowie das Gelernte direkt auf praktische Situationen angewandt und mögliche Lösungswege erarbeitet haben.

Anhand der sechs Dimensionen eines Interventionsdesigns wurde der Workshop geplant und schließlich durchgeführt. Hierdurch sollte eine angenehme Arbeitsatmosphäre geschaffen werden, um Lernerfolge zu ermöglichen und positive Arbeitsresultate im Workshop zu erzielen.

Durch den Workshop konnten Unklarheiten in der Anweisung minimiert oder eliminiert, Anforderungen und Ziele der Anweisung für die Teilnehmer klarer definiert und somit eine bessere

Umsetzbarkeit in der Praxis ermöglicht werden. Das Risiko einer Unter- bzw. Überregulierung der Prozesse konnte somit verringert werden. Des Weiteren wurde ein Erfahrungsaustausch zwischen den Teilnehmern ermöglicht und somit das Wissen in der Organisation verteilt und erweitert.

Die Durchführung eines Workshops stellt also eine gute Möglichkeit dar, einen Ermöglichungsrahmen zu schaffen in dem schließlich das Wissen geteilt und die Informationen vermittelt werden. Eine Alternative bietet hier auch eine Neuausrichtung der Technik wie beispielsweise Foren, Social Networks, Interactive Whiteboards oder Virtual Classrooms, um die Informationen oder Dokumente bereitzustellen. Durch Systeme wie interaktive Plattformen können praktische Beispiele ausgetauscht und Erfahrungen geteilt werden. Vorteil hierbei ist neben der Unabhängigkeit von Raum und Zeit der einzelnen Mitarbeiter der Praxisbezug der Problemstellungen und Lösungsmöglichkeiten.

Unabhängig von der Form, in der eine Zentralanweisung diskutiert wird, ist die Rollenänderung der Lehrenden als auch der Lernenden ein entscheidender Schritt zur Änderung einer Lehr-Lernkultur. Die Aufgabe der Lehrenden muss sich hin zum Coach, Beobachter und Berater ändern, sodass hier weitere Methodenkompetenzen aufgebaut werden müssen, um den Erwartungen gerecht zu werden. Die Aufgabe ändert sich vom reinen Präsentieren der Inhalte hin zum Schaffen eines Raums zur Generierung und Verteilung von neuem Wissen. Weiterhin ist der Lernende in der Pflicht vom rein passiven Part zu einem aktiven Teil im Lernprozess zu wechseln, das Gelernte direkt durch Handeln auf den Berufsalltag zu transferieren und vorhandenes Wissen mitzuteilen. Hierdurch werden Informationen geteilt und verfügbar gemacht. Durch diese Veränderung können nicht nur Vorteile bei der Steuerung der Interpretation und Implementierung von zentralen Vorgaben erreicht werden, sondern auch bei anderen Prozessen des Wissenstransfers oder der Kompetenzsteigerung positive Resultate erzielt werden.

Auf diese Weise kann sich das Unternehmen auf den Wandel in der Lernkultur einstellen und Problemen durch steigende Komplexität und dem demografischen Wandel entgegenwirken. Durch die Änderung der Lernkultur kann das implizite Know-how der

Mitarbeiter geschützt und eine solide Wissensgrundlage aufgebaut werden.

Dies ist ein wichtiger Schritt, um in der Volatilität, Ungewissheit, Komplexität und Mehrdeutigkeit der heutigen Zeit mithalten zu können. Das Wissen der Organisation wird zukünftig einen wichtigen Wettbewerbsvorteil darstellen und ist dementsprechend eine wichtige Ressource im Unternehmen. Begünstigt wird dieser Wandel der Lern-Lehrkultur durch die Vielzahl an digitalen Medien, welche in der heutigen Zeit zur Verfügung stehen. An dieser Stelle ist wichtig den Mitarbeitern einen Rahmen zu schaffen, in dem sie sich über das neue Wissen austauschen und mit eigenen Erfahrungen kombinieren können.

Entscheidend wird sein, den Medieneinsatz so zu gestalten, dass den Mitarbeitern die wichtigen Informationen zielgerichtet vermittelt und gleichzeitig ein Ermöglichungsrahmen zur Selbstentfaltung der Person geboten wird. Hier muss neben den inhaltlichen Themen auch auf die sozialen, symbolischen, didaktischen, räumlichen und zeitlichen Werte eingegangen werden, um einen angenehmen Lernrahmen zu generieren. Die Auswahl des Mediums ist von der Unternehmenskultur der jeweiligen Organisation abhängig und kann sehr unterschiedlich gehandhabt werden. Wichtig ist eine Durchgängigkeit und Ganzheitlichkeit der neuen Lehr-Lernkultur zu gewährleisten. Hierzu ist neben der Aufbauorganisation auch die Ablauforganisation zu analysieren und auf die neuen Gegebenheiten anzupassen.

Dadurch kann den Problemen, die der demographische Wandel mit sich bringt, entgegengewirkt und das Wissen der Mitarbeiter im Unternehmen gehalten werden. Des Weiteren kann sich ein Unternehmenden den ständig ändernden Marktanforderungen schnell und flexibel anpassen, um dadurch die Kundenwünsche optimal zu erfüllen. Dies wiederum ist hilfreich für eine gute Marktposition des Unternehmens und stellt einem Wettbewerbsvorteil dar.

Literaturverzeichnis

Arnold R. (1999). Konstruktivistische Ermöglichungsdidaktik. In (Hrsg.), Arnold R., Gieseke W. & Nuissl E. Erwachsenenpädagogik – Zur Konstitution eines Faches (Band 18). Hohengehren: Schneider Verlag

Arnold R. (2007). Ich lerne, also bin ich – Eine systematisch-konstruktivistische Didaktik. Heidelberg: Carl-Auer-Systeme Verlag

Arnold R. (2012). Wie man lehrt, ohne zu belehren – 29 Regeln für eine kluge Lehre. Das LENA-Modell. Heidelberg: Carl-Auer-Systeme Verlag

Arnold R. & Schuessler I. (1998). Wandel der Lernkulturen – Ideen und Bausteine für ein lebendiges Lernen. Darmstadt: Wissenschaftliche Buchgesellschaft

Arnold R. & Schuessler I. (2010). Ermöglichungsdidaktik: Erwachsenenpädagogische Grundlagen und Erfahrungen. (2. Auflage). Baltmannsweiler: Schneider Verlag Hohengehren

Arnold R. & Siebert H. (2006). Konstruktivistische Erwachsenenbildung (5. Auflage). Baltmannsweiler: Schneider Verlag Hohengehren

Arnold R. & Tutor C. (2007). Grundlinien einer Ermöglichungsdidaktik – Bildung ermöglichen - Vielfalt gestalten (1. Auflage). Augsburg: ZIEL GmbH

Beermann S. & Schubach M. (2009). Workshops – Vorbereiten, durchführen, nachbereiten. Planegg: Rudolf Haufe Verlag GmbH & Co. KG.

Bolle B. (2008). Das Lernberatungsgespräch im bildungstheoretischen Blickwinkel. Münster: Waxmann Verlag GmbH

Buehner M. (2011). Einführung in die Test- und Fragebogenkonstruktion (3. Aufl.). München: Pearson Studium

Buelow-Schramm M. (2006). Qualitätsmanagement in Bildungseinrichtungen (Band 6). Münster: Waxmann Verlag GmbH

DIN ISO 9001 – Deutsches Institut für Normung. (2015). Qualitätsmanagementsysteme – Grundlagen und Begriffe. DIN EN/ISO 9000:2015.

Diekmann A. (2012). Empirische Sozialforschung. Grundlagen, Methoden, Anwendungen. (6. Aufl.). Hamburg: Rowohlt Verlag GmbH

Doering N. & Bortz J. (2016). Forschungsmethoden und Evaluation in den Sozial- und Humanwissenschaften. (5. Aufl.). Berlin-Heidelberg: Springer-Verlag

Erpenbeck J. & Sauter W. (2013). So werden wir lernen! Kompetenzentwicklung in einer Welt fühlender Computer, kluger Wolken und sinnsuchender Netze. Berlin/Heidelberg: Springer-Verlag

Erpenbeck J. & Sauter W. (2016). Stoppt die Kompetenzkatastrophe! – Wege in eine neue Bildungswelt. Berlin/Heidelberg: Springer-Verlag

Fleischer A. & Czachs S. (2016). Organisationale Möglichkeiten und Herausforderungen einer kompetenzorientierten Weiterentwicklung von Erwachsenenbildnern. In Arnold R., Tutor C., Prescher T. & Schuessler I. (Hrsg.) Ermöglichungsdidaktik: Offene Fragen und Potenziale (Band 18). Baltmannsweiler: Schneider Verlag Hohengehren

Friedrichs J. (1973). Methoden empirischer Sozialforschung. Reinbek: Rowohlt.

Grabowski U. (2007). Berufliche Bildung und Persönlichkeitsentwicklung – Forschungsstand und Forschungsaktivitäten der Berufspsychologie. Wiesbaden: Deutscher Universitäts-Verlag

Gruber H., Mandl H. & Renkl A. (2000). Was lernen wir in Schule und Hochschule: Träges Wissen. In Mandl H. & Gerstenmaier J. (Hrsg.). Die Kluft zwischen Wissen und Handeln. Empirische und theoretische Lösungsansätze. Göttingen: Hogrefe.

Haeder M. (2015). Empirische Sozialforschung. Eine Einführung (3. Aufl.). Wiesbaden: Springer Fachmedien

Hoffmann E. (2018). Personalentwicklung und -controlling – Strategien für den Mittelstand. Wiesbaden: Springer Fachmedien GmbH

Holla B. (2002). Qualitätsentwicklung in der Weiterbildung durch praxisorientierte Evaluation (Band 842). Frankfurt: Europäischer Verlag der Wissenschaft

Hoskins B., Cartwright F. & Schoof U. (2010) European Lifelong Learning Indicators (ELLI). Bielefeld

Keleva A. & Moosbrugger H. (2012). Deskriptivstatistische Evaluation von Items (Itemanalyse) und Testwertverteilung. In Moosbrugger H. & Keleva A (Hrsg.). Testtheorie und Fragebogenkonstruktion (2. Aufl.). Berlin/Heidelberg: Springer-Verlag

Kordts-Freudinger R. (2015). Item- und Skalenanalyse. https://blogs.uni-paderborn.de/fips/2015/04/07/item-und-skalenanalyse/ (zuletzt besucht am 29.07.2019)

Kromrey H. (2002). Empirische Sozialforschung – Modelle und Methoden der standardisierten Datenerhebung und Datenauswertung (10. Auflage). Opladen: Leske + Budrich

Kusterer S. (2008). Qualitätssicherung im Wissensmanagement. Wiesbaden: Gabler. doi:10.1007/978-3-8349-9896-5

Lipp U. & Will H. (2008). Das große Workshop-Buch – Konzeption, Inszenierung und Moderation von Klausuren, Besprechungen und Seminaren (8. Aufl.). Weinheim und Basel: Beltz Verlag

Meir S. (n.d.). Didaktischer Hintergrund Lerntheorien. https://lehrerfortbildung-bw.de/st_digital/elearning/moodle/praxis/einfuehrung/material/2_meir_9-19.pdf (zuletzt besucht am 29.07.2019)

Meixner J. & Müller K. (2004). Angewandter Konstruktivismus – Ein Handbuch für die Bildungsarbeit in Schule und Beruf. Aachen: Shaker Verlag

Mescheder B. & Sallach C. (2012). Wettbewerbsvorteile durch Wissen: Knowledge Management, CRM und Change Management verbinden. Berlin/Heidelberg: Springer-Verlag. doi:10.1007/978-3-642-27896-9

Mitschian H. (2000). Vom Behaviorismus zum Konstruktivismus. https://tujournals.ulb.tu-darmstadt.de/index.php/zif/article/viewFile/639/615 (zuletzt besucht am 29.07.2019)

Nonaka I. & Takeuchi H. (1995) The Knowledge-Creating Company – How Japanese Companies Create the Dynamics of Innovation. New York: Oxford University Press.

Quilling K. (2015). Ermöglichungsdidaktik - Der DIE-Wissensbaustein für die Praxis. Online-Erstveröffentlichung (Bertelsmann Stiftung) Online: www.die-bonn.de/wb/2015-ermoeglichungsdidaktik-01.pdf (zuletzt besucht am 29.07.2019)

Reinmann G. (2013). Didaktisches Handeln. Die Beziehung zwischen Lerntheorien und Didaktischem Design. In Ebner M. & Schön S. (Hrsg.). L3T. Lehrbuch für Lernen und Lehren mit Technologien (2. Auflage) https://www.pedocs.de/volltexte/2013/8338/pdf/L3T_2013_Reinmann_Didaktisches_Handeln.pdf (zuletzt besucht am 29.07.2019)

Reischmann J. (1988). Offenes Lernen von Erwachsenen – Grundlagen und Erprobung im Zeitungskolleg (Band 5). Rieden: WB-Druck GmbH & Co. Buchproduktions-KG

Sauter R., Sauter W. & Wolfig R. (2018). Agile Werte- und Kompetenzentwicklung – Wege in eine neue Arbeitswelt. Heidelberg: Springer-Gabler GmbH

Sauter W. & Sauter S. (2013). Workplace Learning – Integrierte Kompetenzentwicklung mit kooperativen und kollaborativen Lernsystemen. Berlin/Heidelberg: Springer-Verlag

Sauter W. & Scholz C. (2015). Von der Personalentwicklung zur Lernbegleitung – Veränderungsprozess zur selbstorganisierten Kompetenzentwicklung. Wiesbaden: Springer Fachmedien

Schuessler I. (2015). Ermöglichungsdidaktik – eine didaktische Theorie. In Arnold R. & Schüßler I. (Hrsg.). Ermöglichungsdidaktik – Erwachsenenpädagogische Grundlagen und Erfahrungen (Band 35). Baltmannsweiler: Schneider Verlag Hohengehren

Schwehm J. (2017). Systemisch unterrichten – Fachunterricht prozessorientiert gestalten. Heidelberg: Carl-Auer Verlag

Schweikert T. (2007). Erwachsenenbildung weiterdenken – Theorien der Erwachsenenbildung und ihre Kritik (Band 954). Frankfurt: Europäischer Verlag der Wissenschaften

Siebert H. (2012). Didaktisches Handeln in der Erwachsenenbildung – Didaktik aus konstruktivistischer Sicht (7. Auflage). Augsburg: ZIEL GmbH

Siebert H. (2015). Konstruktivistische Leitlinien einer Ermöglichungsdidaktik. In Arnold R. & Schüßler I. (Hrsg.). Ermöglichungsdidaktik – Erwachsenenpädagogische Grundlagen und Erfahrungen (Band 35). Baltmannsweiler: Schneider Verlag Hohengehren

Strikker, F. & Strikker, H. (2018): Architektur und Design bei Changeprozessen im Bildungsmanagement. In: Graeßner, G. & Kurz, M. H. (Hrsg.): Einführung in das Bildungs- und Kulturmanagement. Augsburg: ZIEL Verlag

Tietgens H. (1999). Vereinbares und Widersprüchliches zwischen Curricula und Konstruktivismus. In (Hrsg.), Arnold R., Gieseke W. & Nuissl E. Erwachsenenpädagogik – Zur Konstitution eines Faches (Band 18). Hohengehren: Schneider Verlag

VUCA-Welt (2018). Leadership Skills & Strategien – Der Mensch im Mittelpunkt der Digitalisierung. https://www.vuca-welt.de/ (zuletzt besucht am 29.07.2019)

Wifi. (2011). Was ist das WiFi-Lernmodell LENA? https://www.wifi.at/service/wifi-lernmodell-lena/was-ist-das-wifi-lernmodell-lena/wifi-lernmodell-lena (zuletzt besucht am 29.07.2019)

Will H., Winteler A. & Krapp A. (1987). Evaluation in der beruflichen Aus- und Weiterbildung – Konzepte und Strategien (Band 10). Heidelberg: Sauer-Verlag

Zech R. (2006). Lernorientierte Qualitätssicherung in der Weiterbildung – Grundlegung – Anwendung – Wirkung. Bielefeld: Bertelsmann Verlag

Providing Feedback bottom-up – An implementation guide

Ilona Rosebrock

Feedback. A topic that is known across the globe. It is a theme that everybody knows and has an opinion to and therefore can contribute with a personal statement during ongoing discussions. This is one of the reasons for the complexity the topic brings with it: Everybody can speak to it and yet at the same time it is very individual. A general perception is that the higher up you are in the hierarchy, the less feedback you receive since it is not yet very common to provide feedback to your line manager. As a consequence, often senior managers have less opportunities to grow and improve their performance. Feedback seems to be an overused word and an underdeveloped skill. The ability to give and receive feedback is dependent on many factors: it starts with the individual definition of feedback, the personal preferences and experiences in the past related to that topic, as well as on the individual personality (Strijbos & Müller, 2014). Concluding from the individuality and the sensitivity of the topic it is impossible to find *the* one fits all solution.

Feedback. Ein global bekanntes Thema. Ein Thema, welches jeder kennt und zu dem jeder eine Meinung hat. Dies ist einer der Gründe für die Komplexität, die das Thema mit sich bringt: Jeder kann beitragen und gleichzeitig ist es ein sehr individuelles Thema. Es besteht die generelle Wahrnehmung, dass man immer weniger Feedback erhält, je höher man sich in der Hierarchie befindet, da es bisher oft nicht üblich ist, seinem Vorgesetzten/seiner Vorgesetzten eine Rückmeldung über die Leistung oder das Verhalten zu geben. Als Konsequenz erhalten Vorgesetzte seltener Rückmeldungen zu ihren Leistungen und ihrem Verhalten und somit weniger Möglichkeiten ihre Leistungen zu verbessern. Die Fähigkeit Feedback zu geben und anzunehmen, hängt von vielen Faktoren ab: Beginnend mit der individuellen Definition von Feedback, den persönlichen Vorlieben und Erfahrungen in der Vergangenheit in Bezug auf dieses Thema, bis hin zur jeweiligen Persönlichkeit (Strijbos & Müller, 2014). Ausgehend von der Individualität und der Sensibilität des Themas ist es unmöglich, **die eine Lösung** zu finden.

1. Introduction

The first feedback we receive in life is usually at the time of birth, when parents look at their new born babies for the very first time: The look on their faces when they hold their child is already considered as feedback. It continues throughout our childhood with the grades we receive for the performance at school and through the advices that we receive from friends and relatives in various situations. People constantly give and receive feedback: It starts with a small comment about the taste of dinner or about the look of the new shoes (Stone & Heen, 2014). Although feedback seems to be all over the place, when put into a business context people often feel different. In many cases the word "feedback" is connected with a negative statement. While it is known that feedback is required to learn, develop and improve our performance and people in general are of the opinion that feedback is good and helpful, they often struggle with proactively seeking for feedback that would enable them to grow or with giving feedback to others about their performance. This is independent of the fact if they have performed well or poorly (London, 2003). One of the reasons behind is that we are usually aware of the fact that nobody is perfect, while at the same time everyone strives to be perfect. As a consequence, we are looking for feedback to understand the areas in which we can learn and improve. On the other hand, we would like to be already good enough and get accepted and loved for just the way they are. (Stone & Heen, 2014). Keeping this in mind, it helps to better understand why it is sometimes tough to be open to other people's impressions, opinions, views and – feedback.

During the past few years, it became more common to have an annual performance review, at least in middle- and large sized organizations. Receiving feedback from the line manager through an official process is well-established and the outcome has an influence on the individual annual bonus payment at Merck KGaA. A lot of companies have implemented various Performance Management Processes including regular feedback conversations between manager and employee. Yet, a lot of people complain about not having a good feedback culture within their organizations. Often the feedback they receive is perceived as subjective, unspecific, unfair or not helpful. Further, individuals sometimes are afraid of openly providing feedback to their line manager, as they have in mind that their line manager is the person responsible for their career development and in the end the one person who decides on their annual bonus payment. Which makes it more difficult to give critical feedback up the hierarchy.

Until today, the focus of most tools and trainings was on giving feedback top down: from the manager to the employee. All approaches to improve the feedback culture were developed in an isolated approach from the central HR function, without the active involvement of the employees.

Since the Merckgroup consists out of three business sectors and has more than 52.000 employees acting in 66 Countries, it is almost impossible to find *the* single solution that would fit all businesses needs with regards to improving a feedback culture. Therefore, this evaluation focuses on the Biopharma R&D Section of the Merck Healthcare KGaA business.

2. Definitions of feedback

Merck KGaA and Merck Healthcare KGaA

The Merck KGaA is a 353-years old family-owned business, with 72% of the shares being owned by the Merck family. Founded back in 1668 by Emanuel Merck, the company exists out of three major business sectors: the Merck Healthcare KGaA (since April 1st, 2019 an own subsidiary), Life Sciences and Electronics.

The Merck Healthcare KGaA is specialized to prescription medicines and intelligent medical devices to support patients not only with medicines but beyond the regular treatment by helping to create, improve and prolong live. The therapeutic areas include

Oncology, Neurodegenerative Diseases, Fertility, Allergies, Endocrinology and General Medicines.

The Life Science sector of Merck KGaA grants researchers the access to state-of-the-art tools, services and expertise required to perform research experiments and develop new products. The product portfolio ranges from gene editing tools to antibodies and cell lines up to lab water systems and other laboratory devices.

The Electronics sector's portfolio ranges from liquid crystals (LC's) and organic light emitting diodes (OLED's) materials for displays (e.g. in mobiles or Televisions) to materials for energy solutions, effect pigments for coatings and color cosmetics. (Merck KGaA, Darmstadt, Germany)

Not only due to the history of the company but also driven by the overall company culture the business is specialized in high quality products delivered to customers and patients. Over the past decades the company culture was built with focusing on always delivering the highest quality possible as a standard throughout all products as well as processes. The Cost as well as the time to market became second important.

Feedback

The very first known use of "feedback" is dated back in the year 1919, where it was used in the industry context to describe *"the return to the input of a part of the output of a machine, system, or process."* ("Get Looped In on 'Feedback'," 2019)

Over time, two further general definitions of feedback evolved: One coming out of the music industry, where the word feedback is used to describe the awful sound that is created as a result from an amplified signal that has been returned as an input and has been retransmitted. The other one is describing *"the transmission of evaluative or corrective information about an action, event, or process to the original or controlling source."* ("Get Looped In on 'Feedback'," 2019). In the cybernetics area the word feedback is defined as Information about the function or the output of a system or process – resulting in Ramaprasad's definition that feedback is the information about the gap between the reference level and the actual level of a system parameter which is used to close the gap (Ramaprasad, 1983).

Today, the word is mostly used in the context of "reporting something back to someone". Although many scientific publications do not include a definition of the word feedback, the understanding is that there is a common sense for the term feedback within this scientific community (Ditton & Müller, 2014b). Further, feedback is based on the so-called doubled subjectivity: there is no claim that the subjective, shared observation can be applied universally, and it is with the person who receives the feedback to decide whether he wants to accept it or not. Feedback is not supposed to clarify the cause and effect relationship. (Ditton & Müller, 2014a).

Within the theoretical basics of the four major educational approaches, feedback can be looked at in four different ways: Within the **behaviouristic approach**, feedback is meant to either support desired behaviour or to stop undesirable behaviour. It is focused on visible behaviours and actions and applies the principles from Pawlow's theory of classical conditioning: positively reinforce desired behaviour, penalize unwanted behaviour.

The **cognitive approach** puts the brain activities into the centre: the underlying thought (simplified description) is that the neuronal information processing processes are responsible for directing actively received stimuli through the short-term memory and for connecting the input with already built knowledge and experiences in the long-term memory. Feedback is therefore seen as an additional source of information that helps identifying the gap between the targeted and the actual performance.

Within the **constructivist approach**, feedback is seen as a voluntary offer: the recipient himself decides if he accepts and processes the feedback. Within this view, it is crucial that the learning event is a voluntary chosen situation, as the intrinsic motivation plays a major role for making use of the feedback. In this approach, feedback must be phrased objective especially when it comes to negative feedback and needs to be linked to a specific event or performance to trigger the intrinsic motivation of the recipient and therewith gets acceptance.

The **neurobiological approach** is assessing the effect of feedback on the activities in the brain with using magnetic resonance imaging scans (MRI scans) with the aim of analysing the physical processes that are happening while giving or receiving feedback. Recent studies show that positive feedback triggers the brain regions responsible for the dopamine production. Within some cultures and through media dopamine is known as the hormone for happiness and pleasure. One conclusion therefore is that positive feedback has also a positive impact on the respective mood. On the opposite, negative feedback shows a reduction of the activities in the anterior and posterior cingulate cortex, concluding in less dopamine production and therefore a negative impact on the mood. (Kopp B. & Mandl, 2014)

According to Lehmenkühler, there are three different types of feedback:

- **Implicit feedback**. It is non-intentional, unconsciously given verbal or non-verbal feedback.
- **Explicit feedback**. Consciously given feedback to perceived behaviour.
- **Constructive feedback**. It's consciously given feedback to perceived behaviour with outlining the effect that it had and the wish for future behaviour (Lehmenkühler, Roscher, & Theis, 1976).

What is the overall purpose of giving feedback to others? In his book "Job Feedback. Giving, Seeking, and Using Feedback for Performance Improvement" Manuel London points out several benefits and functions of feedback for the individual person. The picture below shows the Top 10 functions of feedback for individuals and gives reasons for why it is so important for organization to establish and live a good feedback culture.

Feedback...

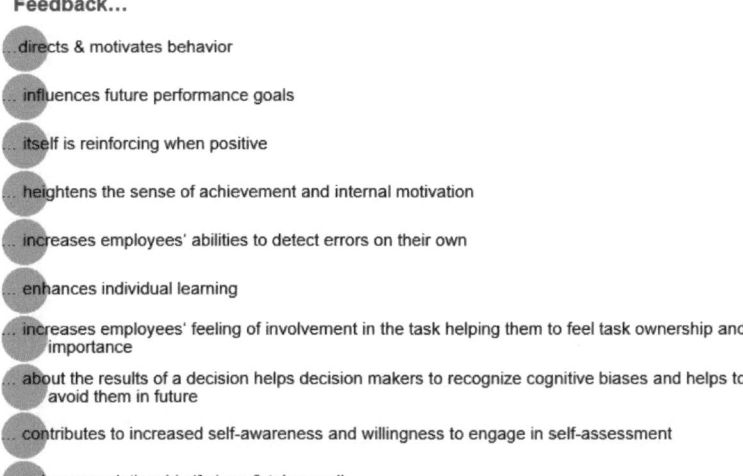

... directs & motivates behavior

... influences future performance goals

... itself is reinforcing when positive

... heightens the sense of achievement and internal motivation

... increases employees' abilities to detect errors on their own

... enhances individual learning

... increases employees' feeling of involvement in the task helping them to feel task ownership and importance

... about the results of a decision helps decision makers to recognize cognitive biases and helps to avoid them in future

... contributes to increased self-awareness and willingness to engage in self-assessment

... enhances relationship if given & taken well

The Big 5 personality traits

Figure 1: **10 Functions of Feedback (own compilation by the author following Manuel London)**

The personality of individuals can not only be described but also measured and analysed in many ways. Within the past years, one of the mostly used models is "The Big Five" or "The Five Factor Model" which is greatly accepted within the socio-scientific research community. Every single person is unique: based on our previous experiences, our daily mood and many other factors we act and behave differently. In his publication from 1990, Digman summarizes the emerge of the Big Five as follows: At the beginning of the 1930's researches became an interest in being able to understand people's behaviours and reactions in different situations with clearly also the aim of maybe being able to predict different reactions. To begin with they started studying the English language, creating a list with all words describing individual behaviours and reactions as a kind of lexical approach and therewith created an enormous and extensive inventory of words that could describe human beings in all facets. It was the first step towards the creation of a factor analysis for personality traits of individuals. At first it was very complex – concluding out of numerous personality traits, but soon they developed five main personality trait cluster compiling several descriptions and factors into categories. Shortly thereafter all the factors and describing words were categorized into five buckets. During the following 40 years the most common and globally comparable personality traits evolved into "The Big Five" personality traits: Neuroticism, Extraversion, Openness to Experience, Agreeableness and Conscientiousness. (Digman, 1990).

Until today, the Big Five Personality traits are mainly measured with the NEO-Personality Inventory, based on the research from Costa & McCrae started in the year 1985. There is also a revised version available called the NEO-PI-R by Ostendorf & Angleitner (2004). With this test, 240 test items measure the Big Five Personality traits in detail including the six defined sub facets. In the field of personality research, the Big Five are still the state-of-the-art measurement with high confidence in the reliability, the validity and the objectivity (Fehr, 2006).

While the factor "time" is becoming more and more critical also during research analysis, it was crucial to find ways of measuring the personality consuming less time as the full NEO-PI-R. Meanwhile several there are multiple validated questionnaires developed that can be used for measuring personality traits. For a very quick assessment 5 item-questionnaires can be used. Further to that questionnaires with 10-, 16-or 44-testitems are available to cover for different kinds of research needs (Gosling, Rentfrow, & Swann, 2003).

The below table shows a brief definition as well as the most typical characteristics of The Big Five. In example a Person with high scores in Openness is very curious and creative, whereas a person with low scores in Openness will be found rather traditional with a rational view of things.

Big 5 Dimension	Definition	High Scores	Low Scores
Openness	Openness to various new experiences, new arts, new values, new structures	Likes new haircuts, extraordinary tattoos, very curious, not traditional, creative, imaginative	Does not like to be exposed to new things, traditional, rational view of things, conventional, skeptical against news
Conscientiousness	Always on time for meetings, follows all rules and guidance, very thoughtful	Self-organized, controlling, self disciplined, hardworking, punctual	Does not like planning, careless, unreliable, lives for the moment, spontaneous
Extraversion	Very outgoing, sociable people, talkative, enjoys others	Tendency to be dominant, brings the joy into the room, seeking excitement, optimistic, affectionate, enthusiastic	Quiet, independent, prefers calm evenings at home, enjoys being alone, not enthusiastic, aloof.
Agreeableness	Rather agrees with the group instead of fighting for one's own opinion or beliefs	Agrees easily with the others, forgiving, helpful, trusting, empathic, not easy to anger, compliant	Fight for their own opinion, manipulative, rude, uncooperative, hostile
Neuroticism	Very sensitive, very negative, often has negative emotions	Always worrying about everything, hypochondriacally, insecure, often sad and negative	Calm, unemotional, self-satisfied, prone to stress, does not worry about anything.

Figure 2: Typical Characteristics of the Big 5 (own compilation by the author)

3. Feedback at Merck Healthcare KGaA, R&D

As already outlined by Gregory Feist in 1998, the most prominent personality trait within R&D organizations is usually conscientiousness (Feist, 1998b), meaning that most of the employees across the organization are e.g. self-disciplined, controlled and thoughtful with a preference to follow clear outlined processes and guidelines. Also, this needs to be factored in to the thinking when talking about giving and taking feedback and trying to improve the feedback culture within a Research and Development environment.

Most of the times the focus lies on training managers on how to give feedback, whereas the topic of receiving feedback as well as giving feedback bottom-up usually does not get much attention (Hornstein & Spörrle, 2014)

First of all, it needs to be outlined that there are limitations to the internal employee survey, which conclude into limitations of the ability to extrapolate the results to other populations. The first limitation is shown in the sample size of 121 valid responses that have been taken into consideration during the evaluation. Secondly, it has to be noted that the survey has been conducted at the R&D Department of Merck Healthcare KGaA, the pharmaceutical section of a chemical and pharmaceutical company, where a lot of the employees do have a scientific background and therefore might have a more conscientious personality than in other businesses (Feist, 1998a).

Further, the voluntary participation of the survey might conclude in more positive results as in general the motivation of people who are positive is higher to participate in voluntary surveys.

Last but not least, to reduce the burden for the participants the number of Test items was kept to a minimum, i.e. by using the Ten item Personality Inventory questions to evaluate the Personality of the participants in instead of using other validated questionnaires like the NEO-PI-R with more than 200 test items for a more in-depth analysis of the individual personality traits according to the Big Five.

Regarding the Expert Consultations it must be mentioned that the Interview has been sent to 28 line managers across all hierarchy levels, however only 9 answers were received. During the analysis of the Interview responses it became clear that all the responses are positive and from line managers that already would like to receive feedback from their employees or already live a bottom-up feedback culture. Consequently, the Expert Consultations do not provide information out of a perspective where feedback bottom-up is not yet implemented or wanted. Therefore, the usage of the results for developing the Guidance is giving only a limited and one-dimensional view.

It is therefore not recommended to use the guidance developed during this paper for a 1-to-1 implementation in other companies and the results should only be used as a starting point.

What do employees need and want to enable them to give honest but constructive feedback up to their managers?

The major theme of the Online Survey showed that employees need a good relationship to their manager and the assurance that it would not have negative consequences for them to give feedback to their line managers. As a second theme, dedicated time as a support from their managers and a clear request to give feedback would support employees to give feedback bottom-up. Other aspects identified are that employees would like to choose the timeframe for giving feedback and that they would like to give feedback anonymously to be sure that it would not harm their career. In addition to that, employees would prefer to have a tool providing opportunities to respond to specific questions but also open feedback to help them provide feedback. Best case this tool would also translate the feedback from their mother tongue into the language from their respective line manager. Further, employees would like to give feedback voluntary to their line managers and would not like to have it being implemented as mandatory.

What do managers want and need to enable them to accept the feedback and make use out of it?

It was shown that managers would prefer receiving face-to-face feedback to enable them to ask clarifying questions during a real time conversation. They would also be interested in receiving anonymous feedback, as they would appreciate any kind of feedback to enable them to grow and to develop further. It is of importance to them that their employees feel comfortable in providing feedback – be it in person or anonymously. They confirmed that they would need to ask for feedback more frequently and that they need to allocate specific time to receive feedback to be able to listen to their employees.

As a summary: the needs and wishes from an employee perspective match well with the needs and requirements from a line managers' perspective. It was also shown that positive as well as constructive feedbacks are appreciated and seen as helpful. In addition to that, the answers showed that the relationship between managers and employees is of utmost importance while giving or receiving feedback.

What else needs to be taken into consideration while implementing new tools to improve feedback bottom-up within the R&D department of the Merck Healthcare KGaA business?

There's no need to implement a new tool but it would be helpful to have one portal to access all the information already available on the topic of feedback.

Additionally, this paper was looking for a verification for the following three hypotheses:

The majority of the survey participants that rated themselves with a high score for extraversion ($\geq 5,5$) do feel it's easy to give feedback to their line managers independent from their gender.

To verify that hypothesis, the results for the survey have been filtered to only count results for the 52 survey participants that rated themselves with a high score for extraversion ($\geq 5,5$). 39 answered to the question Number 24 "It's easy for me to give feedback to my line manager", with "yes" and 13 answered to this question with "no". Therefore, this hypothesis can be accepted as the results confirm that the majority of this group does feel that it is easy to give feedback to their line manager.

There is no statistically significant correlation between Age, Gender or work location and the preference of giving feedback anonymously to the line management.

As all of the calculated asymptotic significances are higher than the typical confidence level of $p=0,05$, this null hypothesis can be accepted. The research for Merck Healthcare KGaA R&D shows that there is no statistically significant difference between age, gender or work location and the preference of giving feedback anonymously to the line management. This means that independent from their Age, their Gender and the location they are working from, employees currently would prefer to give feedback anonymously to their manager.

4. Methods used for data collection

For the development of the implementation guide and to answer the questions as well as the hypothesis raised at the beginning, two different scientific methods have been applied: The conduct of an internal Employee Online Survey as well as sending a separate Mail with four specific questions to 28 line managers across different hierarchy levels. Details for both Methods will be outlined in the upcoming sections.

Internal Employee survey

The survey has been conducted amongst Merck Healthcare KGaA, Biopharma Research & Development (R&D) employees worldwide. In line with the internal Communication guidelines, the survey has been sent initially via email to 116 people working for the Strategy and Business Operations department (SBO), with the kind request for further distribution across the Biopharma R&D sector. Before the survey was shared with the employees, it was approved by the German Works Council as well as the global data security department from Merck KGaA ensuring the compliance with the Company guidelines for conducting internal employee surveys. To ensure the correctness of the Survey and to evaluate the approximate duration for completing the survey, it has been sent out to 10 colleagues and five family members for a pre-test, kindly asking for a review of the questions, a check for spelling errors, a feedback concerning the understandability of the questions as well as the time spent to complete the survey. After the pre-test was conducted, a few minor typing errors were corrected, and one question was rephrased to ensure a better understanding amongst all participants.

Within the introductory email the participants were informed about the new Data Security Guidelines. By clicking on the link to participate they agreed to the usage of their data for the purpose of this Master thesis. Further, the introductory email outlined that there was a two-weeks' timeframe given to the participants to complete the online-questionnaire with a clearly stated end-date. They were also informed that the participation at the survey was anonymous and voluntary and that not participating would not have any consequences.

The people working within Healthcare R&D include a broad range of business qualifications, e.g. Researchers, Scientists, Doctors, Assistants, Lab workers, Regulatory Specialists, Data Analysts, Learning and Development specialists, IT-Manager and Medical Affairs specialists. The Online-Survey was designed to find out how people think about feedback bottom-up and about their needs and wishes to enable them to give feedback to their line managers. In addition, it should serve the purpose to verify or falsify the three hypotheses outlined in section 2.3.

For the convenience of the participants, the test items were phrased in German as well as in English language. To start with, the first question of the survey asked if people are working for Healthcare R&D to ensure that only the target group spend time on completing the questions. The questionnaire was designed in a way that the questions were grouped into different sections: The first section consisted out of a one-page introduction to the principles of the survey and the goal. The second section included four questions to evaluate the demographical data of the participants: The Country they are working from, the Gender, the Age and the employment duration. The third section consisted out of 10 Test items coming from the Ten Item Personality Inventory (TIPI). The TIPI is a shortened questionnaire based on the NEO-PI, enabling the measurement of personality with only 10 test items. The scales ranged from "1 – Disagree strongly" to "7-Agree strongly". Although the reliability of this short version to measure the personality of the participants in accordance with the Big 5 Personality traits is not as high as the full evaluation tests with more than 200 test items (e.g. NEO-PI), Gosling et al. could proof that the still the instrument is worth using when time plays a critical role in the research project (Gosling et al., 2003). Within this research it has been decided that the TIPI is sufficient to measure the main personality traits of the participants as the personality does not play a critical role within this research. The last section clustered 18 questions about the overall theme of giving and receiving feedback. 10 out of these 18 questions were phrased to be measured on a nominal scale (yes/no), 4 questions were to be answered on a rating scale with rating options from 1-6 and 3 questions were phrased as open questions. One out of the 18 questions was phrased as a multiple choice question. The full questionnaire is outlined in Appendix A.

The correlation between extraverted people and the perception of how easy it is to give feedback bottom-up has been calculated for the group of people with high rates in Extraversion (≥5.5) via Pearson's contingency tables. To further support the decision if the hypothesis H1 and H2 can be accepted or rejected, the Phi correlation coefficient has been used, as well.

The responses to the open questions were not marked as mandatory questions throughout the survey so it was voluntary to leave a free text statement. The question of "What enables you to give feedback to your line manager" was only showing up for participants that answered to the question if they are already giving feedback to their line managers with "yes". All Answers have been reviewed and after a quality check grouped into different categories. The detailed results will be outlined in the next section. They have been taken into consideration during the development of the implementation guidance.

Expert Consultations

For the evaluation of the Needs and wishes more specifically from a line manager perspective an additional email has been sent out to 28 randomly picked managers from Biopharma R&D. The only criterion was that they were spread across different hierarchy levels within the organization. In the email they were kindly asked to answer to the following four questions within 10 days:

1. Would you like to get feedback bottom-up, meaning from your employees?
2. What would be your preference of receiving feedback bottom-up (e.g. written feedback, anonymous, F2F... etc.)?
3. Would you agree to the statement that the higher up you are in the hierarchy of an organization, the less feedback you receive (yes/no answer possible)?

4. What would you need to enable you to receive feedback bottom-up and also to make use of the feedback you receive?

In total, nine managers replied to the email within the given timeframe and therewith gave their input on the questions above. The answers received where thoroughly read and then compared to each other.

5. Conclusion and recommendation

Implementing a feedback bottom-up culture is not only about implementing a new way of giving feedback by exploiting employee's thoughts and opinions as a new source of information. It is a change in the way an organization operates by showing a signal of openness and the willingness to learn and grow through involving the most important unit: the employees. It is a conscious decision to view leadership not as a top-down push but as a mutual dialogue that will have an impact on the understanding of the power distance (Hofstede, 2001) and the overall thought and definition of the relationship between leaders and employees. It is important to not only prepare the managers, but also the employees as the change goes both ways (Hornstein & Spörrle, 2014). It is therefore crucial to first create an organizational learning culture where impulses for change coming from the workforce are being valued and not seen as a threat. One of the basic criteria is to have a culture where mistakes are seen as learning opportunity and are critically assessed with measures and mitigations to prevent the same mistake happening twice (Hornstein, Steiner, & Spörrle, 2011).

Another factor that shows that feedback bottom-up should be considered as a tool for organizational development is that it is actively influencing all three levels within an organization: It helps individuals to learn and supports kicking-off the self-reflection process and therefore the initial step for personal development of line managers. Feedback from the employee to the manager develops the empathic and communicational skills, e.g. improving the abilities to mediate within conflicts, both, for managers and employees (Mielke A. O. & Spörrle, 2010). By having an impact on individual managers, it has a direct impact on the group level of the organization as most likely the group of direct reports will benefit of a more self-reflected manager (Hornstein & Spörrle, 2014).

An insight that was revealed during the research is that feedback bottom-up is not necessarily to be implemented as additional instrument to measure performance officially, it rather should be meant to kick-off new processes of self-reflection for managers (Blum & Zaugg, 2008).

It is worthwhile to mention that Feedback itself can be regarded as a very individual topic and is therefore tricky to handle with standardized tools and processes. Many individual preferences and past experiences do play a role while we are giving and receiving feedback. The personalities of individuals have an influence on people's abilities to receive feedback. Recent studies show that people with a high rating in neuroticism do have a tendency to negatively react while receiving feedback whereas a high rating in extraversion helps to seek for feedback more actively and supports in receiving and processing negative feedback. A high rating in the dimension of agreeableness and conscientiousness was proven to have a positive impact on receiving feedback (Strijbos & Müller, 2014).

Taking the research that has been conducted for this paper into consideration it can be stated that fully implementing and living feedback bottom-up should only be one of many steps on the pathway of organizational growth but could serve as a short-term goal. Giving feedback and regularly asking for feedback should be incorporated into the daily work life making people feel more comfortable with it and therewith enabling constant learnings and growth. Asking for feedback makes the process less stressful as the individual itself is in control of deciding whom to ask, when to ask and on the topic he or she would like to receive feedback upon (Buckingham & Goodall, 2019). A healthy feedback culture supports giving and receiving feedback from peers, colleagues as well as team mates and managers.

Identify a sponsor and initiate a project team

The initial next step is to identify one Leader within the executive leadership team that sponsors the project and is supportive, credible and enthusiastic. The role of the sponsor within a change project is to drive the change, to minimize the barriers to ensure an effective implementation of the change and to provide the required resources (Harrington, 2013). While setting up a small team to map out a project plan and to implement measures for improving the feedback culture, it is recommended to closely collaborate with existing internal Communities to spread the word broadly into the organization. Further to that, a person representing the data security department and one person representing the works council should consulted about the plan to ensure operating within legal compliance. Last but not least, experts covering the parts for the Communication and Change Management should be part of the team, as well. As outlined already earlier, this is a significant change in the organization as it turns around the usual way of top-down feedback into a new way of giving feedback bottom-up. Not all employees are natural talents in giving constructive feedback as previous trainings mostly focused on providing managers with tools and techniques on how to give feedback, neither are all line managers well trained in receiving feedback from their employees. As a starting point it therefore needs standardized, anonymized tools that enables equality of opportunity for everyone. Another role for the Change & Communication expert would be to ensure that the project plan considers the relevant aspects for managing change projects within organizations. Figure 22 shows the top six out of multiple factors that ensure success for change projects.

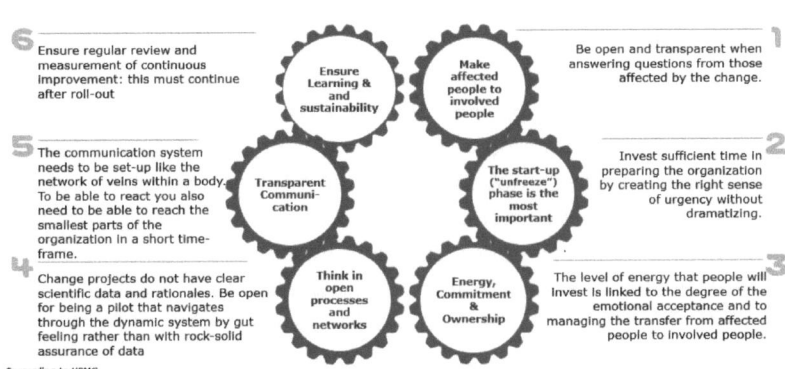

Figure 3:   6 success factors for Change Projects (own compilation by the author)

Technical assessment for organizational change readiness

Before starting to implement new tools and change the organization, it is recommended to evaluate the status quo by conducting a technical assessment if the organization would be ready for such a change. Edwards and Ewen (Edwards, Ewen, & Miedler, 2000) provide a questionnaire that can be used as an instrument for assessing the change readiness with regards to implementing feedback bottom-up. Especially while implementing feedback bottom-up, there is a certain need for a trustful environment in which employees can be open, honest and transparent even when it comes to feedback that outlines unwanted behaviours.

Implement quick-wins

The first and easiest quick win for improving the feedback culture and to leveraging on all tools and processes that are available at Merck with regards to feedback is to set-up a space in the Intranet (Merck internal web, called EVA), to store all the documents, tools and information that are already available and developed. This platform should be maintained by the Human Resource department of the Merck KGaA, as this is a centralized group function, responsible across all business sectors. To ensure that the information about this internal space is available to all employees, the news should be communicated in multiple channels.

Another quick-win that can be implemented very easily with only minimal efforts and only few resources would be to encourage Managers to actively ask for feedback during 1-1 conversations with their employees. Scheduling time to actively listen to their employees does not take a lot of time or energy and does not cost money but was clearly stated as a wish coming from the employees through the open text test items included in the internal survey. However, it should be on a voluntary basis and the suggestion is that line managers give it as an offer and not as a must. Not all employees would feel comfortable with giving feedback to their line managers. The most efficient way of implementing this is to start in one department and then spread the word about the benefits across the organization.

Another easy to implement quick win would be to actively promote the SAINT model of feedback while printing posters and teaching employees during department meetings and townhalls.

As according to the survey a trustful relationship to the managers is a mandatory requirement to be enabled to give feedback-bottom up, it is recommended to spread the word about the PEARL skill bite "How to build trust" where the major theme is developing trust and the related requirements for establishing a trustful work environment to help employees and managers to build up a trustful relationship that grants the psychological safe frame where employees feel secure enough to give feedback. It is not only meant for managers, as trust is a two-way-street and needs active involvement from both ends: employee and manager.

Mid-term solution: Leadership objective

On the further pathway of improving the feedback culture across the R&D sector within Merck Healthcare, the bottom-up feedback should be implemented as a partner to the official PMP Process. While doing so, a first step could be to include one mandatory objective into each line managers annual objectives that deals with leadership. It should be measured via a 360° Feedback, in which feedback is being given from multiple people across various hierarchies. It includes feedback from managers, peers as well as employees. This would foster an exchange and would also help line managers to receive feedback about their performance, which usually is a rare case.

Long-term solution: The feedback Competition

To ensure a long-term success of the change initiative a recommendation would be to properly install a feedback competition for 5 years, to ensure that everyone in the organization is aware of it. The initial ideas that would need to be further developed by the project team include the following thoughts:

- It should be conducted twice a year. Ideally shortly before the annual Employee Engagement Survey is conducted (October timeframe) and the second time shortly after the results have been communicated (February timeframe).
- The competition should include multiple layers by having prizes for the individuals as well as departments within R&D. That way it has the additional benefit of improving the culture and the team spirit within departments.
- Merck could offer to spend 10 Cent per given quality feedback to a local charity e.g. a care giver organization to support the people in need.

Final recommendation

Firstly, identify one supportive Leader to support and sponsor the initiation of a cross functional project team that would deliver dedicated work for harmonizing the already existing and effectively steer a full implementation of feedback bottom-up into the organization. As the internal research has shown, there is already solid ground existing and the feedback culture according to the survey is not as bad as it is perceived when talking to members of the organization. However, for this project as well as for any other projects, dedicated resources are needed that not only develop the groundwork but also implement the things identified and, in the end, ensure a proper roll-out by measuring the results regularly after the implementation to ensure a continuous improvement of the process once established.

List of references

Blum, A., & Zaugg, R. J. (2008). 360 Grad Feedback. In N. Thom & Zaugg R.J. (Eds.),
Moderne Personalentwicklung (pp. 65–84). Wiesbaden: Gabler.

Buckingham, M., & Goodall, A. (2019). Die Feedback-Falle. *Harvard Business manager*, pp. 20–30.

Definition: Feedback. Retrieved from https://www.merriam-webster.com/dictionary/feedback

Digman, J. M. (1990). Personality structure: Emergence of the five-factor model. *Annual Review of psychology*. (41), 417–440.

Ditton, H., & Müller, A. (Eds.). (2014a). *Feedback und Rückmeldungen: Theoretische Grundlagen, empirische Befunde, praktische Anwendungsfelder.* Münster, New York: Waxmann.

Ditton, H., & Müller, A. [Andreas]. (2014b). Feedback: Begriff, Formen und Funktionen. In H. Ditton & A. Müller (Eds.), *Feedback und Rückmeldungen: Theoretische Grundlagen, empirische Befunde, praktische Anwendungsfelder* (pp. 11–28). Münster, New York: Waxmann.

Edwards, M. R., Ewen, A. J., & Miedler, K. (2000). *360°-Beurteilung: Klareres Feedback, höhere Motivation und mehr Erfolg für alle Mitarbeiter.* München: Beck Wirtschaftsverl.

Fehr, T. (2006). „Big Five": Die fünf grundlegenden Dimensionen der Persönlichkeit und ihre dreißig Facetten. Retrieved from www.big-five.biz

Feist, G. J. (1998a). A Meta-Analysis of Personality in Scientific and Artistic Creativity. *Personality and Social Psychology Review*, *Vol 2*(4), 290–309.

Feist, G. J. (1998b). A Meta-Analysis of Personality in Scientific and Artistic Creativity. (No 4), 290–309.

Get Looped In on 'Feedback': Its history is more than just noise. (2019, April 28). Retrieved from https://www.merriam-webster.com/words-at-play/the-history-of-feedback

Gosling, S. D., Rentfrow, P. J., & Swann, W. B. (2003). A very brief measure of the Big-Five personality domains. *Journal of Research in Personality*, *37*(6), 504–528. https://doi.org/10.1016/S0092-6566(03)00046-1

Harrington, H. J. (2013). The Sponsor as the Face of Organizational Change. *PMI White Paper*.

Hofstede, G. (2001). *Culture's consequences: Comparing values, behaviors, institutions, and organizations across nations* (Second edition). Thousand Oaks, London, New Delshi: Sage Publications.

Hornstein, E. von, & Spörrle, M. (2014). Aufwärtsfeedback in Unternehmen: Rahmenbedingungen, Wirkmechanismen und praktische Implementation. In H. Ditton & A. Müller (Eds.), *Feedback und Rückmeldungen: Theoretische Grundlagen, empirische Befunde, praktische Anwendungsfelder* (pp. 213–225). Münster, New York: Waxmann.

Hornstein, E. von, Steiner, E., & Spörrle, M. (2011). Sag mir, wie soll ich sie führen?: Professionale Begleitung von Führungskräften. *Wirtschaftspsychologie aktuell*. (1), 46–49.

Kopp B., & Mandl, H. (2014). Lerntheoretische Grundlagen von Rückmeldungen. In H. Ditton & A. Müller (Eds.), *Feedback und Rückmeldungen: Theoretische Grundlagen, empirische Befunde, praktische Anwendungsfelder* (pp. 29–41). Münster, New York: Waxmann.

Lehmenkühler, A., Roscher, A., & Theis, W. (1976). Feedback: Anmerkungen zu Funktion und Form. In M. Sader & Schäuble W. (Eds.), *Verbesserung von Interaktion durch Gruppendynamik* (pp. 85–128).

London, M. (2003). *Job Feedback: Giving, Seeking, and Using Feedback for Performance Improvement*. Mahwah, New Jersey: Lawrence Erlbaum Associates. https://doi.org/10.4324/9781410608871

Merck KGaA, Darmstadt, Germany. Company Homepage. Retrieved from www.merckgroup.com

Merck KGaA, Darmstadt, Germany (März 2019). Results of the Employee Engagement Survey: Only available for internal usage.

Mielke A. O., & Spörrle, M. (2010). Mehr als nur Methoden: Zum Kompetenzprofil eines erfolgreichen Projektmanagers. *Wirtschaftspsychologie aktuell*. (4), 28–34.

Ramaprasad, A. (1983). On the definition of feedback. *Behavioral Science*. (Vol. 28 Issue 1), p4-13.

Stone, D., & Heen, S. (Eds.). (2014). *Thanks for the feedback: The science and art of receiving feedback well (even when it is off base, unfair, poorly delivered, and, frankly, you're not in the mood)*. New York, New York: Viking.

Strijbos, J.-W., & Müller, A. (2014). Personale Faktoren im Feedbackprozess. In H. Ditton & A. Müller (Eds.), *Feedback und Rückmeldungen: Theoretische Grundlagen, empirische Befunde, praktische Anwendungsfelder* (pp. 83–134). Münster, New York: Waxmann.

Stuckenbruck, L.C. (1979). The matrix organization. *Project Management Quarterly*. (10), 21–33.

Kognitive und emotionale Effekte von Live-Visualisierung auf Vortragsrezipienten

Kristina Friedrich

Visual oder Graphic Facilitation, zu Deutsch häufig einfach Visualisierung - im Sinne von grafischer Begleitung von Gesprächen und bildhafter Übersetzung von Inhalten - erlebt seit einigen Jahren einen Boom und wird insbesondere im geschäftlichen Kontext immer häufiger angewendet. Anbieter führen als Verkaufsargument oft an, wie Visualisierung Gruppen und Individuen in Kommunikations- und Dialogsituationen sowohl kognitiv als auch emotional positiv beeinflusst. Ob sich derartige Behauptungen bezüglich der emotionalen Wirkung wissenschaftlich belegen lassen wird hier anhand einer Vortragssituation experimentell untersucht und ausgewertet. Anschließend werden Empfehlungen für weiterführende Forschung gegeben.

Visual or graphic facilitation - in the sense of visual support of discussions and pictorial translation of contents - has been booming for several years and especially in the business context is used more and more frequently. The selling point visualisation providers often stress is that visualisation positively impacts cognitive and emotional processes of groups and individuals in communication and dialogue situations. Whether such claims with regard to emotional effects can be scientifically substantiated is examined with an experimental set-up of a presentation. Subsequently recommendations for further research are given.

1. Einführung in den Text

Seit einigen Jahren breitet sich die Praxis der Visualisierung in Geschäfts- und Lernkontexten immer weiter aus. Mittlerweile bildet sich dafür ein eigener Berufszweig – der des Visual oder Graphic Facilitators, inklusive eigener Berufsverbände, wie dem International Forum for Visual Practitioners (IFVP), Fachkonferenzen und Ausbildungsangebote.
Wie wertvoll aber ist der Einsatz von Visualisierungstechniken? Wird damit ein bestimmbarer Mehrwert geschaffen oder handelt es sich lediglich um schmückendes Beiwerk? Anwender und Be-

fürworter von Visualisierung argumentieren, dass ihr Einsatz nicht nur Denk- und Lernprozesse unterstützt, sondern Menschen auch emotional positiv beeinflusst. Diese emotionale Reaktion und deren positive Auswirkungen auf Dialog- und Lernprozesse sind ein zentrales Verkaufsargument visuell Praktizierender. Dazu zählen zum Beispiel erhöhtes Interesse an behandelten Inhalten, Unterstützung und Engagement für erarbeitete Diskussionsergebnisse und Entscheidungen und bessere Arbeitsergebnisse aufgrund des positiv stimmenden Einflusses visueller Techniken.

Während der Effekt von Visualisierung auf kognitive Funktionen bereits seit einiger Zeit intensiv erforscht wird, sind Studien zu ihren emotionalen Auswirkungen, insbesondere in Bezug auf den Einsatz in beruflichen Situationen, noch rar. Dieser Lücke widmet sich die vorliegende Arbeit. Neben einigen Ausführungen zu existierenden Forschungsergebnissen bezüglich kognitiver Auswirkungen von Visualisierung in Kontexten der Wissenserarbeitung und -vermittlung wird anhand eines Experimentes die emotionale Reaktion auf den Einsatz visueller Techniken untersucht. Am Beispiel einer Vortragssituation – eine der geläufigsten Situationen, wenn es um Wissenstransfer in geschäftlichen und fortbildenden Kontexten geht – wird untersucht, ob es erstens zwischen dem Einsatz einer visuellen Präsentation und einer üblichen, textbasierten PowerPoint-Folie Unterschiede in der emotionalen Reaktion der Vortragsrezipienten gibt, und zweitens, wie diese ausfallen.

2. Definitorische Grundlagen

Im Folgenden werden relevante Begrifflichkeiten definiert und abgegrenzt.

Kognitive Prozesse

Kognition bezeichnet die Gesamtheit aller Strukturen und Vorgänge, die mit dem Wahrnehmen und Erkennen zusammenhängen. Dazu gehören auch das Abrufen von vorhandenem Wissen, das Entwickeln von Gedanken, Erwartungen und Vermutungen sowie Planung und Problemlösung (Kaminski & Neisser, 1994, S. 387).

Der Begriff „kognitiver Lernvorgang" beschreibt die Konstruktion von Wissen, die Herausbildung spezifischer Fähigkeiten und Fertigkeiten, das Produzieren neuen Wissens durch logisches

Schlussfolgern und die Anwendung bestehenden Wissens in neuartigen Situationen. Kognitives Lernen umfasst außerdem die Veränderung von Denkgewohnheiten und sozialem Verhalten und die Verbesserung von Problemlöseverhalten (Seel, 2003, S. 22).

Kognitive und emotionale Einflüsse auf den Lernprozess
Verschiedene Modelle versuchen die Verquickung von kognitiven Prozessen mit emotionalen und motivationalen Faktoren durch multiplikative Verknüpfungen darzustellen. So beschreibt das pädagogisch-psychologische Variablenmodell nach Krapp (siehe Abbildung 1) Emotionen als unabhängige Variable, die zum einen als interne Bedingung auf den Lernprozess wirkt und zum anderen in Verbindung mit motivationalen Aspekten in einem Begleitprozess auf die kognitiven Prozesse der Informationsverarbeitung Einfluss nimmt. Das Lernergebnis wird wiederum als Einflussfaktor auf die anfänglichen Bedingungen und Begleitprozesse dargestellt (Krapp, 2005, S. 605).

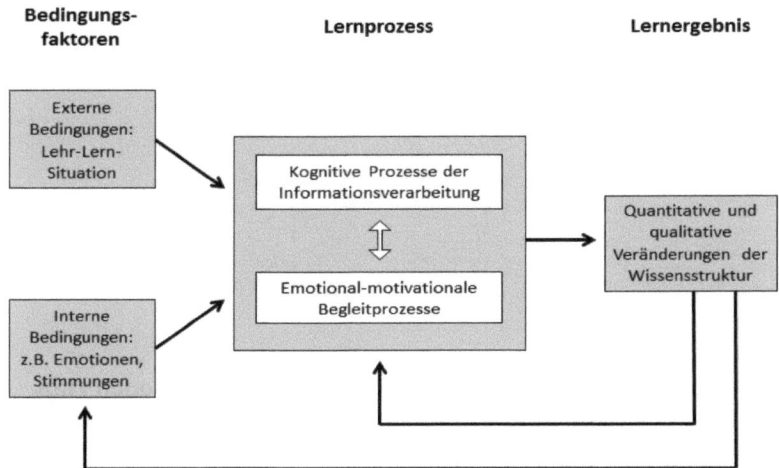

Abbildung 1 **Pädagogisch-psychologisches Variablenmodell**
(Abbildung verändert aus Krapp, 2005, S. 605, eigene Darstellung)

Das kognitiv-motivationale Mediatorenmodell nach Abele (siehe Abbildung 2) rückt den Einfluss von Emotionen noch deutlicher in den Vordergrund. Danach findet Denken und Handeln nie stimmungsneutral statt (Abele, 1995, S. 23). Vielmehr steuern Emotionen sowohl kognitive als auch emotionale Vorgänge, indem sie beeinflussen, für welche Handlungen sich eine Person entscheidet, ob sie diese durchführt (motivationale Prozesse) und wie Informationen bereitgestellt und verarbeitet werden (kognitive Prozesse) (Abele, 1995, 23 ff). Auch Abele weist darauf hin, dass der Einfluss von Emotionen auf Leistung und damit auch Lernvorgänge komplex und dynamisch ist und in der Forschung einer Einbeziehung mehrerer Variablen bedarf (Abele, 1995, S. 101 & 190).

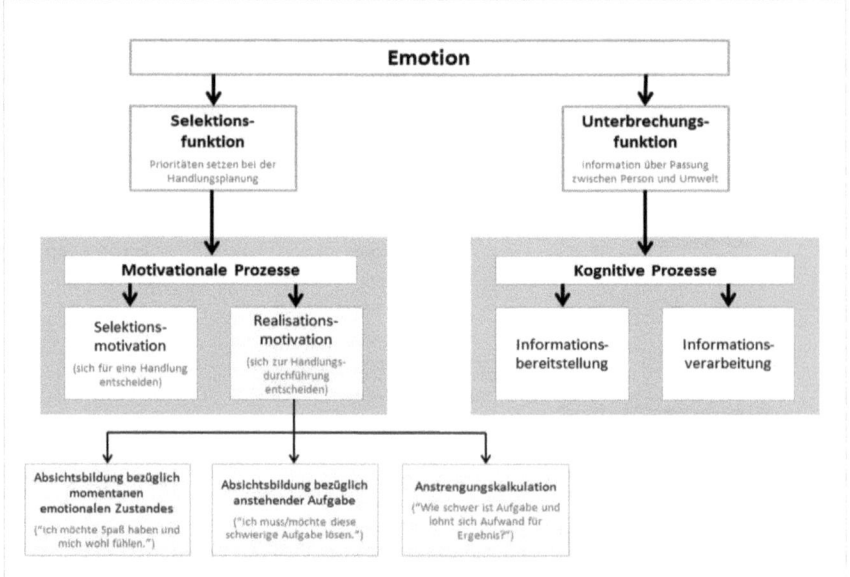

Abbildung 2 Kognitiv-motivationales Mediatorenmodell zum Einfluss auf Stimmungen auf die kognitive Leistung
(eigene Darstellung in Anlehnung an Abele, 1995, S. 29)

Picture Superiority Effect

Bei Erinnerungsaufgaben, bei denen ein gedrucktes Wort einem Bild gegenübergestellt wird, liegt die Erinnerungsrate für bildhafte Darstellungen deutlich über der für Wörter mit selber Bedeutung. Dieser Effekt wird als Picture Superiority Effekt bezeichnet und wurde in zahlreichen Studien belegt (Whitehouse, Maybery & Durkin, 2006, S. 767). Er bildet eines der Hauptargumente für den Einsatz von Visualisierung.

Visualisierung
Visualisierung, also bildhafte Darstellung (Seifert, 2011, S. 11), bezeichnet im Allgemeinen das Veranschaulichen von abstrakten Daten, Fakten und Zusammenhängen mit Hilfe grafischer Mittel. Dies kann durch eine Vielzahl verschiedener Formate, zum Beispiel Diagrammen, Fotos, Skizzen oder visuellen Metaphern erreicht werden und über unterschiedliche Medien erfolgen. Im weitesten Sinne gehört auch das Entwickeln bildhafter Vorstellungen vor dem geistigen Auge dazu. Im Kontext dieser Arbeit bezieht sich der Begriff der Visualisierung zum einen auf die Entwicklung handgezeichneter Schaubilder, die grafische Elemente und Textbestandteile beinhalten, und zum anderen auf das so gewonnene Endresultat. In dieser Bedeutung wird der Begriff der Visualisierung im deutschsprachigen Raum vor allem im Kontext von Training und Moderation verwendet. International wird in diesem Zusammenhang vor allem von Visual oder Graphic Facilitation gesprochen. David Sibbet, einer der Gründer der Graphic Facilitation, beschreibt diese als Kunst Menschen durch Prozesse zu führen und Kreativität bei all jenen zu fördern, die involviert sind, und zwar unter Zuhilfenahme von großformatigen Bildern, die meist per Hand und in Echtzeit erarbeitet werden.

3. Aktueller Forschungsstand

Emotionen im Lernprozess
Insgesamt lässt sich über den derzeitigen Forschungsstand zum Einfluss von Emotionen auf die Lernleistung festhalten, dass diese in vielfältiger Weise kognitive Vorgänge beeinflussen.
Die Wirkung konkreter Gefühlszustände auf die Lernleistung wurde in zahlreichen Studien erforscht. So fördert beispielsweise positives Erleben die Entstehung von Interesse (Lewalter, Krapp & Wild, 2000, S. 158) und hat fördernde Auswirkungen auf die Leistungsbereitschaft und Persistenz von Lernmotivation (Müller, 2006, S. 50). Emotionen und Leistung bedingen sich: Erfolg ruft positive Gefühle hervor, während schlechte Lernergebnisse bzw.

-fortschritte zu Ärger und Frustration führen (Pekrun, Frenzel, Goetz & Perry, 2007, S. 23 f).
Auch unabhängig von motivationalen Aspekten begünstigen positive Emotionen die Aktivierung kognitiver Prozesse und steigern die Lernleistung (Abele 1999, S. 32). Positive Stimmungen lösen einen flexiblen Denkstil aus, der die Wahrnehmungs- und Bearbeitungsgeschwindigkeit erhöht und auch zu besseren Leistungen beim logischen Schließen führt – ein umgekehrter Zusammenhang für negative Emotionen ist nicht bekannt. Allerdings gibt es Hinweise darauf, dass negative Emotionen einen langsameren und kritischeren Denkstil induzieren, der bei analytischen Aufgaben hilfreicher ist (Abele, 1995, S. 193).
Positive Stimmungen insgesamt können als leistungsförderlich angesehen werden, während negative Emotionen zwar produktiv genutzt werden können, allerdings auch schädliche Effekte auf Motivation und damit Leistung haben können. Positive Emotionen sind demnach nicht nur eine angenehme Begleiterscheinung, sondern sollten zur Steigerung des Lernerfolgs aktiv angestrebt werden. Dies verleiht insbesondere den Wirkungsbehauptungen zu Visualisierung, die sich auf emotionales Empfinden berufen, große Relevanz.

Die Wirkung von Visualisierung auf kognitive Funktionen
Einer der zentralen Befunde in der Forschung zu Visualisierung und Kognition ist die erhöhte Erinnerungsleistung für Bilder gegenüber schriftlich vermittelter Information (Picture Superiority Effect). Daneben nehmen bildliche Darstellungen auch auf anderen Wegen Einfluss auf Verstehen und Lernen.
Visualisierungen sind leichter zu verstehen als Rohdaten, da sie eine zugänglichere Repräsentation von Wissen darstellen (Platts & Tan, 2004, S. 668). Diagramme erlauben zusammengehörende Informationseinheiten nahe einander zu gruppieren und ersparen so das mentale Suchen von Verbindungen zwischen Wörtern und das Herstellen von Zusammenhängen. Zudem ermöglichen sie dem Betrachter durch die visuelle Wahrnehmung eine große Anzahl von automatischen Schlussfolgerungen (Larkin & Simon, 1987, S. 98). Im Gegensatz zur linearen Darstellung von Informationen durch verbale Medien erlaubt Visualisierung ein syste-

misches Verständnis, welches Muster, Rückkopplungseffekte und Interdependenzen einbezieht (Congleton, 2011, S. 8).
Formate wie Bildlandschaften können helfen, komplexere Sachverhalte besser zu durchdringen und Erkenntnisse von einer Person auf die nächste zu übertragen. Besonders im Gruppenkontext fördern bildhafte Darstellungen das Erkennen alternativer Lösungswege und ermöglichen Teams eine Diskussion auf Basis gemeinsamen Verständnisses (Platts & Tan, 2004, S. 668 f). Die Verwendung von Bildmetaphern und Analogien kann zu höherer Produktivität führen, da solche Darstellungen das Vergleichen und Kontrastieren verschiedener Standpunkte in höherem Maße als ein verbaler Austausch erlauben (Jackson, 2005, S. 192). Auch außerhalb von Dialogsituationen wirken Visualisierungen: Nach einer Feldstudie von Burkhard und Meier ziehen visuelle Wissenskarten mehr Aufmerksamkeit auf sich als andere Darstellungsformen (zum Beispiel Gantt-Charts), sie werden mit höherem Interesse studiert und führen zu besserem Verständnis und Behalten von Informationen (Burkhard & Meier, 2005, S. 488 ff).
Auch sehr einfache Visualisierungsformen wie Skizzen haben ein hohes Potential als Denkwerkzeug – sie erlauben Ideen schnell zu externalisieren und in Gruppensituationen gemeinsame Lösungen zu erarbeiten. Die bildhafte Darstellung von Gedanken hilft dabei, diese mit stärkerem Zusammenhang untereinander weiterzuentwickeln und auf Vollständigkeit zu überprüfen. Dies verbessert nicht nur die Qualität der inhaltlichen Arbeit, sondern sorgt bei den Beteiligten dafür, dass sie sich mit den gemeinsamen Ergebnissen identifizieren (Tversky & Suwa, 2009, S. 76). Außerdem ermöglicht Visualisierung im Gegensatz zu Verbalisierung in größerem Maße unbewusstes Wissen zu teilen und zu bearbeiten (Henderson, 1991, S. 450 f). Auch Eppler und Burkhard weisen darauf hin, dass sich durch heuristische Zeichnungen – also Gedankenskizzen, die individuelle oder kollektive Denkvorgänge ad hoc darstellen – in Bearbeitung befindliches Wissen explizit und so diskutierbar machen lässt (Eppler & Burkhard, 2007, S. 114).
Der Einsatz von Visualisierungen im Kontext von Gruppeninteraktionen zum Zweck von Wissensmanagement erhöht die Konzentration von Teilnehmern und fördert deren Engagement in der Gruppe (Pfister & Eppler, 2012, S. 376). Zudem helfen Skizzen

sowohl Gruppen als auch Individuen die Parameter von Aufgaben oder Projekten sowie deren Größe, Komplexität und inhaltlichen Umfang besser zu verstehen (Henderson, 1991, S. 460).

Neben dem Konsum und der gemeinsamen Erarbeitung von Visualisierungen hat auch das eigene Darstellen von Wissen in Bildform positive Auswirkungen auf die Lernleistung. Zudem stellt – wie bereits erwähnt – eine Visualisierung automatisch einen Test auf Vollständigkeit und Zusammenhang dar, sowohl für statische als auch für dynamische Phänomene (Bobek & Tversky, 2016, S. 12). Eine weitergehende Literaturübersicht zu den Vorteilen von Visualisierung im Bereich des Wissensmanagement – welche den Schwerpunkt Kognition sehr gut abdeckt – wird von Pfister und Eppler gegeben (Pfister & Eppler, 2012, S. 375 ff).

In Bezug auf die eingangs erwähnten Wirkungsbehauptungen von Visualisierung lässt sich für kognitive Vorgänge folgendes feststellen: Visualisierung hat aufgrund des Picture Superiority Effekts in der Tat einen positiven Einfluss auf das Erinnerungsvermögen von Inhalten (zu beachten sind die Einschränkungen zum Abruf von implizitem Wissen, siehe dazu McBride & Dosher, 2002, S. 425). Auch das Aufnehmen und Verarbeiten von Inhalten wird durch Visualisierung unterstützt (Burkhard & Meier, 2005, S. 488 ff; Larkin & Simon, 1987, S. 98; Platts & Tan, 2004, S. 668). Zudem hilft Visualisierung in der Gruppe ein gemeinsames Verständnis von Sachverhalten aufzubauen und sich mit den erarbeiteten Inhalten zu identifizieren (Eppler & Burkhard, 2007, S. 114; Henderson, 1991, S. 450 f; Pfister & Eppler, 2012, S. 372; Tversky & Suwa, 2009, S. 76). Auch das systemische Denken und Erkennen komplexer Zusammenhänge kann durch Visualisierung effektiver gestaltet werden (Bobek & Tversky, 2016, S. 12; Congleton, 2011, S. 8; Henderson, 1991, S. 460). Nicht zuletzt leistet Visualisierung einen wichtigen Beitrag in Gruppenprozessen, indem sie implizites Wissen an- und besprechbar macht und das Wissen einzelner zu einem gemeinsamen Großen zusammenfügt und Gruppen so klüger macht (Sibbet, 2010, S.10). Die vielseitigen kognitiven Wirkungsbehauptungen visuell Praktizierender lassen sich also mit einem entschiedenen „Ja" bestätigen.

Die Wirkung von Visualisierung auf emotionale Verfassung
Während der Effekt von Visualisierung auf kognitive Vorgänge wie das Verstehen, Merken und Abrufen von Wissen sehr ausführlich erforscht ist, widmen sich deutlich weniger Arbeiten den emotionalen Auswirkungen bildhafter Darstellungen. Traditionell interessiert sich vor allem die Marktforschung für den Einfluss visueller Stimuli auf die Stimmung und damit verbundene Einstellungen zu einem Produkt (zum Beispiel Rossiter & Percy, 2013; Mitchell, 1986).

Derzeit existierende Forschung zu Bildern und Emotionen richtet ihren Fokus vor allem auf Fotos. Im Gegensatz dazu ist Forschung zu handgemachten Visualisierungen und deren emotionaler Wirkung rar. In einer Feldstudie zum Einsatz von Graphic Facilitation beobachten Tyler, Valek und Rowland, dass Visualisierung einen signifikant positiven Effekt auf das Engagement von Konferenzteilnehmenden hat (2005, S. 139). Unter anderem stellen sie fest, dass Visualisierungen gefühlsgeladene Inhalte besser transportieren und der Teilnehmergruppe als Ventil für emotionale Energie dienen kann (Tyler et al., 2005, S. 140 ff). Einschlägige Studien, die die beschriebenen Effekte anhand von Kontrollvariablen, zum Beispiel im Vergleich mit verbaler Ausdrucksweise untersuchen, scheint es allerdings noch nicht zu geben.

Forschungsfrage
Die Beobachtungen von Tyler, Valek und Rowland decken sich mit den Wirkungsbehauptungen, die die meisten Visualisierungs-Praktiker zu ihrer Arbeit aufstellen. Neben den nachweislichen kognitiven Vorteilen, die bildhafte Darstellungen bieten, werden vor allem auch emotionale Einbindung, höheres Engagement und Identifizierung mit abgebildeten Inhalten angebracht (Espiner & Hartnett, 2016, S. 46; Haussmann, 2015, S. 37 f; Klanten et al, 2016, S. 10 f; Sibbet, 2010, S. 55 f). Wie bereits erwähnt wurde, begünstigen positive Gefühle den Lernvorgang maßgeblich.

Im Folgenden soll erforscht werden, in wieweit handgemachte Visualisierung positiven Einfluss auf das emotionale Empfinden nimmt und so die Wissensvermittlung in gängigen Business-Settings unterstützen kann. Dazu wird das konkrete Beispiel eines Vortrags herangezogen. Vorträge mit Hilfe von größtenteils textbasierten PowerPoint-Präsentationen stellen heute das Standardformat für Wissenstransfer dar, sowohl in Teambesprechungen, auf Konferenzen mit großem Publikum und in Trainings- und Ausbildungssituationen.

Die folgenden Hypothesen sollen untersucht werden:

<u>Hypothese 1:</u> Der Einsatz von Visualisierung bei einem Vortrag ruft andere emotionale Reaktionen hervor als die Verwendung textbasierter PowerPoint-Folien.

<u>Hypothese 2:</u> Der Einsatz von Visualisierung ruft im Gegensatz zu textbasierten PowerPoint-Folien vor allem positive emotionale Reaktionen hervor.

4. Experimentalanordnung und Analysemethodik

Stichprobe

Die Teilnehmenden für den Versuch werden aus der Belegschaft einer mittelgroßen europäischen Institution rekrutiert – insgesamt nehmen 24 Personen teil (n=24). Die Einladung zum Versuch wird am digitalen schwarzen Brett der Institution veröffentlicht und ist damit allen Mitarbeitern zugänglich. Die Teilnahme erfolgt freiwillig, die Versuchspersonen werden per Los zufällig der Versuchsgruppe (Gruppe B) und der Kontrollgruppe (Gruppe A) zugeteilt. Das Alter der Versuchsteilnehmenden liegt zwischen 25 und 54 Jahren, insgesamt sind 14 Nationalitäten vertreten. In Bezug auf Geschlecht, Alter, Nationalität und beruflichen Hintergrund der Teilnehmenden sind keine systematischen Unterschiede zwischen den beiden Gruppen festzustellen.

Die Teilnehmenden werden im Vorfeld darüber aufgeklärt, dass sie während des Versuchs gefilmt werden. Sie werden vor dem Versuch nicht über dessen Zielsetzung und die damit verbundene Forschungsfrage informiert.

Versuchsanordnung und Durchführung

Für den Versuch wird beiden Gruppen der gleiche Vortrag zum Thema „Deep Work" gehalten. In der Versuchsgruppe wird der Vortrag mit einer Visualisierung auf einem Pinnwandposter begleitet, die aus Text-, Bild- und Grafikelementen besteht und mit Hilfe von vorbereiteten mobilen Elementen während des Vortrages nach und nach entwickelt wird (siehe Abbildung 3). In der

Kontrollgruppe wird der Vortrag durch eine PowerPoint-Folie unterstützt, auf der die gleichen Textelemente wie in der Visualisierung für die Versuchsgruppe abgebildet sind (siehe Abbildung 4). Auch hier werden die jeweiligen Textelemente im Laufe des Vortrages auf der Folie sichtbar. Dabei wird auf das klassische „Weiterklicken" von Folie zu Folie verzichtet, stattdessen werden alle

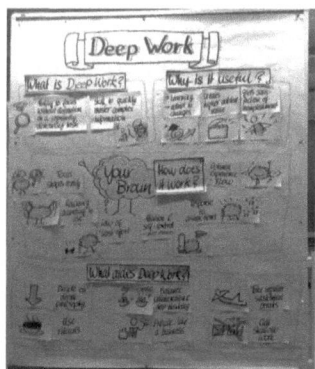
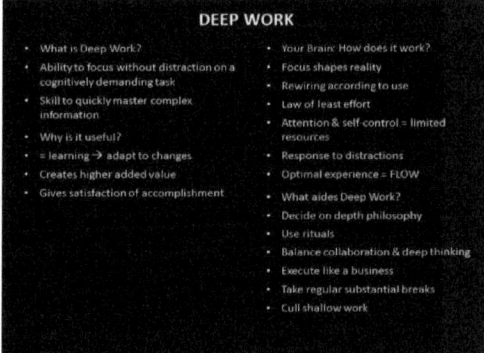

Abbildung 3 Visuelle Präsentation

Abbildung 4 Textbasierte PowerPoint-Folie

Textelemente auf einer Folie angeordnet. Damit haben sowohl Versuchs- als auch Kontrollgruppe jederzeit den gleichen schriftlichen Informationsstand während des Vortrages zur Verfügung.

Beide Gruppen werden in zwei Reihen so gesetzt, dass alle Teilnehmenden einen guten Blick auf die Vortragende und das jeweilige Präsentationsmedium haben. Die Teilnehmenden werden während des Versuchs aus zwei Kameraperspektiven gefilmt. Zusätzlich nimmt eine dritte Kamera parallel die Vortragende auf. Damit können in der Auswertung visuelle Impulse durch die Vortragende (das Anbringen eines neuen Elements auf dem Pinnwandposter oder das Sichtbarmachen eines neuen Textelements auf der PowerPoint-Folie) mit den Reaktionen der Teilnehmenden abgeglichen werden.

Vor dem Versuch wird in beiden Gruppen anhand eines kurzen Fragebogens neben demografischen Daten die aktuelle Stimmung der Teilnehmenden erhoben, um eine spätere Auswertung der Videodaten in Bezug auf selbstbeobachtetes emotionales Befinden zu ermöglichen. Die Frage nach dem emotionalen Befinden wird nach dem Versuch wiederholt. Zusätzlich werden weitere Fragen zu anderen Themen gestellt, um das Interesse an der emotionalen Lage vor und nach dem Vortrag zu verschleiern.

Entwicklung von Beobachtungsinstrumenten
Die Erstellung des Kodierleitfadens für das Videomaterial erfolgt basierend auf der qualitativen Inhaltsanalyse nach Mayring und stützt sich auf das von Mayring, Gläser-Zikuda und Ziegelbauer beschriebene Kategoriengerüst von sechs Emotionen: Ärger, Angst/Unsicherheit, Langeweile, Freude, Interesse und Zufriedenheit (2005, S. 8). Die darin enthaltenen Beschreibungen der verschiedenen Dimensionen emotionaler Äußerungen (Mimik, Gestik und verbale Äußerungen) wird anhand eines Ausschnitts des zu analysierenden Videomaterials getestet. Zu jeder Dimension sind pro Emotion beobachtbare Indikatoren definiert, die auf das Empfinden dieser Emotion hindeuten. Dabei wird die Intrakoderreliabilität überprüft und Kodierregeln für die Anwendung der Kategorien auf das Videomaterial erarbeitet. Das gesammelte Videomaterial, bestehend aus jeweils drei Kameraperspektiven pro Versuchsgruppe, wird zu einem Einzelvideo mit geteiltem Bildschirm zusammengeschnitten. Dies ermöglicht die emotionalen Reaktionen der Teilnehmenden auf von der Vortragenden gesetzte Impulse zu beziehen. Für das Kodieren des Videomaterials wird ein Kodierraster entwickelt, welches pro Teilnehmer und Impuls das Notieren der beobachteten Dimensionen emotionaler Äußerung laut Kodierleitfaden ermöglicht.

Datenerhebung und -auswertung
Für die Datenerhebung wird die Videoaufnahme der Teilnehmenden während des Vortrages anhand einer inhaltlichen Segmentierung analysiert (Aufdecken eines neuen Stichpunktes auf einer PowerPoint-Folie (Gruppe A) oder das Anbringen einer neuen Text-Bild-Kombination auf dem Präsentationsposter (Gruppe B) durch die Vortragende). Für jeden Impuls wird die emotionale Reaktion jedes Teilnehmenden mit Hilfe des Kodierleitfadens kodiert. Zur Identifizierung einer Emotion müssen pro Ereignis Indikatoren für mindestens zwei der drei oben genannten Dimensionen (Mimik, Gestik oder verbale Äußerung) eindeutig beobachtet

werden. Zusätzlich wird geprüft, dass die dritte Dimension keine gegensätzliche Interpretation zulässt. Bei der Kodierung wird für jeden Impuls ein Videoausschnitt von 10 Sekunden betrachtet. Hierdurch wird die Zeit, die Teilnehmende zum Lesen von Textelementen und Betrachten von Bildern (Gruppe B) benötigten, einbezogen.

Aus den kodierten Daten wird jeweils für Versuchs- und Kontrollgruppe eine Heatmap der beobachteten Emotionen erstellt, anhand derer sich die Ergebnisse sowohl im Überblick als auch im Detail ablesen lassen. Emotionsreaktionen der Teilnehmenden werden dort eingetragen und farblich kategorisiert.

5. Ergebnisse

Nachfolgend werden die Ergebnisse der Videoauswertung näher beleuchtet. Dabei wird auf auffällige Beobachtungen innerhalb der beiden Gruppen und Unterschiede zwischen ihnen eingegangen.

Beobachtete Emotion	**Gruppe A** (Kontrolle)		**Gruppe B** (Versuch)	
	absolut	in %	absolut	in %
Interesse	174	72	235	83
Freude	9	4	45	16
Zufriedenheit	1	0	4	1
Langeweile	58	24	0	0
Ärger	0	0	0	0
Unsicherheit/Angst	0	0	0	0
Total	242	100	284	100

Tabelle 1 Anteile beobachteter Emotionen in Versuchs- und Kontrollgruppe

Tabelle 1 zeigt die in der Videoauswertung beobachteten Emotionen für beide Gruppen in absoluten Zahlen und prozentualen Anteilen. Die Verteilung ist in Abbildung 5 mit einer Heatmap für den Versuch in Gruppe A dargestellt. Den Teilnehmenden der Gruppe A werden als Kontrollgruppe für die Vortragsbegleitung Stichpunkte auf einer PowerPoint-Folie gezeigt. Bei insgesamt 242 kodierten Ereignissen wird 174 mal die Emotion Interesse erfasst, gefolgt von 58 Beobachtungen von Langeweile. Freude wird deutlich seltener registriert (9 mal), Zufriedenheit wird nur einmal beobachtet. Die Emotionskategorien Ärger und Unsicherheit/Angst kommen nicht vor.

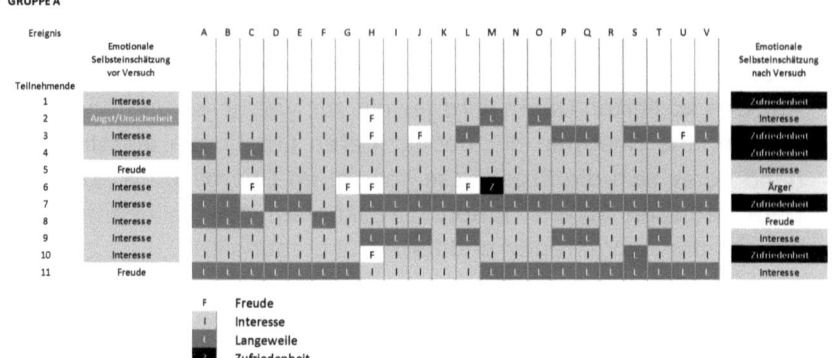

Abbildung 3   Gruppe A – Heatmap der Videoauswertung mit emotionaler Selbsteinschätzung vor und nach dem Versuch

Die Heatmap der Videoauswertung für Gruppe A in Abbildung 5 zeigt, dass sich die erfassten Emotionen nicht einheitlich auf alle Teilnehmenden verteilen. Während Interesse bei allen Teilnehmenden und über den gesamten Vortrag gestreut beobachtet wird, gibt es einige Teilnehmende, die durchweg positive Emotionen, also Interesse, Freude oder Zufriedenheit (Teilnehmende 1, 5 und 6) zeigen. Bei anderen werden diese durch Langeweile unterbrochen. Vor allem bei den Teilnehmenden 7 und 11 und in geringerem Maße bei den Teilnehmenden 3 und 9 ist eine Häufung von Langeweile feststellen. Zudem fällt auf, dass sich diese Emotion in größerem Maße auf Teilnehmende aus der hinteren Publikumsreihe konzentriert (Teilnehmende 6 bis 11). Insgesamt tritt Langeweile in der zweiten Vortragehälfte mit 34 Beobachtungen etwas häufiger auf als im Vergleich zur ersten (24 Beobachtungen). Bei acht der elf Teilnehmenden wird mindestens einmal während des Versuches Langeweile beobachtet. Zwei Teilnehmende zeigen den ganzen Vortrag über Interesse (Teilnehmende 1 und 5). Beim Teilnehmenden 6 wird darüber hinaus besonders häufig Freude und einmal Zufriedenheit beobachtet. Freude wird mit sechs von acht Ereignissen eher in der ersten Vortragshälfte beobachtet.

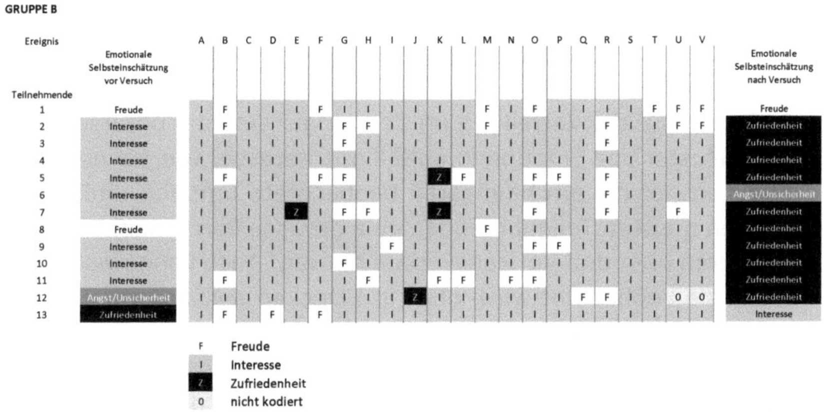

Abbildung 4 Gruppe B – Heatmap der Videoauswertung mit emotionaler Selbsteinschätzung vor und nach dem Versuch

In Abbildung 6 sind in Form einer Heatmap die Ergebnisse der Videoauswertung für Gruppe B dargestellt. Für Gruppe B wird der Vortrag mit einer visuellen Präsentation in Form eines Posters begleitet. Insgesamt werden 284 Ereignisse kodiert. Am häufigsten wird dabei die Emotion Interesse beobachtet (235 mal), gefolgt von Freude (45 mal) und Zufriedenheit (4 mal). Die Emotionskategorien Langeweile, Ärger und Unsicherheit/Angst werden nicht beobachtet.

Auch in Gruppe B zeigt ein Teilnehmender (4) durchweg Interesse, bei allen anderen Teilnehmenden kann mindestens einmal über den gesamten Vortrag hinweg Freude beobachtet werden, bei dreien auch Zufriedenheit. Die Beobachtungen für Freude sind in Gruppe B gleichmäßig auf die verschiedenen Teilnehmenden und den Verlauf des Vortrages verteilt.

Sowohl bei der Versuchs- als auch bei der Kontrollgruppe tritt die Emotion Interesse am häufigsten auf. Dabei ist ihr Anteil an allen beobachteten Emotionen bei der Versuchsgruppe mit 83% höher als der der Kontrollgruppe (72%). Besonders auffällig ist das häufige Auftreten von Freude in der Versuchsgruppe (16% aller Beobachtungen), während diese Emotion in der Kontrollgruppe nur vereinzelt identifiziert werden kann (vergleiche Abbildung 6 und Tabelle 1). Im Gegensatz dazu ist Langeweile in der Kontrollgruppe mit 24 beobachteten Ereignissen die am zweithäufigsten auftretende Emotion, während sie in der Versuchsgruppe keine Rolle spielt.

In Bezug auf die Verteilung im Zeitverlauf sind die unterschiedlichen Muster der Emotionen auffällig. Interesse, wie oben bereits erläutert, ist die am häufigsten beobachtete Emotion und zeigte bei den meisten Teilnehmenden eine gewisse Permanenz in ihrem Auftreten über den Vortragsverlauf hinweg. Auch Langeweile tritt, wenn sie beobachtet wird, öfter in Strecken auf. Freude und Zufriedenheit hingegen scheinen eher funkenhaft aufzutreten.

Die Heatmaps der Videoauswertung in Abbildung 5 und 6 werden ergänzt um die emotionale Selbsteinschätzung, die von den Teilnehmenden vor und nach dem Versuch erhoben wird. Die emotionale Verfassung beider Gruppen vor dem Versuch ähnelt sich stark.

Das Bild der Selbsteinschätzung beider Gruppen unterscheidet sich nach dem Versuch deutlicher. Etwa die Hälfte der Teilnehmenden in Gruppe A fühlt sich nach dem Vortrag zufrieden, ein gutes Drittel weiter interessiert. Jeweils eine Person berichtet von Freude und Ärger nach dem Versuch. Bis auf die Teilnehmende 9 ändert sich bei allen anderen die emotionale Verfassung im Vergleich zu vor dem Versuch. In Gruppe B ist die emotionale Verfassung nach dem Versuch recht einheitlich, zehn der 13 Teilnehmenden geben an, sich zufrieden zu fühlen. Jeweils eine Person berichtet von Freude, Angst oder Unsicherheit und Interesse nach dem Versuch. Auch in Gruppe B bleibt nur eine Teilnehmende (1) bei der vor dem Versuch angegebenen Emotion, bei allen anderen ändert sich die Angabe.

6. Diskussion

Zentrale Befunde

Die Forschungshypothesen, die mit dem oben beschriebenen Versuch untersucht werden sollen, lauten:

Hypothese 1: Der Einsatz von Visualisierung bei einem Vortrag ruft andere emotionale Reaktionen hervor als die Verwendung textbasierter PowerPoint-Folien.

Hypothese 2: Der Einsatz von Visualisierung ruft im Gegensatz zu textbasierten PowerPoint-Folien vor allem positive emotionale Reaktionen hervor.

Die Auswertung der Ergebnisse für beide Gruppen zeigt, dass die vorherrschende Emotion in beiden Gruppen Interesse ist. Zwar liegt der Anteil an den insgesamt beobachteten Ereignissen in Gruppe B höher als in Gruppe A (vergleiche Tabelle 1), ein signifikanter Unterschied lässt sich, besonders aufgrund der Stichprobengröße von n=24, daraus jedoch nicht ableiten. Diese Beobachtung ist im Hinblick auf die Methodik der Stichprobenziehung nicht überraschend. Die Teilnahme am Versuch war freiwillig und das Thema des Vortrages („Deep Work", zu Deutsch „Konzentriertes Arbeiten") bekannt, zudem fand der Versuch während der regulären Arbeitszeit statt. Daher ist davon auszugehen, dass sich vor allem Personen mit größerem Interesse für dieses Thema für die Teilnahme am Versuch melden. Das bestätigt auch die emotionale Selbsteinschätzung, die die Teilnehmenden vor dem Vortrag abgeben (vergleiche Abbildungen 5 und 6). Es ist anzunehmen, dass bei einem zufällig gewählten, für die Teilnehmenden überraschenden Thema die Bandbreite der zu beobachteten Emotionen größer und ihre Verteilung stärker gestreut gewesen wäre.

Die am zweithäufigsten beobachtete Emotion dagegen weicht zwischen beiden Gruppen stark ab. In der Versuchsgruppe (Gruppe B) wird vermehrt Freude erfasst, in der Kontrollgruppe (Gruppe A) hingegen wird nach Interesse Langeweile am häufigsten beobachtet. Die Verteilung in beiden Gruppen ist relativ regelmäßig und lässt sich somit nicht auf die emotionale Verfassung einzelner Teilnehmender zurückführen.

Gemäß der Perception Theory nach Barry ist die visuelle Erfahrung der dominanteste Lernmodus, der Menschen zur Verfügung steht. Die emotionale Verarbeitung und Bewertung von visuell Aufgenommenem läuft dabei schnell und unbewusst ab. Bei dieser Verarbeitung werden neue Eindrücke mit bereits gemachten Erfahrungen abgeglichen und diesen entsprechend emotional eingefärbt (Barry, 2004, S. 46). Wie eingangs erwähnt, stellen

PowerPoint-Folien heutzutage die am häufigsten genutzte Form von vortragsbegleitendem Material dar. Insbesondere in der Organisation, in der die am hier beschriebenen Versuch Teilnehmenden tätig sind, sind solche Folien vor allem sehr textlastig und mit wenig Fokus auf Unterhaltungswert gestaltet. Das in Gruppe B verwendete visuelle Präsentationsformat, welches in die Bildgestaltung auch humoristische Elemente einbezieht, ist dagegen neu und weckt im Gegensatz zu textbasierten PowerPoint-Folien wahrscheinlich eher Assoziationen mit Comics oder Illustrationen als mit sehr faktenbasierten Vorträgen, obwohl der faktische Informationsgehalt in Form von Textelementen in beiden Präsentationsmedien identisch war. Es ist anzunehmen, dass der von Barry beschriebene Effekt der emotionalen Einfärbung bei den beobachteten Ergebnissen eine Rolle spielt.

Bilder begünstigen kognitive Vorgänge in verschiedener Weise, beispielsweise als Gedankenstütze, als Hilfe beim Verstehen und gedanklichen Weiterentwickeln komplexer Zusammenhänge oder beim systemischen Verständnis von Inhalten und dem Erkennen von Mustern und Verbindungen.

Basierend darauf lässt sich folgern, dass Visualisierung Lernleistung und Lernerfolg positiv unterstützt, nicht nur in Bezug auf das spätere Erinnern, sondern auch im Moment der Informationsaufnahme, indem Lernende den vorgetragenen Inhalten ohne größere Mühe folgen können oder Aha-Erlebnisse haben. In den verschiedenen Modellen, die Einfluss und Wechselwirkung von Emotionen mit den kognitiven und motivationalen Abläufen im Lernprozess beschreiben, wird immer wieder Bezug auf Rückkopplungseffekte zwischen Lernerfolg und emotionalem Empfinden genommen. Erfolg beim Lernen löst positive Gefühle aus (Pekrun et al, 2007, S. 23 f). Die in Gruppe B häufig gemachte Beobachtung von Freude ließe sich zum Teil also auch auf den kognitionsunterstützenden Effekt der visuellen Präsentation zurückführen. Auch die vermehrte Beobachtung von Langeweile in Gruppe A im Gegensatz zur weitaus häufiger erfassten Emotion Freude in Gruppe B lässt sich hiermit erklären, da sich beide Gruppen in Bezug auf Alter, Nationalität und beruflichen Hintergrund nicht systematisch unterscheiden.

Interessant ist, dass in der Kontrollgruppe A außer Langeweile keine weiteren negativen Emotionen zu beobachten sind. Dies ist sehr wahrscheinlich der Tatsache geschuldet, dass der Vortragsinhalt für die Teilnehmenden zwar interessant und nützlich ist, aber das Nicht-Verstehen keinen negativen Einfluss auf ihre berufliche Leistungsfähigkeit hätte. Für Inhalte, die zum Beispiel für das erfolgreiche Agieren in einem wichtigen Projekt ausschlaggebend wären, wären in einem ähnlichen Versuchsaufbau auch Emotionen wie Ärger oder Unsicherheit/Angst zu erwarten.

Eine Betrachtung der Häufung von Freude und Zufriedenheit einerseits und Langeweile andererseits anhand der gesetzten Impulse und den damit verbundenen Inhalten lässt keine Muster im Vortragsverlauf erkennen. Inhalte, die zum Beispiel in Gruppe A vermehrt positive Reaktionen auslösen, erfahren in Gruppe B nicht den gleichen emotionalen Zuspruch und umgekehrt. Auch innerhalb der Gruppen gibt es keine Impulse, die beim Großteil der Teilnehmenden Langeweile oder Freude und Zufriedenheit hervorrufen. Daraus lässt sich schließen, dass sich die Unterschiede in den emotionalen Reaktionen nicht aus einem in den Gruppen unterschiedlichem Vortragsstil oder besonderen Highlights in den Inhalten ergeben, sondern auf die unabhängige Variable des Vortragsmodus – also PowerPoint-Folie oder visuelle Präsentation – zurückzuführen sind.

Interessante Ergebnisse liefert auch die Gegenüberstellung der emotionalen Selbstauswertung der Teilnehmenden vor und nach dem Versuch. Wie bereits weiter oben erwähnt, starteten beide Gruppen in vergleichbarer Gemütslage in den Versuch. Auffällig ist, dass die letzte kodierte Emotion, also eine Betrachtung aus Fremdwahrnehmung, sich vor allem in Gruppe A von der nach dem Vortrag erfassten Selbsteinschätzung unterscheidet. Bei vier von elf Teilnehmenden (3, 6, 7 und 11) deckt sich die Selbsteinschätzung nicht mit den über den Versuchsverlauf beobachteten Emotionen. Für die Teilnehmenden 3, 7 und 11 fällt diese positiver aus als erwartet, für den Teilnehmenden 6 negativer. Dies lässt sich auf folgende Faktoren zurückführen: Emotionen sind komplexe Reaktionsgefüge, die vorrübergehende Zustandsveränderungen, also innerlich wahrgenomme Gefühle, hervorrufen (Arnold & Gómez Tutor, 2006, S. 40) und dementsprechend schnell umschlagen können. Ereignisse, die zwischen dem letzten im Versuch gesetzten Impuls und der dabei beobachteten Emotion und der Abfrage der aktuellen Gefühlslage auftreten, können so das Ergebnis beeinträchtigen. Nach Beendigung des Vortrages entwickelte sich bei beiden Gruppen eine Diskussion um die vorgestellten Inhalte zwischen den Teilnehmenden und der Vortragenden. Erst danach wird die emotionale Selbsteinschätzung der Teilnehmenden nach dem Versuch abgegeben. In dem daraus entstandenen Zeitfenster kann eine Vielzahl von Eindrücken Auswirkungen auf den emotionalen Zustand der jeweiligen Teilnehmenden haben. Es ist demnach wahrscheinlich, dass diese Selbsteinschätzung mehr von der Gruppendiskussion, als vom Präsentationsmodus beeinflusst wird.

Bezüglich der eingangs aufgestellten Hypothesen lassen sich folgende Ergebnisse feststellen:

<u>Hypothese 1:</u> Der Einsatz von Visualisierung bei einem Vortrag ruft andere emotionale Reaktionen hervor als die Verwendung textbasierter PowerPoint-Folien.

Obwohl sich die Ergebnisse von Versuchs- und Kontrollgruppe auf den ersten Blick stark ähneln, liefert die Betrachtung der Stichprobenziehung und des Versuchsaufbaus und deren Einfluss auf die Ergebnisse eine schlüssige Erklärung für die häufige Beobachtung von Interesse in beiden Gruppen. Im Hinblick auf die am zweithäufigsten beobachtete Emotion lässt sich zwischen beiden Gruppen allerdings ein deutlicher Unterschied feststellen. Hypothese 1 wird somit allgemein bestätigt.

Hypothese 2: Der Einsatz von Visualisierung ruft im Gegensatz zu textbasierten PowerPoint-Folien vor allem positive emotionale Reaktionen hervor.

Nach Interesse wird in der Versuchsgruppe vor allem Freude beobachtet, während in der Kontrollgruppe Langeweile vorherrscht. Mit Hinblick auf den oben erläuterten Einfluss der Stichprobenziehung auf die beobachteten Ergebnisse kann also auch diese Hypothese als belegt angesehen werden.

Methodische Überlegungen

Bei der Vorbereitung des in dieser Untersuchung beschriebenen Versuchs wird angestrebt, für beide Gruppen die Durchführung so gleich wie möglich zu gestalten. Bis auf das benutzte Präsentationsmedium, welches als unabhängige Variable manipuliert wird, ist der Aufbau des Versuchsraumes und die Durchführung des Vortrags bei beiden Gruppen identisch. Nach dem Vortrag geht die Vortragende auf das Bedürfnis der Teilnehmenden in Gruppe A ein die vorgestellten Inhalte noch einmal zu reflektieren und Nachfragen zu stellen. Erst danach werden die Teilnehmenden aufgefordert, noch einmal eine emotionale Selbsteinschätzung vorzunehmen. Um die Vergleichbarkeit zwischen beiden Gruppen zu gewährleisten, wird auch den Teilnehmenden in Gruppe B die Möglichkeit gegeben Fragen zu stellen und das Gehörte zu kommentieren. Es ist davon auszugehen, dass die Eindrücke, die die Teilnehmenden aus dieser Diskussion mit der Vortragenden und miteinander aufnehmen, die nach dem Versuch erhobenen emotionalen Zustände beeinflussen und diese Daten nur bedingt für weitere Schlussfolgerungen geeignet sind. Allerdings ändern sie nichts an der Validität der vor und während des Versuches erhobenen Daten und den darauf basierenden Schlussfolgerungen.

Bei der Kodierung des Videomaterials werden die Teilnehmenden jeweils einzeln und nacheinander zu beobachtet, um individuelle mimische und gestische Ausdrucksweise im Kontext zu sehen und verlässlicher zu kodieren.

Es werden alle gangbaren Maßnahmen unternommen, um die Versuchssituation so realitätsgetreu wie möglich zu gestalten und so weitgehend authentische Beobachtungen zu erzielen. Trotzdem bleibt, wie bei jedem Versuch, eine gewisse Künstlichkeit, hier vor allem durch den Einsatz von Kameras. Die Aufmerksamkeit der Teilnehmenden während des Versuchs liegt zum allergrößten Teil auf dem Vortragsgeschehen. Trotzdem können bei der Auswertung hin und wieder Blicke direkt in die Kamera beobachtet werden. Die Teilnehmenden sind sich also zumindest ab und zu ihrer Beobachtung bewusst, auch wenn sie erst im Nachgang an den Versuch darüber aufgeklärt werden, was genau beobachtet wird. Dies kann dazu geführt haben, dass sich die Teilnehmenden weniger natürlich verhalten. Es wäre möglich diesen Effekt durch die Benutzung einer verdeckten Kamera zu minimieren, allerdings wäre dies ohne die vorherige Aufklärung und das Einholen einer Erlaubnis bei den Teilnehmenden unter ethischen und datenschutztechnischen Gründen nicht vertretbar. Ein Kompromiss könnte darin bestehen, die Teilnehmenden entsprechend aufzuklären und die Aufnahmetechnik so zu positionieren, dass diese für die Teilnehmenden während des Versuchs nicht sichtbar sind. Aufgrund fehlender technischer Ausstattung auf diesem Niveau und Restriktionen bei der Gestaltung des zur Verfügung stehenden Raumes wird im vorliegenden Versuch hierauf verzichtet.

Ausblick auf weiterführende Forschung und Auswertung
Der hier beschriebene Versuch liefert einen Ansatz dafür, wie sich die emotionalen Wirkungsbehauptungen zum Einsatz von Visualisierung für die Wissensvermittlung wissenschaftlich belegen lassen. Die Ergebnisse deuten darauf hin, dass Visualisierung, im Vergleich zu textbasierten PowerPoint-Folien, tatsächlich einen positiven Einfluss auf das emotionale Empfinden von Vortragsrezipienten hat. Um belastbare Aussagen zur emotionalen Wirkung von Visualisierung in Vortragssituationen zu machen, ist in Anbetracht des hier geringen Stichprobenumfangs weitere Forschung in empirischem Umfang nötig.

Interessant wäre auch die emotionale Fremdwahrnehmung durch die Kodierenden mit einer ausführlicheren Selbstreflektion der Versuchsteilnehmenden zu verbinden. Im vorliegenden Fall beschränkt sich diese Selbstreflektion auf einen Multiple-Choice-Test, dessen Antworten auf den Emotionskategorien des Kodierleitfadens basierten. Eine ausführlichere Untersuchung der Selbstwahrnehmung könnte zum Beispiel vorgenommen werden, indem man den Teilnehmenden einen umfassenden Fragebogen vorlegt oder die Selbstreflektion in Form eines Tagebucheintrages vornehmen lässt. Auch möglich und in Bezug auf Lernerfolge interessant wäre eine Überprüfung der Teilnehmenden nach etwa vier Wochen, um zu testen, welche Inhalte sie behalten haben oder – im Fall von Praxisdiskussionen wie in vorliegendem Versuch – welche Ratschläge ausprobiert und in die eigene Praxis übernommen werden.

Für die vorliegende Untersuchung wurde das Videomaterial anhand einer inhaltlichen Segmentierung, basierend auf definierten Ereignissen, ausgewertet. Interessant könnte eine alternative Auswertung der Daten basierend auf einer formalen Segmentierung, beispielsweise in Zeitintervallen von zehn Sekunden, sein. Hierdurch könnte untersucht werden, ob und wie die Visualisierung auf Teilnehmende wirkt, wenn gerade keine aktive Ergänzung der dargestellten Inhalte stattfindet.

Durch die freiwillige Teilnahme am hier beschriebenen Versuch unterliegt die Stichprobe einer Verzerrung durch Selbstselektion. Eine Versuchsanordnung mit einem für die Teilnehmenden überraschenden Thema könnte Aufschluss darüber geben, ob die Bandbreite beobachteter Emotionen in diesem Fall größer wäre oder eine andere Streuung vorläge. Alternativ könnte diese Untersuchung eher in Form einer Feldstudie anhand von echten Vorträgen in einem geschäftlichen Rahmen vorgenommen werden.

7. Fazit

Ziel der vorliegenden Arbeit ist es, die kognitiven und emotionalen Effekte von Live-Visualisierung auf Vortragsrezipienten genauer zu beleuchten und so die Wirksamkeitsbehauptung visuell Praktizierender bezüglich ihrer Arbeit wissenschaftlich zu überprüfen.

Sowohl die Literaturauswertung als auch die Ergebnisse des durchgeführten Versuchs können die Wirkungsbehauptungen visuell Praktizierender bestätigen. Darüber hinaus kann dargestellt werden, dass das Hervorrufen von positiven Emotionen einen lernfördernden Effekt hat und in Situationen des Wissenserwerbs- und Transfers – und damit den Anwendungsgebieten von Visualisierung – absolut erstrebenswert ist. Damit leistet diese Arbeit einen Beitrag zur wissenschaftlichen Untermauerung für den Einsatz von Visualisierung als Kulturtechnik. Eingehendere Forschung zum Aspekt des emotionalen Einflusses von Visualisierung ist allerdings nötig, um dessen Wirkung besser zu begreifen und falls nötig die visuelle Praxis darauf anzupassen.

Literaturverzeichnis

Abele, A. (1995). Stimmung und Leistung. Göttingen: Hogrefe.

Abele, A. (1999). Motivationale Mediatoren und Emotionseinflüsse auf die Leistung: Ein vernachlässigtes Forschungsgebiet. In: M. Jerusalem & R. Pekrun (Hrsg.), Emotion, Motivation und Leistung (S. 31-50). Göttingen: Hogrefe.

Arnold, R. & Gómez Tutor, C. (2006). Emotionen in Lernprozessen Erwachsener. In: Zeitschrift für Weiterbildungsforschung, (1), 37-47.

Barry, A.M. (2004). Perception Theory. In: Smith, K., Moriarty, S., Barbatsis, G. & Kenney, K. (Hrsg.), Handbook of Visual Communication (S. 45-62). Abingdon: Routledge.

Bobek, E. & Tversky, B. (2016). Creating visual explanations improves learning [Online Publication]. In: Cognitive Research. Principles and Implications (SpringerOpen). Verfügbar am 09.07.2019 unter https://link.springer.com/content/pdf/10.1186%2Fs41235-016-0031-6.pdf

Burkhard, R.M. & Meier, M. (2005). Tube map visualization: evaluation of a novel knowledge visualization application for the transfer of knowledge in long-term projects. In: Journal of Universal Computer Science, (Vol. 11, Nr. 4), 473-494.

Congleton, C. (2011). Action Research at LILA. Exploring the Role of Graphic Facilitation in Adult Learning. LILA Action Research Paper. Verfügbar am 10.07.2019 unter http://www.think-in-colour.com.au/wp-content/uploads/2012/05/Congleton_AR-final_5-11.pdf

Eppler, M.J. & Burkhard, R.M. (2007). Visual representations in knowledge management: framework and cases. In: Journal of Knowledge Management, (Vol. 11, Nr. 4), 112-122.

Espiner, D. & Hartnett, F. (2016). Innovation and graphic facilitation. In: Aotearoa New Zealand Social Work, (Vol 28, Nr. 4), 44-53.

Haussmann, M. (2015). Das Bild als Weg – Strayegische Visualisierung in Veränderungsprozessen. In: Zeitschrift für Organisationsentwicklung, (2), 83-89.

Henderson, K. (1991). Flexible sketches and inflexible data bases: Visual communication, conscription devices, and boundary objects in design engineering. In: Science, Technology and Human Vaules, (Vol. 26, Nr. 4), 448-73.

Jackson, M.C. (2005). Reflections on knowledge management from a critical systems perspective. In: Knowledge Management Research and Practice, (Vol. 3, Nr. 4), 187-196.

Kaminski, G. & Neisser, U. (1994). Dorsch Psychologisches Wörterbuch. Bern: Hans Huber.

Klanten, R., Schiller, A.L. & Ehmann, S. (2016). Graphic Recording. Eine Anleitung zum Illustrieren von Meetings, Konferenzen und Workshops. Berlin: Gestalten.

Krapp, A. (2005). Emotion und Lernen. Beiträge der Pädagogischen Psychologie. Einführung in den Thementeil. In: Zeitschrift für Pädagogik, (5), 603-609.

Larkin, J. & Simon, H. (1987). Why a Diagram is (Sometimes) Worth Ten Thousand Words. In: Cognitive Science, (11), 65-99.

Lewalter, D., Krapp, A. & Wild, K.-P. (2000): Motivationsförderung in Lehr-Lern-Arrangements. Eine interessentheoretische Perspektive. In: Harteis, Ch. & Kraft, S. (Hrsg.), Kompendium Weiterbildung. Aspekte und Perspektiven betrieblicher Personal- und Organisationsentwicklung (S. 149–156). Leverkusen: VS Verlag für Sozialwissenschaften.

Mayring, P., Gläser-Ziukda, M. & Ziegelbauer, S. (2005). Auswertung von Videoaufnahmen mit Hilfe der Qualitativen Inhaltsanalyse. Ein Beispiel aus der Unterrichtsforschung. In: MedienPädagogik, (9), 1-17.

McBride, D.M. & Dosher, A.B. (2002). A comparison of conscious and automatic memory processes for picture and word stimuli. A process dissociation analysis. In: Consciousness and Cognition, (11), 423-460.

Müller, F. (2006). Interesse und Lernen. In: Zeitschrift für Weiterbildungsforschung, (1), 48-62.

Pekrun, R., Frenzel, A.C., Goetz, T. & Perry, R.P. (2007). The control-value theory of achievement emotions: An integrative approach to emotions in education. In: Schutz, P.A. & Pekrun, R. (Hrsg.): Emotion in education (S. 13-36). Amsterdam: Academic Press.

Pfister, R.A. & Eppler, M.J. (2012). The benefits of sketching for knowledge management. In: Journal of Knowledge Management, (Vol. 16, Nr. 2), 372-382.

Platts, K. & Tan, K.H. (2004). Strategy visualisation: knowing, understanding and formulating. In: Management Decision, (Vol. 42, Nr. 5), 667-676.

Rossiter, J.R. & Percy, L. (2013). Attitude Change through Visual Imagery in Advertising. In: Journal of Advertising, (Vol. 9, Nr. 2), 10-16.

Sibbet, D. (2010). Visual Meetings. How graphics, sticky notes and idea mapping can transform group productivity. Hoboken: Wiley.

Tversky, B. & Suwa, M. (2009). Thinking with sketches. In A.B. Markman & K.L. Wood (Hrsg.), Tools for Innovation. The Science Behind the Practical Methods that Drive Innovation. (S. 75-85). Oxford: Oxford University Press.

Tyler, C, Valek, L. & Rowland, R. (2005). Graphic Facilitation and Large-Scale Interventions. Supporting Dialogue Between Cultures at a Global, Multicultural, Interfaith Event. In: Journal of Applied Behavioral Science, (Vol. 41, Nr. 1), 139-152.

Whitehouse, A., Maybery, M.T., & Durkin, K. (2006). The development of the picture-superiority effect. In: British Journal of Developmental Psychology, (24), 767-773.

Appreciative Inquiry als Ansatz zur Veränderung in Unternehmen

Sarah Weyl

Im Zuge der Globalisierung und des stetig dynamischer werdenden Marktes stehen Unternehmen ständig vor der Herausforderung sich weiterzuentwickeln und anzupassen. Die Wirtschaft, ihre Organisationen und ihre Basis – die Arbeitswelt – sind von grundlegenden Veränderungsprozessen geprägt. Neue Ansätze und Methoden sind erforderlich, die auf Nachhaltigkeit abzielen und Kommunikationsweisen und Lernprozesse ermöglichen, welche nach Anwendung der Methode weitergeführt werden. Eine dieser Methoden ist „Appreciative Inquiry" (AI). Der Ansatz, der hinter der Methode steht, kann möglicherweise bewirken, dass Individuen, Teams und Organisationen ihre Kompetenzen, der komplexen und schnelllebigen Umwelt zu begegnen, erweitern.

Due to globalisation and ever changing markets, companies are under constant pressure to develop and react. The economy, its organisation and foundation - the business world - all are shaped by fundamental change processes. New approaches and methods are required, which are focussed on sustainability and enable communication and learning processes which will be vital when implementing the new methodologies. One of these methods is Appreciative Inquiry.

The approach behind the method is intended to expand the abilities of individuals, teams and organisations to confront the complex, fast changing business environment.

1. Einleitung

Wir leben in einer Zeit des Umbruchs, der sogenannten 4. industriellen Revolution, sowie im Zeitalter der Globalisierung. Die neuen Anforderungen an Menschen, Gruppen, Organisationen und Systeme führen zu neuen Methoden und neuen Ansätzen. So entwickelte Brian Robertson (2016) z.B. mit ‚Holacracy' ein neues

System für Organisation und Management ohne traditionelle Hierarchien. „Die menschliche Fähigkeit, im gegenwärtigen Augenblick Unstimmigkeiten zu spüren und das Potenzial für Veränderung zu sehen (H.i.O.), ist meiner Ansicht nach eine unserer wunderbarsten Eigenschaften - mit unserem ruhelosen, niemals zufriedenen, kreativen Geist, wollen wir immer über das, was schon ist, hinausgehen" (Robertson, 2016, S. 5). Frederic Laloux (2015) hat über sinnstiftende Formen der Zusammenarbeit geforscht und Unternehmen untersucht, die durch agile Prinzipien auch wirtschaftlich erfolgreich sind. Die fortschreitende Technisierung erfordert umso mehr, Sinn und Zweck der Arbeit in den Mittelpunkt zu rücken. Ulich sieht den kulturellen Wandel nicht nur durch die Technisierung und Globalisierung geprägt, welche Auswirkungen auf „die Gestaltung von Arbeitstätigkeiten und Organisationsstrukturen" (2011, S. 655) haben. „Vielmehr wird sich in seinem Verlauf auch der Stellenwert der Erwerbsarbeit im menschlichen Lebenszusammenhang grundlegend ändern" (ebd.).

Weinert stellt in seinem Kapitel „Neue Arbeitswelt" dar, dass „die Organisation der Zukunft, die sogenannte „laterale Organisation" (H.i.O.) (flach und teamorientiert), ihre große Stärke nicht einfach darin [zeigt], dass sie die Hierarchien abschaffen würde. Statt dessen (sic!) involviert sie die Mitarbeiter in weit höherem Maße als bisher. [...] Entscheidungen werden eher dort gefällt, wo die Arbeit gemacht wird. [...] Die Beförderung hängt von einem laufenden Selbstentwicklungs- und Kompetenzerwerbungsprozess ab" (2015, S. 19). Im Weiteren beschreibt Weinert im Kontext von Loyalität, dass „der zugrunde liegende psychologische Kontrakt (z.B. lebenslange Entwicklung einer Berufskarriere im selben Unternehmen) zerbrochen [ist]. [...] Dabei ist gerade die laterale Organisation mit ihrer Teamorientierung in hohem Maße von einer starken Verpflichtung des Mitarbeiters gegenüber seiner Arbeit und gegenüber seinen Kollegen abhängig" (2015, S. 21). In diesem Kontext ist es sinnvoll Methoden einzusetzen, welche durch Wertschätzung, Einbeziehung aller Mitarbeiter und Ressourcenorientierung Transparenz und Identifikation bezüglich der angestrebten Ziele des Unternehmens sowie die Verbindung dieser mit der eigenen Leistung schaffen.

Die Methode Appreciative Inquiry baut auf dem Ansatz der Wertschätzung auf, auf das, was an Stärken und Potentialen bereits vorhanden ist, und auf Hinwendung zu dem, was möglich sein kann. Dahinter steht die Logik der positiven Psychologie. Es lassen sich aber auch Parallelen zu dem systemischen Ansatz von Peter Senge oder zu dem aktuell im Trend liegenden Managementmodell „Agilität" ziehen.

Im Rahmen dieser Untersuchung wird der Frage nachgegangen, ob sich die Methode Appreciative Inquiry nur für den konkreten Veränderungsprozess eignet oder ob die Grundidee von AI so nachhaltig implementiert werden kann, dass damit weitere Effekte erzielt werden? Kann z.B. ein Team oder eine Organisation dauerhaft danach handeln und sich stetig weiterentwickeln ähnlich wie bei einer lernenden Organisation oder einem agilen Unternehmen? Was sind mögliche Nebenwirkungen des Einsatzes von AI neben den konkreten Ergebnissen aus dem Prozess? Zur Bonsen & Maleh beschreiben, dass Cooperrider eine Methode entwickeln wollte mit der „Unternehmen und Institutionen wettbewerbsfähiger und somit effektiver gemacht werden können" (2012, S. 22). Angeblich wird die Zufriedenheit der Mitarbeiter und ihre Bindung an das Unternehmen ebenfalls verbessert (ebd. S. 9).

Im Zuge der Auseinandersetzung mit der Methode sind die fehlenden empirischen Studien, insbesondere fehlende Evaluationen zum Thema Nachhaltigkeit der Methode, bemerkenswert. Wie verhält oder entwickelt sich ein Team oder eine Organisation mit zeitlichem Abstand zu dem durchlaufenen AI-Prozess? Aus den Darstellungen in der Literatur entsteht der Eindruck, dass die Methode nahezu überall, in jedem Kontext und in jeder Kultur eingesetzt werden kann. Somit ist eine kritische Auseinandersetzung mit der Methode erforderlich. Es bilden sich folgende Unterfragen: Was kann ein Berater oder eine Organisation mit der Methode Appreciative Inquiry erreichen? Für welche Organisation, welches Team eignet sich die Methode AI? Welche Parameter und Strukturen sind notwendig, um den positiven Ansatz im Alltag fortzusetzen? Können Dialog- bzw. Kommunikationsfähigkeiten nachhaltig verändert werden im Hinblick auf Ressourcenorientierung und Wertschätzung? Können damit Effizienz, Produktivität,

Wettbewerbsfähigkeit, Arbeitszufriedenheit, Motivation, Bindung an das Unternehmen oder ähnliches gefördert werden?

Im Kontext des systemischen Ansatzes von Peter Senge ergibt sich für die vorliegende Arbeit folgende Hypothese: Appreciative Inquiry ist ein systemisch angelegter Prozess, der sich dadurch nicht nur als Methode für einen geplanten Veränderungsprozess eignet, sondern auch als Ansatz die Kompetenzen von Individuen, Teams oder Unternehmen stetig zu erweitern, um den Anforderungen der komplexen und schnelllebigen Umwelt zu begegnen.

2. Die Methode ‚Appreciative Inquiry'

Die Grundidee bzw. Philosophie von Appreciative Inquiry ist einfach und beruht auf zwei Perspektiven: 1. Es gibt in jeder Organisation etwas das gut ist und 2. Der Mensch, die Organisation, die Gruppe entwickelt sich in die Richtung, in die sie ihre Aufmerksamkeit richtet. Es geht also darum das Gute, das Positive, das bereits da ist, wahrzunehmen und Ziele, durch die Art der Formulierung, in eine positive Richtung zu lenken. Dick et al. beschreiben AI als ein Instrument um die Zusammenhänge hinter den Problemen in einem Unternehmen zu erkennen und dadurch das Wesentliche wieder in den Fokus zu nehmen (2017, S. 239). „Die Verbindung mit den vorhandenen Potenzialen bringt Klarheit, inspiriert und schafft neue Energie. [...] AI ist sowohl Philosophie als auch methodischer Ansatz in der Team- und Organisationsentwicklung" (ebd.).

Grieger zeigt auf, dass „der Begriff Appreciate eine herausragende positive Wertschätzung beschreibt. [...] Die Wahl dieses Ausdruckes unterstützt die positive Fokussierung und verstärkt die anerkennenden Elemente der Methode" (2001, S. 13). Nach Grieger werden mit dem Begriff Inquire die Elemente des 4D-Zirkels miteinander verbunden. Zusammengenommen bildet der Ausdruck ‚Appreciative Inquiry' den Inhalt und Ablauf der Methode ab. „Die Kombination der einzelnen dem Begriff innewohnenden Elemente Appreciative Inquiry symbolisiert somit die Ausgangssituation (Wunsch des Entdeckens), den Ablauf (das Wertschätzende [nach-]fragen) und das Ziel (Das Schaffen eines solchen angestrebten Umfeldes) dieser Technik" (2001, S. 13-14).

Laut zur Bonsen & Maleh bezieht sich die Bedeutung des Erkundens auf Wertschätzung allgemein, also auf gegenseitigen Respekt gegenüber den Menschen, der Organisation, dem sozialen System und dem Entdecken, was an Potentialen da ist, was gut gelingt.

2.1 Anwendungsbereiche und Grenzen von Appreciative Inquiry

„Appreciative Inquiry kann angewendet werden, um ein Team, einen Bereich, eine ganze Organisation oder ein anderes „ganzes System" (H.i.O.) (zum Beispiel einen Stadtteil) weiterzuentwickeln" (zur Bonsen & Maleh, 2012, S. 56) im Hinblick auf „Fähigkeiten, Verhaltensweisen, Einstellungen oder Leistungen [...] oder wo es darum geht die Zukunft dieses Systems zu entwerfen und neu zu gestalten" (ebd.). AI ist nicht zur Verbesserung von konkreten dinglichen Themen geeignet, wie z.B. Produktionsabläufe oder Software-Optimierung und auch nicht als Konfliktbewältigungsmethode.

Grenzen beim Einsatz einer Methode, die sich auf das Positive ausrichtet, zeigen sich bei starken, insbesondere negativen Emotionen, wie sie bei existentieller Bedrohung z.B. bei geplantem Stellenabbau, Schließung einer Abteilung oder eines Werkes entstehen. Zur Bonsen & Maleh beschreiben, dass es für die Mitarbeiter zynisch wirken könnte sich in einer solchen Situation „mit ihren besten Erlebnissen aus der Vergangenheit zu beschäftigen" (2012, S. 81 f.). Im Weiteren zeigen sie auf, dass in einem massiven Teamkonflikt die vorhandenen negativen Gefühle (Verletzungen, Schuld, Groll) wertgeschätzt werden müssen indem sie benannt werden dürfen. Eine Konzentration auf das Positive sei an dieser Stelle unpassend (zur Bonsen & Maleh 2012, S. 86).

Über die genannten Aspekte hinaus ist es schwierig Grenzen der Methode zu bestimmen, da in der vorhandenen Literatur sowohl die Methode als auch die Darstellungen von Fallbeispielen durchweg positiv und erfolgreich beschrieben werden. Meist wird „erfolgreich" nur wörtlich genannt und keinesfalls durch definierte

Messkriterien oder einen Vorher-nachher-Abgleich bestimmter Parameter belegt.

2.5 Der Appreciative Inquiry-Prozess

Grundsätzlich müssen, wie bei jeder Methode, bzw. jedem Veränderungsprozess die Veränderungswünsche oder Kernthemen im Vorfeld geklärt werden. „Von der konstruktivistischen Sichtweise her ist die Themenwahl entscheidend, da sie die Richtung des gesamten Prozesses vorgibt" (Grieger, 2001, S.23). Zur Bonsen & Maleh beschreiben, dass die Kernthemen entweder durch das Management vorgegeben oder durch eine Planungsgruppe entwickelt werden können (2012, S. 49). Sie beziehen sich auf organisationsrelevante Aspekte, die verändert oder verbessert werden sollen, z.B. „Innovation, Flexibilität gegenüber Kunden, begeisternde Führung, Qualität, Verantwortung und Entscheidungskompetenz auf allen Ebenen, optimales Zusammenwirken von Projektleitern und Linie" (zur Bonsen & Maleh, 2012, S. 47) etc.

Die Kernthemen „sollen positiv und bestärkend formuliert sein und einen hohen Anspruch zum Ausdruck bringen, also so formuliert sein, dass der gewünschte Idealfall deutlich wird" (zur Bonsen & Maleh, 2012, S. 48). „Entsprechend der konstruktivistischen Annahme, dass in jeder Beschreibung zugleich auch die Beschreibung des Gegensatzes liegt, enthält die Problembeschreibung bereits die gewünschte Ziel- bzw. gewünschte Zustandsbeschreibung. Appreciative Inquiry vermeidet nicht, Probleme zu benennen, sondern in der Position zu verharren, indem dem Problem viel Raum gegeben wird" (Pokora, 2012, S. 119).

„Appreciative Inquiry beginnt immer mit einem Interview. Die Erkenntnis dessen, was funktioniert, basiert auf der uralten Verfahrensweise des Geschichtenerzählens. Durch Sammeln von Anekdoten und Begebenheiten wird eine Vielzahl an Erfolgsgeschichten generiert" (Jost, 2003, S. 96 f.). Dieses Interview stellt das Kernstück des Prozesses dar. Es gliedert sich in drei Frageblöcke:

- „1. Block: Fragen dazu, wie die Organisation generell erlebt wird
- 2. Block: Fragen zu den sogenannten Kernthemen, die in der Organisation weiterentwickelt werden sollen

- 3. Block: Fragen zur Zukunft der Organisation" (zur Bonsen & Maleh, 2012, S. 41)

„Jede Frage dient dazu, positive Wahrnehmungen von sich selbst und der Organisation bewusst werden zu lassen. [...] ferner soll jede Frage das Empfinden des eigenen Werts, der eigenen Kompetenz und der eigenen Möglichkeiten steigern" (ebd. S. 42). „Es gibt dafür keine allgemein gültigen Fragenkataloge und Vorgehensschemata. Die Fragen und Prozesse müssen immer wieder neu auf die konkrete Situation und Thematik hin entwickelt werden" (Pokora, 2012, S. 126).

Der eigentliche Prozess gliedert sich in 4 Phasen. Da der Prozess nicht nur einmal durchlaufen, sondern sich wiederholen kann, werden die Phasen laut zur Bonsen & Maleh in einem sogenannten „Vier-D-Zirkel" (2012, S.34) angeordnet:

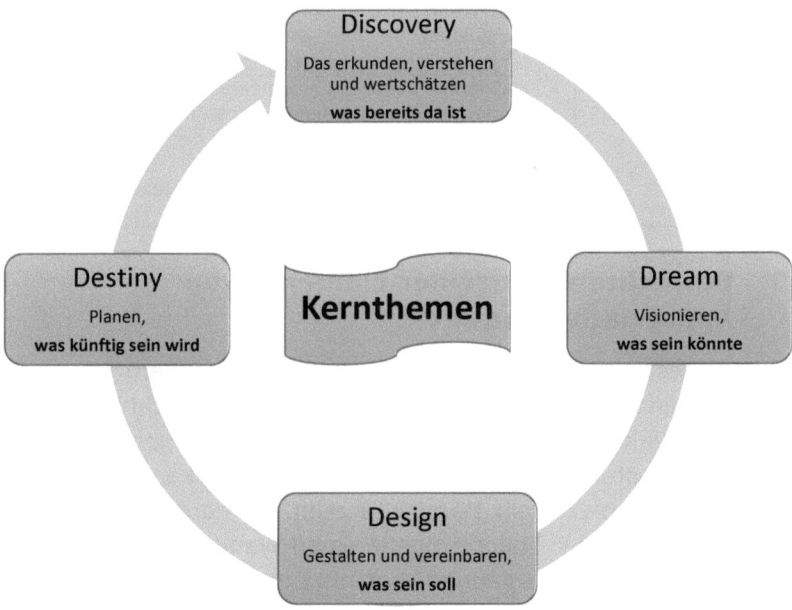

Abbildung 2.1: Vier-D-Zirkel
(eigene Darstellung nach zur Bonsen & Maleh, 2012, S. 34)

Die folgende Tabelle stellt die Phasen und ihre jeweiligen Ziele noch einmal dar.

Tabelle: **Phasen und Ziele eines Appreciative Inquiry Prozesses**
(eigene Darstellung nach zur Bonsen & Maleh, 2012, S. 39)

Phasen	Ziele
Discovery Erkunden und verstehen	• Erkunden, Verstehen und Würdigen der „Juwelen" • Verbreiten positiver Geschichten • Identifikation der Schlüsselfaktoren, die der Organisation Lebendigkeit und Kraft bringen (belebende Faktoren) • Verändern der Wahrnehmung weg von „Vieles misslingt" hin zu „Vieles gelingt bereits jetzt ganz gut" • Aufbau einer positiven und bejahenden Einstellung zu sich selbst, zum Arbeitsplatz und zur Organisation • Stärken von Vertrauen und Mut für die Zukunft
Dream Visionieren	• Vertiefen der Wünsche und Ziele für sich selbst und die Organisation • Entwurf dessen was sein könnte • Motivation und Inspiration • Lust auf die Zukunft
Design Gestalten	• Präzisieren der Visionen, Ziele und/oder Leitlinien für die Zukunft • Gegebenenfalls Prioritätensetzung dieser Ziele
Destiny Umsetzen	• Maßnahmen erarbeiten und vereinbaren • Konsequenzen für jeden Einzelnen ableiten • Kommunikation der Ergebnisse in der Organisation sichern • Fortsetzung des wertschätzenden Ansatzes von AI gewährleisten

3. Betrachtung einzelner Elemente von Appreciative Inquiry

Laloux beschreibt einen Paradigmenwechsel von dem Fokus auf Mängel, hin zu den Stärken. (2015, S. 46). Seine Sichtweise zeigt deutliche Parallelen zu den Grundprinzipien von Appreciative Inquiry. Er postuliert einen Wandel zu einer Stärkenorientierung, der sich in immer mehr Bereichen zeigt. Cantore & Cooperrider sehen auch auf der Theorie-Ebene einen Wandel: „It may not be fully visible or acknowledged, but organizational-change theory and practice is itself subject to significant change" (2013, S. 269).

Im Hinblick auf die Hypothese dieser Arbeit, dass Appreciative Inquiry nicht nur eine Methode für einen geplanten Veränderungsprozess ist, sondern auch ein Ansatz um den Herausforderungen, welche durch die globalisierte Welt und den Strukturwandel der Arbeit entstehen, zu begegnen, werden in den folgenden Unterkapiteln einzelne Aspekte der neuen Herausforderungen für

Mensch und Organisation näher betrachtet und in Bezug zu Appreciative Inquiry gesetzt.

3.1 Dialog

Bei einem Dialog handelt es sich laut Duden um eine „von zwei oder mehreren Personen abwechselnd geführte Rede und Gegenrede; Zwiegespräch, Wechselrede" (1997, S. 187) sowie „Gespräch, das zwischen zwei Gruppierungen geführt wird, um sich und die gegenseitigen Standpunkte kennen zu lernen" (ebd.). Bohm leitet sein Verständnis des Begriffs ‚Dialog' aus dessen griechischer Bedeutung ab. „*Logos* (H.i.O.) heißt ‚das Wort' (H.i.O.) oder auch ‚Wortbedeutung, Wortsinn' (H.i.O.) Und *dia* (H.i.O.) heißt ‚durch' (H.i.O.) [...] Die Vorstellung oder das Bild, das diese Ableitung nahelegt, ist das eines freien Sinnflusses, der unter uns, durch uns hindurch und zwischen uns fließt" (2017, S. 32 f.) Laut Bohm entsteht durch einen Dialog in einer Gruppe auf kreative Weise etwas Neues, ein neues Verständnis. Der Zweck des Dialogs besteht darin, über die Grenzen des individuellen Verstehens hinauszukommen. Senge bezieht sich bei seinem Verständnis von Dialog auf Bohm und zitiert dessen Interpretation (1996, S. 290 ff.). Für Senge hat der Dialog eine hohe Bedeutung für die Entwicklung einer lernenden Organisation. Diese wird weiter unten verdeutlicht. Cantore & Cooperrider vergleichen diagnostische mit dialogischer Organisationsentwicklung. Die diagnostische Organisationsentwicklung geht von einer objektiven Realität aus, welche nach Fakten, die eine Veränderung unterstützen, untersucht werden kann. Die dialogische Organisationsentwicklung sieht menschliche Systeme als dialogische oder bedeutungsherstellende Systeme (2013, S. 269).

> *„The seeds of change – the things people think about and talk about, the thongs people discover and learn, and the things that inform dialogue and inspire images of the future – are implicit in the very first question we ask. [...] Therefore, this approach is built around a keen appreciation of the power of language and discourse of all types (from words to metaphors to narrative forms, and so on) to create our sense of reality – our sense of the true, the good, and the possible"* (ebd. S. 271).

Der Dialog wird von Cantore & Cooperrider als sprachliches Medium definiert, welches eine gemeinsame Realität sowie Sinn als Basis für Entwicklung oder Veränderung erschaffen kann.

Doppler & Lauterburg beschreiben das Bedürfnis der Menschen nach echter Auseinandersetzung mit dem Gegenüber, also der Kommunikation darüber, was und warum etwas verändert wird. Es geht weniger um Teilhabe im Sinne von Mitbestimmung, sondern vielmehr um ein Verständnis der „Ziele und Absichten, Hintergründe und Zusammenhänge [...]. Sie [die Menschen] wollen wissen, was auf sie zukommt. Sie haben das Bedürfnis eigene Anliegen mitteilen zu können [...]. Es geht um die Bewältigung von Komplexität. Dies ist in vielen Fällen nur möglich im direkten Gespräch – in manchmal sehr zeitaufwendigen persönlichen Begegnungen." (2008, S. 355). Sie stellen im Weiteren dar, dass in der Praxis häufig anders gehandelt wird und betroffene Personenkreise lange nicht informiert und eher vor vollendetet Tatsachen gestellt werden oder schriftliche Informationen erfolgen, welche Interpretationsspielräume schaffen. „[...] damit sind [so postulieren Doppler & Lauterburg] keine Kommunikationsprobleme gelöst, wohl aber in gewaltigem Umfang neue geschaffen" (2008, S. 355-356). Das Interview, gewissermaßen das Kernstück der Methode AI, entspricht dem Bedürfnis nach Teilhabe wie Doppler & Lauterburg sie beschreiben, da alle, oder zumindest ein Querschnitt des sozialen Systems, beteiligt werden. Kommunikation muss sich verändern, wenn Entscheidungen nicht mehr top down getroffen werden, sondern flachere Hierarchien und agilere Arbeitsweisen Elemente neuer Organisationsstrukturen sind.

„Mit einem Dialog wird gemeinsam Neues geschaffen" (Bohm, 2017, S. 27), postuliert Bohm. Auch Senge misst dem Dialog eine große Bedeutung für Veränderungsprozesse bei. Er beschreibt, dass man mit den alten Methoden (top down) der dynamischen und komplexen Welt nicht mehr begegnen kann. „Deshalb ist es ungeheuer wichtig, daß (sic!) wir Methoden finden, durch die Menschen lernen, was es bedeutet, wirklich gemeinsam zu denken, zusammen wichtige Fragen zu erforschen und kollektiv zu neuen und tieferen Einsichten in komplexe Realitäten vorzustoßen" (ebd. S. 519).

Deswegen thematisiert auch Laloux die Relevanz einer echten Auseinandersetzung mit dem Gegenüber sowie die Bedeutung des Geschichtenerzählens: Er benennt einen Zusammenhang zwischen Vertrauen und produktiver und freudvoller Zusammenarbeit. Auch Senge spricht von Vertrauen. „Zwischen Teammitgliedern, die in einen Dialog treten, entsteht eine einzigartige Beziehung. Sie entwickeln ein tiefes Vertrauen […]. Sie sind sich der Einzigartigkeit jeder individuellen Sichtweise zutiefst bewußt (sic!)" (Senge, 1996, S. 301). Außerdem sieht er im Dialog eine Möglichkeit des Team-Lernens: „So wie die persönliche Vision eine Grundlage für den Aufbau der gemeinsamen Vision bildet, bilden Reflexions- und Erkundungsfähigkeiten die Grundlage für Dialog und Diskussion. Der Dialog, der in Reflexion und Erkundung gründet (H.i.O.), wird verläßlicher (sic!) und weniger abhängig von besonderen Umständen sein, wie zum Beispiel von der ‚Chemie' (H.i.O.) zwischen den Teammitgliedern" (Senge, 1996, S. 302).

Mit dem Element ‚Interview' fügt sich AI in verschiedene, dialogorientierte Ansätze ein. Bedeutsam ist die Parallelität der Bedeutung des Dialogs für evolutionäre Organisationen bei Laloux und der lernenden Organisation bei Senge. Durch einen Dialog (auch in Form eines Interviews) in einen echten Austausch mit den Mitmenschen einer kollegialen Gemeinschaft zu treten, um Vertrauen zu bilden und Stärken und Ressourcen zu entdecken, erweist sich als ein hilfreiches Element zur Gestaltung einer Organisation. Somit wird durch die Methode Appreciative Inquiry ein Merkmal zur Arbeitsgestaltung, wie sie in der heutigen Arbeitswelt erforderlich ist, bedient.

3.2 Arbeitszufriedenheit und Motivation

Cooperrider postuliert, dass sich unter anderem die Arbeitszufriedenheit durch die Anwendung von AI verbessert (zur Bonsen & Maleh, 2012, S. 9). Rehwaldt benennt in ihrer Zusammenfassung des theoretischen Rahmens „Arbeitszufriedenheit als bewertende Einstellung zur Arbeit" (2017, S. 40-41) und sieht deren „Ursprung in der Optimierung von Arbeitsprozessen zur Erhöhung von Wirtschaftlichkeit (Taylor)" (ebd. S. 40). Sie stellt dar, dass nach der massiven Kritik am Scientific Management (Taylor) Aspekte wie sozialer Kontakt (Human Relations), Selbstverwirklichung (Maslow), Belohnungsgerechtigkeit (Adams) und die Rolle von Erwartungen (Lawler) näher beleuchtet wurden. Herzberg konnte aufzeigen, dass die Abwesenheit von Unzufriedenheit nicht kausal das Gegenteil, nämlich Zufriedenheit, bedeutet. „Bruggemann liefert mit den sechs Formen der Arbeitszufriedenheit die Erklärung für die konstant hohe Arbeitszufriedenheit trotz unmenschlicher Arbeitsbedingungen und zeigt damit auf, dass Arbeitszufriedenheit nicht als zuverlässiger Prädiktor für das Empfinden und Verhalten der Mitarbeiter gelten kann" (ebd. S. 40). Bemerkenswert ist: „Obwohl im Alltag kein Zweifel darüber besteht, was Arbeitszufriedenheit ist, haben wissenschaftliche Definitionsversuche bald gezeigt, dass die Abgrenzung des Begriffes von anderen Konzepten, wie Wohlbehagen, Erfüllung und Glück, strittig ist und die theoretischen Fundamente ziemlich unterschiedlich sind" (Kirchner, 2005, S. 243; zitiert nach Rehwaldt, 2017, S. 41). Es wird allerdings immer wieder ein Zusammenhang zwischen Arbeitszufriedenheit und Motivation hergestellt. Im Folgenden wird der Begriff kurz gestreift, da von Tomoff genannte Aspekte relevant für die Auseinandersetzung mit der Methode Appreciative Inquiry sind. Tomoff stellt im Rahmen des Kapitels „Wie kann man Motivation und En-gagement am Arbeitsplatz fördern" (2017, S. 144-152) die self-determination theory von Richard Ryan und Edward Deci vor (2017, S. 144-152). An dieser Stelle zu erwähnen ist der Zusammenhang von äußerlicher Kontrolle (extrinsische Motivation) und Autonomie (intrinsische Motivation). Demnach ist der Grad an Autonomie bei einer Aufgabe entscheidend für das Maß an Motivation, mit der diese erfüllt wird (Tomoff, 2017, S. 144-149). Tomoff führt unter anderem folgende Vorteile autonomen Handelns an: „sie fördern die Kreativität, steigern die kognitive Flexibilität und Tiefe der Verarbeitung von Informationen [...], führen zu höherem körperlichen und psychischen Wohlbefinden und fördern die Ausdauer bei Tätigkeiten und eine insgesamt effektivere Performanz" (2017, S. 147). Hier ist ein Zusammenhang zu den Potenzialen der Methode Appreciative Inquiry zu sehen. Durch die Vorgehensweise der Methode (jeder interviewt jeden, alle werden beteiligt, Visionen sowie deren Umsetzungsplanung werden selbständig, also autonom, entwickelt) ergeben sich oben genannte Vorteile durch den Einsatz der Methode.

Auch Laloux zeigt die Bedeutung von Autonomie auf, er nennt diese „Selbstführung" (als ein Element evolutionärer Organisationen; die anderen beiden Elemente nennt er „Ganzheit" und „evolutionärer Sinn"). Damit alle Kollegen in Selbstführung agieren, sollten diese kreative Unterstützung erfahren um „eine emotionale Anteilnahme an ihrer Arbeit und dem Sinn sowie den Erfolgen der Organisation zu entwickeln" (2015, S. 268). Die Überlegung, AI im Sinne einer Haltung, eines Ansatzes und nicht nur als Methode anzuwenden geht zwar nicht soweit, eine evolutionäre Organisation zu generieren, dennoch ist vor allem die Parallelität zu sehen im Hinblick auf 1.) die Selbstführung - die Interviews werden in einem AI Prozess selbstständig von den Beteiligten durchgeführt - und 2.) die Transparenz und Akzeptanz der Ziele oder Ergebnisse eines AI Prozesses, welche auf der Tatsache der gemeinsamen Entwicklung derselben durch alle Beteiligten (Querschnitt des Systems) beruht.

Die Autonomie ist auch eines der Gestaltungsmerkmale, die Ulich & Wiese beispielsweise für einen motivations-, persönlichkeits- und gesundheitsförderlichen Arbeitsplatz aufführen. Sie nehmen an, dass autonomes Handeln die Erfahrung vermittelt, nicht einfluss- und bedeutungslos zu sein (2011, S. 88 f., Tab.4.1). Darin steckt in der umgekehrten Interpretation auch das Bedürfnis nach Wertschätzung.

Tomoff zeigt, wie von außen (durch Lehrer, Arbeitgeber, Eltern etc.) die intrinsische Motivation ohne Kontrolle gefördert werden kann:

„bieten Sie Möglichkeiten an, denn das befriedigt das Bedürfnis nach Autonomie schon enorm,

bieten Sie informatives und konstruktives Feedback an, das Kompetenz anerkennt und nicht kontrollierend wirkt (und ist),

pflegen Sie das Gefühl und die Atmosphäre, dass die Zugehörigkeit einer Person sichergestellt ist, und Sie werden die Basis für eine warme, fürsorgliche Beziehung gelegt haben, die offenes Explorieren der Umgebung zur Folge hat" (2017, S. 148).

Diese Möglichkeiten sind durch den Einsatz der Methode Appreciative Inquiry gegeben. Es werden Möglichkeiten geboten zu Fragen, die Ressourcen und Stärken zu entdecken, zu visionieren wie es sein könnte, gemeinsam die Umsetzung zu planen etc. Der zweite Aspekt ist durch die Discovery-Phase gegeben. Der Austausch darüber, was zum Beispiel an Stärken in einem Team bereits vorhanden ist, stellt auch eine Form eines konstruktiven Feedbacks dar. Der dritte Aspekt sollte durch die positive Orientierung und die wertschätzende Haltung bei der Erkundung der Potenziale sowie durch die Beteiligung aller Personen gegeben sein.

In seinen Untersuchungen zeigt Laloux, dass agile Unternehmen mit neuen Ansätzen, Denkweisen und Strukturen wirtschaftlich erfolgreich sind. Ein Aspekt, der dabei große Bedeutung hat, ist der „Sinn". „Evolutionäre Organisationen sind nicht mehr nur auf das Überleben fixiert. Stattdessen ist der Sinn wichtig, der zur Gründung der Organisation geführt hat. [...] [er ist] nicht nur eine Aussage auf einer Wandtafel [...], sondern eine Energie, die inspiriert und eine Richtung gibt" (2015, S. 194 f.). Laloux macht deutlich, dass die Fokussierung auf den Sinn ein Unternehmen erfolgreicher macht, als eine Ausrichtung auf den Gewinn (2015, S. 197 ff.). Zur Bonsen & Maleh stellen nach der Durchführung eines AI-Prozesses in einem Unternehmen eine „Erhöhung der Produktivität, des Umsatzes und des Mitarbeiterengagements" fest. Sie führen dies auf die, durch den Prozess entstandene, Transparenz der Ziele des Unternehmens und die Identifikation mit diesen zurück. „Die Mitarbeiter [...] [konnten] ihre eigenen Leistungen mit diesen Zielen in Verbindung bringen" (2012, S. 77). Dies bedeutet, durch die Methode Appreciative Inquiry ist es möglich für die Beteiligten des sozialen Systems „Sinn" zu generieren.

Zwar lässt sich ein signifikanter Zusammenhang zwischen dem Einsatz der Methode und erhöhter Arbeitszufriedenheit gegenwärtig empirisch nicht nachweisen, es liegen jedoch offenkundig Elemente in der Methode, die Motivation fördern: die wertschätzende Haltung sowie die Möglichkeit autonomen Handelns.

3.3 Nachhaltigkeit der Methode - Haltung, mentale Modelle und Unternehmenskultur

„Die Intervention soll nachhaltig umgesetzt werden, die Organisation soll nicht wieder in alte, problemorientierte Denkweisen zurückfallen. Daher sollen die Akteure in der Organisation ihre Handlungspläne selbst erarbeiten, ohne Handlungsvorschläge der professionellen Beratung" (Pokora, 2012, S. 121). Um dies zu erreichen sollen die Beteiligten des sozialen Systems in der Destiny Phase selbstständig ihre Umsetzungsplanung durchführen. Im Sinne der Systemtheorie kann ein soziales System Änderungen nur aus sich selbst heraus entwickeln. Aus dieser Logik heraus scheint die in der Methode beschriebene Vorgehensweise sinnhaft. Dennoch ist genau in dem Aspekt der selbstständigen Umsetzung und Weiterführung der positivorientierten Denkweise ein potenzielles Risiko im Hinblick auf Nachhaltigkeit zu sehen. Senge beschreibt in einem Fallbeispiel aus einem industriellen Unternehmen, dass dieses erfolgreich neue Maßnahmen einsetzte, nach einiger Zeit aber wieder in alte Routinen verfiel. „Die Trägheit tief verwurzelter mentaler Modelle kann auch die besten systemischen Einsichten zunichte machen (sic!)" (1996, S. 217). Senge zeigt auf, dass die mentalen Modelle aktiv unser Handeln beeinflussen (1996 S. 214 f.). Die Perspektive der traditionellen Organisationsentwicklung ist problemorientiert (siehe Kapitel 3.4). Es ist daher wahrscheinlich, dass die meisten sozialen Systeme eher defizitorientierte Grundhaltungen haben. Ohne eine Außenperspektive ist es den Beteiligten eines sozialen Systems vermutlich nicht möglich einen Rückfall in alte Denk- und Handlungsweisen wahrzunehmen. Dies könnte einer nachhaltigen Wirkung der Methode Appreciative Inquiry im Wege stehen.

„Die Unternehmenskultur ist das nur schwer fassbare, letztlich nie vollumfänglich objektivierbare Ergebnis eines ebenso komplexen wie langjährigen sozialen Geschehens. [...] Unverwechselbare „Gesetze" und „Spielregeln" (H.i.O.), die das soziale Geschehen im Innern steuern, werden als „Charaktereigenschaften" (H.i.O.) erkennbar, welche die Persönlichkeit des Unternehmens prägen (Doppler & Lauterburg, 2008, S.473 f.). Diese

"Steuerung" des sozialen Geschehens ist relevant für den Einsatz und die Nachhaltigkeit der Methode.

„Organisationen konstruieren und rekonstruieren sich durch das kontinuierliche Ausbalancieren der Wirklichkeitskonstruktionen permanent selbst. Dies geschieht durch Kommunikation, Informationsweitergabe und gemeinsame Geschichten. Geschichten erzeugen und erhalten die kollektiven Wirklichkeitskonstruktionen der Organisation und bilden die Unternehmenskultur, die als schwer benennbare Gesamtatmosphäre voller expliziter und impliziter Spielregeln die alltäglichen Handlungen und Entscheidungen prägt" (Pokora, 2012, S. 113).

Eine grundlegende Annahme der Methode Appreciative Inquiry ist, dass die Art des Fragens den Blick lenkt. Folglich führen Fragen nach Mängeln nur zur Wahrnehmung von Defiziten, wohingegen Fragen nach Positivem die Entdeckung von Ressourcen und Potentialen ermöglichen (ebd.). Die positivorientierte und wertschätzende Denkweise der Methode soll idealerweise nach Einsatz der Methode weitergelebt werden und somit in die Unternehmenskultur eingehen. Die positive Orientierung soll die Kultur so „steuern", dass sich die Kommunikation auf Ressourcen und Potentiale richtet.

Da die traditionelle Sichtweise, wie bereits erwähnt, problemorientiert ist, bedeutet dies eine Veränderung des Verhaltens für die Beteiligten des sozialen Systems. „Verhaltensänderungen treten vornehmlich dann ein, wenn der Organismus einen Vorteil (H.i.O.) von dieser Veränderung hat, wobei der Vorteil auch im Vermeiden oder Beenden eines Nachteils liegen kann" (Roth, 2017, S. 279). Laut Roth lässt sich das Verhalten nicht durch das Denken verändern, weil es durch das Unterbewusstsein gesteuert wird. Veränderungen lassen sich deswegen nur bewirken, wenn neben den kognitiv-sprachlichen auch die limbischen Ebenen berührt werden. Den Menschen müssen Möglichkeiten der Erfahrung gegeben werden, denn: „Veränderungen gibt es nur über Belohnungsaussichten und Belohnungen gibt es immer dann, wenn der Mensch ein Verhalten als positiv erlebt" (Roth 2019; zitiert nach Jumpertz, 2019, S. 71). Die Methode Appreciative Inquiry bietet mit ihren vier Phasen die Möglichkeit auf eine neue, ungewöhnliche und kreative Art, gemeinsam das Gute zu entdecken, zu visionieren wie es noch besser sein könnte und dies in Handlungsplanungen umzusetzen. Ist dieser Vorgang für das soziale System erfolgreich und die Herangehensweise sowie der wertschätzende Umgang miteinander werden als positiv erlebt, könnte eine Verhaltensänderung möglich sein.

Mit Blick auf die Nachhaltigkeit der Methode zeigt sich, dass eine Veränderung des sozialen Systems hin zu einer positiven Orientierung möglich ist, jedoch Hürden durch unbewusstes Verhalten und mentale Modelle bestehen. An dieser Stelle kann die Nachhaltigkeit der Methode in Frage gestellt werden: ist es möglich durch den Prozess entsprechende Kompetenzen zu erwerben, um die neue Haltung und eine positivorientierte Denkweise im System (Team, Organisation, Gemeinde etc.) zu bewahren? Es ist anzunehmen, dass es mindestens eine Person geben muss, welche die Aufrechterhaltung der neuen Denkweise beobachtet, um den Rückfall durch unbewusstes Verhalten oder fest verankerte mentale Modelle zu bemerken und für das soziale System offensichtlich werden zu lassen. So könnten die Grundsätze, die Prinzipien und die wertschätzende Haltung langfristig zur Unternehmenskultur werden, das soziale Geschehen steuern und eine wertschätzende Organisation entstehen.

3.4 Appreciative Inquiry im Vergleich zu traditionellen Methoden der Organisationsentwicklung

Cooperrider stellt in einem Artikel eine grundlegende Veränderung im Management fest, welche sich darin zeigt, dass Manager und Führungskräfte vermehrt Ansätze, Methoden und Herangehensweisen von Designern übernehmen (2012, S. 8).

> "Create a system where innovation can emerge from everywhere: it's time for design-inspired collaboration. In today's world dialogue is not enough. People are tired of conferences, community conversations and system change efforts that are deficitbased and stop at dialogue. They want to be involved in the real thing, and they want more than words—they want to be part of enduring action, impact and the sense of meaning that comes from collaborative achievement" (Cooperrider & McQuaid, 2012, S. 19).

Cantore & Cooperrider stellen dar, dass klassische Change Manager einen bestimmten Blickwinkel auf Wandel haben: " [...] [they are] focused on change as a linear process of key steps directed from outside the system under consideration. Such managers have tended to adopt the machine metaphor, believing that change can be planned and directed in a rational scientific manner" (Cantore & Cooperrider, 2013, S. 280)

Im Gegensatz dazu wird Appreciative Inquiry definiert als:

"A relational process of inquiry, grounded in affirmation and appreciation" (Whitney et al., 2012; zitiert nach Cantore & Cooperrider, 2013, S. 280).

"A form of transformational inquiry that selectively seeks to locate, highlight, and illuminate the "life-giving" forces of an organization's existence" (Cooperrider et al., 2008; zitiert nach Cantore & Cooperrider, 2013, S. 280).

"A new way of engaging with one another – it meets a deep-seated need in each of us to be respected, to be listened to, and to have the opportunity to shape the future" (Lewis et al., 2008; zitiert nach Cantore & Cooperrider, 2013, S. 280).

Cantore & Cooperrider postulieren, dass in der modernen Change Literatur ein Vermächtnis von Frederick Taylors ‚Scientific Management' und der Annahme von der Existenz einer bestimmten und effizienten Weise (‚one best way') eine Arbeit zu erledigen, verankert ist. Sie geben an, dass folgende Grundüberzeugungen explizit oder implizit Theorien organisationalen Wandels zugrunde liegen:

"The power of problem-solving to change organizations.
The power of naming problems to produce change.
The power of instruction to achieve change.
The belief that emotions are problematic.
[...]
The belief in the power of separating elements to enhance clarity and so the ability to act efficiently.
[...]" (Cantore & Cooperrider, 2013, S. 277).

Im Weiteren beschreiben Cantore & Copperrider, dass es seit 1980 sogenannte postmoderne Ansätze für organisationalen Wandel gibt, von denen Appreciative Inquiry einer der bekanntesten sei. Appreciative Inquiry bietet eine Mischung aus der Perspektive des Sozialkonstruktivismus und einem Rahmen, der aus der Aktionsforschung entlehnt ist, allerdings mit Blick auf die Entwicklung der Stärken nicht mit dem Fokus auf das Lösen von Problemen. „So, while modernist approaches to organizational change might aim implicitly or explicitly for managed deliberate change in pattern, order, hierarchy, and control, a postmodern approach like AI will expect instability, chaos, uncertainty, and full involvement by all parties in change" (Cantore & Cooperrider, 2013, S. 278).

Greif, Runde & Seeberger zeigen auf, dass es viele verschiedene Phasenmodelle zur Veränderung gibt. „Das erste Phasenmodell von Kurt Lewin (Unfreezing-Change-Refreezing) wird immer wieder zitiert und in abgewandelter Form verbreitet" (2004, S. 140). Sie stellen neun Modelle vor, unter anderem von Tuckmann, Doppler & Lauterburg, Kotter und Krüger (ebd. S 141) und stellen fest, dass es keinen empirischen Nachweis dazu gibt, dass Veränderungen diesen Modellen folgen (ebd. S.142) „Der Nachweis dürfte auch relativ schwierig sein, denn erfahrungsgemäß verlaufen die Veränderungen selten oder nie so geordnet, wie sie ursprünglich geplant wurden und wie dies die Phasenmodelle suggerieren. Diese Beobachtung lässt sich auch aus der Komplexitäts- und Ungewissheitstheorie ableiten" (ebd.)

Laut Greif, Runde & Seeberger versuchen „Menschen auf diese Weise [...], die Komplexität dynamischer Veränderungen zu reduzieren und durch bewusstes zielgerichtetes Planen zu kontrollieren" (ebd. S. 142). Die Modelle entsprechen der Sicht und den Ansätzen der traditionellen Organisationsentwicklung. Folgende Grundlogik steht hinter den Modellen: „Veränderungen folgen bestimmten Phasen, wobei stets ein definierter Startpunkt als notwendig angesehen wird. Wandel erzeugt danach stets Widerstand, dessen Ursachen analysiert werden müssen" (ebd. S. 58). Cantore & Cooperrider stellen einen neuen Blickwinkel dar. Sie differenzieren zwischen der modernen Sichtweise, welche Organisationen als Maschinen betrachtet und der postmodernen Perspektive, welche Organisationen als lebendes, sozial-konstruiertes System sieht. Im Gegensatz zum rationalen und klassischen

„top-down"-Ansatz der Moderne, schließt die Postmoderne folgende Annahmen mit ein:

„There is no one right way of doing things in organizing human activity.

Differences between perspectives and ways of doing things are inevitable and welcome.

There is no definitive history of any organization. All history is composed of stories we tell each other to make sense of our experience of the world.

We construct our selves through a multiplicity of stories told by us and by others.

Knowledge – and organizational change – is created through conversations between us all, regardless of our formal organizational roles or statuses.

Organizational "problems" (H.i.O.) are a series of beliefs/ideas/feelings people have developed about their experience of being involved with a construct called an "organization" (H.i.O.) (2013, S. 268).

Cantore & Cooperrider stellen ebenso wie Greif, Runde & Seeberger fest, dass Veränderungen aufgrund der genannten Annahmen keinen festen Verlauf haben. Der Strukturwandel der Arbeit und die rückläufige Marktsicherheit führen zu Zeitdruck und erhöhen die Komplexität der Arbeit. In Folge der ständigen Anpassung an die Dynamik des Marktes überlagern sich Veränderungsprozesse in Unternehmen. Es findet ein ständiger Wandel statt, dessen einzelne Phasen sich kaum voneinander abgrenzen lassen, wodurch sich die Komplexität von Veränderung steigert. In der heutigen volatilen, unsicheren, komplexen und mehrdeutigen Welt sollte ein Modell oder eine Methode eingesetzt werden, welche den Mitarbeitern vermittelt, dass Veränderungen Normalität sind, und die hierzu benötigten Praktiken und Techniken in eine Unternehmenskultur integriert werden müssen. Da der Ansatz Appreciative Inquiry Chaos und Ungewissheit erwartet (siehe Zitat oben), kann er der Komplexität von Veränderungen begegnen und grenzt sich dadurch von traditionellen Methoden der Organisationsentwicklung ab.

Eine weitere Abgrenzung entsteht dadurch, dass „Veränderungsprozesse mithilfe von Appreciative Inquiry von Beginn an in eine positive Richtung gelenkt [werden]" (Pokora, 2012, S. 113). Traditionelle Konzepte hingegen sehen Fehler und suchen dafür Lösungen (ebd.).

In diesem Kapitel wurde dargestellt wie sich die Methode Appreciative Inquiry von den traditionellen Methoden der Organisationsentwicklung abgrenzt. Die Anforderung schnell und ungeplant auf die Umwelt zu reagieren ergibt Veränderungsprozesse, die nicht linear oder in bestimmten Phasen ablaufen, sondern Instabilität, Ungewissheit und Chaos bedeuten können. Appreciative Inquiry kann diese Veränderungsprozesse durch die zugrunde liegende Haltung, die Prinzipien und den methodischen Aufbau gestalten.

4 Fazit

Ausgangspunkt der Überlegungen war, dass die Mitarbeiter in der neuen Arbeitswelt deutlich mehr einbezogen, Entscheidungen an der Basis der Wertschöpfungskette getroffen und „laufende Selbstentwicklungs- und Kompetenzerwerbungsprozesse" etabliert werden müssen (Weinert, 2015, S. 19). Zudem sind eine Bindung an die Organisation sowie eine gewisse Verpflichtung des Mitarbeiters gegenüber der Arbeit und den Kollegen wichtig (ebd. S. 21). Die wertschätzende Haltung sowie die Möglichkeit autonomen Handelns im Rahmen von Appreciative Inquiry können die Motivation, und dadurch auch die Bindung und Verpflichtung der Mitarbeiter, fördern. Ob mit Appreciative Inquiry konkret Effizienz, Produktivität oder Wettbewerbsfähigkeit gefördert werden können, lässt sich ohne weitere empirische Untersuchung an dieser Stelle nicht belegen. Tomoff postuliert, dass autonomes Handeln zu erhöhtem psychischem Wohlbefinden und effektiverer Performanz führt (2017, S. 147). Es scheint folglich wahrscheinlich, dass AI für die genannten Aspekte förderlich ist. Die Auswirkung auf Arbeitszufriedenheit sowie die Frage, für welche Organisation oder welches Team die Methode geeignet ist, lässt sich, wie bereits erörtert, mit dem aktuellen Forschungsstand nicht spezifisch bestimmen. AI erbringt jedoch durchaus positive Wirkungen für Motivationen und Bindung an das Unternehmen.

Die Analyse hat gezeigt, dass sich die Methode Appreciative Inquiry von Methoden der traditionellen Organisationsentwicklung abgrenzt und komplexen Veränderungsprozessen begegnen kann. Appreciative Inquiry bietet nicht nur ein interessantes methodisches Vorgehen: Mit der in ihr angelegten Haltung, bei der es um Wertschätzung dessen, was an Stärken und Ressourcen bereits da ist sowie um eine positive Orientierung geht, eignet sich AI auch als Grundlage zur Entwicklung einer wertschätzenden Unternehmenskultur. Der Ansatz entspricht damit auch den Merkmalen einer Arbeitsplatzgestaltung, welche den Herausforderungen des sozioökonomischen Wandels begegnen kann. Der kommunikative Austausch und die gemeinsame Planung und Umsetzung einer Veränderung, ermöglichen Rückkopplungsprozesse und dadurch eine stetige Kompetenzerweiterung. Appreciative Inquiry ist als Ansatz, der komplexen und schnelllebigen Umwelt zu begegnen, geeignet.

Dies macht diese Methode so wertvoll für Individuen, Teams, Organisationen und auch für Berater.

Literaturverzeichnis

Baker, W.K. (2004). Antecedents and consequences of job satisfaction: testing a comprehensive model using integrated methodology. Journal of Applied Business Research, 20(3), 31-43. doi:10.19030/jabr.v20i3.2212

Bohm, D. (2017). Der Dialog. Das offene Gespräch am Ende der Diskussionen. (8. Auflage). Stuttgart: Klett-Cotta

Bonsen, M. zur & Maleh, C. (2012). Appreciative Inquiry (AI): Der Weg zu Spitzenleistungen. Eine Einführung für Anwender, Entscheider, Berater. (2., aktualisierte und neu ausgestattete Auflage). Weinheim, Basel: Beltz

Cantore, S.P. & Cooperrider, D.L. (2013). Positive Psychology and Appreciative Inquiry: the contribution of the literature to an understanding of the nature and process of change in organizations. In H.S. Leonard, R. Lewis, A.M. Freedman, J. Passmore (Hrsg.), The Wiley-Blackwell handbook of the psychology of leadership, change, and organizational development. (S. 267-289). Chichester: Wiley-Blackwell

Carr, P. B., & Walton, G. M. (2014) Cues of working together fuel intrinsic motivation. *Journal of Experimental Social Psychology, 53*, 169–184. doi:10.1016/j.jesp.2014.03.015

Coldewey, J. (2012) Was heisst hier eigentlich „agil"? Kennzeichen agiler Organisationen. ObjektSpektrum, 2012(05), 14-19. Verfügbar am 27.09.2018 unter: https://www.sigs-datacom.de/fachzeitschriften/objektspektrum/archiv/artikelansicht/artikel-titel/was-heisst-hier-eigentlich-agil-kennzeichen-agiler-organisationen.html

Cooperrider, D.L. (2012). The concentration effect of strengths: How the whole system "AI" summit brings out the best in human enterprise. Organizational dynamics, 2012(41), 106-117. doi: 10.1016/j.orgdyn.2012.01.004

Cooperrider, D.L. & McQuaid, M. (2012). The Positive Arc of Systemic Strengths: How Appreciative Inquiry and Sustainable Designing Can Bring Out the Best in Human Systems. Journal of Corporate Citizenship, 2012(46), 71-102. doi:10.9774/GLEAF.4700.2012.su.00006

Dick, R. van & West, M.A. (2013). Teamwork, Teamdiagnose, Teamentwicklung. (2., überarbeitete und erweiterte Auflage). Göttingen: Hogrefe

Dick, S. J., Wegst, G. & Dick, I. (2017). Wertschätzung. Wie Flow entsteht und die Zahlen stimmen. Impulse und Praktiken zur Gestaltung gelingender Zusammenarbeit. München: Franz Vahlen

Duden. (1997). Bd. 5. Das Fremdwörterbuch. (6. Überarbeitete und erweiterte Auflage). Mannheim, Leipzig, Wien, Zürich: Dudenverlag

Doppler, K. & Lauterburg, C. (2008). Change Management. Den Unternehmenswandel gestalten. (12., aktualisierte und erweiterte Auflage). Frankfurt/Main: Campus

Elsner, K. (2013). Kleine Ursache - große Wirkung: Wertschätzung von hochqualifizierten Mitarbeitern. Eine konzeptionelle Einordnung und empirische Untersuchung zur Bedeutung der Anerkennung für gute Mitarbeiterführung. München, Mering: Rainer Hampp.

Greif, S., Runde, B. & Seeberg, I. (2004). Erfolge und Misserfolge beim Change Management. Göttingen, Bern, Toronto, Seattle, Oxford, Prag: Hogrefe

Grieger, G. (2001). Appreciative Inquiry. Paderborn: Junfermann

Jost, H.R. (2003). Unternehmenskultur: Wie weiche Faktoren zu harten Fakten werden. Zürich: Orell Füssli

Jumpertz, S. (2019). Auf der Suche nach dem Mindset X.0. ManagerSeminare. (2019) 254, 67-73

Krejci, G.P. (2016). Die Renaissance der Partizipation. Zeitschrift für Unternehmensentwicklung und Change Management online. Verfügbar am 02.04.2019 unter: https://www.zoe-online.org/meldungen/die-renaissance-der-partizipation/

Laloux, F. (2015). Reinventing Organizations. Ein Leitfaden zur Gestaltung sinnstiftender Formen der Zusammenarbeit. München: Franz Vahlen

Malik, F. (1996). Systemisches Management und systemisches Projektmanagement. In H. Balck (Hrsg.), Networking und Projektorientierung. Gestaltung des Wandels in Unternehmen und Märkten. (S. 145-164). Berlin, Heidelberg: Springer

Neuberger, O. (1985). Arbeit. Begriff-Gestaltung-Motivation-Zufriedenheit. Stuttgart: Enke

Rehwaldt, R. (2017). Die glückliche Organisation. Chancen und Hürden für positive Psychologie im Unternehmen. Wiesbaden: Springer Gabler

Robertson, B.J. (2016). Holocracy. Ein revolutionäres Management-System für eine volatile Welt. München: Franz Vahlen

Roth, G. (2017). Persönlichkeit, Entscheidung und Verhalten. Warum es so schwierig ist, sich und andere zu ändern. (12. Auflage). Stuttgart: Klett-Cotta

Rosenstiel, L. v. (2014). Die Bedeutung von Arbeit. In Schuler, H. &. Kanning, U.P. (Hrsg.) (2014). Lehrbuch der Personalpsychologie. (3., überarbeitete und erweiterte Auflage). (S. 25-57). Göttingen: Hogrefe.

Schlüter, A. & Kress K. (Hrsg.) (2017). Methoden und Techniken der Bildungsberatung. Opladen, Berlin, Toronto: Barbara Budrich.

Schuler, H. &. Kanning, U.P. (Hrsg.) (2014). Lehrbuch der Personalpsychologie. (3., überarbeitete und erweiterte Auflage). Göttingen: Hogrefe.

Senge, P. M. (1996). Die fünfte Disziplin. Kunst und Praxis der lernenden Organisation. (2. Auflage). Stuttgart: Klett-Cotta

Tomoff, M. (2017). Positive Psychologie. Erfolgsgarant oder Schönmalerei. Berlin: Springer

Ulich, E. (2011). Arbeitspsychologie. (7., neu überarbeitete und erweiterte Auflage). Stuttgart: Schäfer-Poeschel

Ulich, E. (2013). Wandel der Arbeit – Wandel der Belastungen. In Bundesanstalt für Arbeitsschutz und Arbeitsmedizin- G. Junghans & M. Morschhäuser (Hrsg.), *Immer schneller, immer mehr. Psychische Belastungen bei Wissens- und Dienstleistungsarbeit.* (S. 195-221). Wiesbaden: Springer

Ulich, E. & Wiese, B.S. (2011). *Life domain balance. Konzepte zur Verbesserung der Lebensqualität.* Wiesbaden: Gabler

Voswinkel, S. (2011). Wer keine Anerkennung sät, wird auch keine Leistung ernten!. *Psychologie Heute, (2011)* 07, 60-64. Verfügbar am 30.10.2018 unter: https://fourmonthsoutofoffice.files.wordpress.com/2011/06/annerkennungundwc3bcrdigung.pdf

Weinert, A. B. (2015). *Organisations- und Personalpsychologie.* (6., neu ausgestattete Auflage). Weinheim, Basel: Beltz

Herausgeber, Autorinnen und Autoren

Sybille Arnegger

verantwortet im Kontora Familiy Office die Personalentwicklung für die gesamte Kontora Gruppe. Diese Aufgabe hat sie zusätzlich zu ihrer Führungsrolle für das Vermögenscontrolling inne. Davor war sie im Privatkundengeschäft der Deutschen Bank für die Personal- und Führungskräfteentwicklung verantwortlich und baute die Digital Academy der Deutschen Bank AG auf. Die Leitung des Bereichs Personal Banking sowie die Führung diverser Teams in den Bereichen Business Development und Produktmanagement der Deutschen Bank AG ergänzen ihr Profil. Sie verfügt über den Masterabschluss „Business Coaching und Change Management (M.A.)" und ist zertifizierte NLP-Practitionerin.

Kristina Friedrich

absolvierte ihr Masterstudium für Business Coaching & Change Management an der Europäischen Fernhochschule in Hamburg und ihr Bachelorstudium in Internationaler Betriebswirtschaftslehre an der Wiesbaden Business School. Zurzeit ist sie als interne Change-Beraterin der Europäischen Zentralbank tätig und begleitet dort verschiedene Transformationsprozesse.

Noemí Rodríguez López

geboren auf Teneriffa, Preisträgerin des Studienpreises DistancE-Learning in der Kategorie „Lebenslanges Lernen" 2020. Absolvierte ihre Studium BWL & Wirtschaftspsychologie (B.Sc.) und Business Coaching & Chance Management (M.A.) an der Europäischen Fernhochschule in Hamburg. Seit 2018 Dozentin an der Technischen Akademie Teutloff in Braunschweig. Seit 2018 zertifizierte IKUD® interkulturelle Trainerin. Seit 2019 freiberufliche Bewerbungscoach für Bewerber mit Migrationshintergründe. Seit 2021 Tutorin an der Europäischen Fernhochschule in Hamburg.

Gernot Graeßner, Prof. Dr.,

vertritt an der Europäischen Fernhochschule Hamburg (Euro-FH) die Fachgebiete Lebenslanges Lernen, Kultur- und Bildungsmanagement und Moderation. Er ist Leiter des Mastereinstiegsprogramms und war 2014-2018 Studiengangsdekan „Betriebswirtschaftliches Bildungs- und Kulturmanagement" (B. A.) sowie von 2010 bis 2015 Dekan des Studiengangs „Business Coaching und Change Management" (M. A.). Seit 2020 leitet er das Forschungscluster „Lebenslanges und Selbstgesteuertes Lernen" (LSL).

Publikationen: Schwerpunktmäßig im Bereich der Erwachsenen- und Weiterbildung, der wissenschaftlichen Weiterbildung und der Moderation.

Stefanie Liensdorf

absolvierte ihr Studium Business Coaching & Change Management (M.A.) an der Europäischen Fernhochschule in Hamburg. Seit 2015 ist Frau Liensdorf als Produktmanagerin bei der Felix Schoeller Group tätig. Als Auszubildendenbeauftragte des Produktmanagements begleitet sie Auszubildende und Studierende in ihrer beruflichen Entwicklung. Weiterhin begleitet sie als Projekt- und Change Managerin die digitale Transformation des Produktmanagements weltweit.

Christian Piehler, Dr.-Ing.

Studium Business Coaching & Change Management (M.A.) an der Europäischen Fernhochschule Hamburg, Studium Maschinenbau (Dipl.-Ing.) und Promotion Bauingenieurwesen (Dr.-Ing.) an der RWTH Aachen. Führungsfunktionen in Forschung und Forschungsmanagement, zuletzt Programmdirektor. Seit 2018 Leiter In-house Coaching und Lead Coach des Deutschen Zentrums für Luft- und Raumfahrt (DLR). Langjährige Erfahrungen als Coach und Berater.

Ilona Rosebrock

absolvierte ihre Studiengänge Business Coaching & Change Management (M.A.) sowie BWL & Wirtschaftspsychologie (B.A) nebenberuflich an der Europäischen Fernhochschule in Hamburg. Seit 2009 ist sie im Projektmanagement für pharmazeutische Entwicklungsprodukte bei der Merck Healthcare KGaA in verschiedenen Rollen tätig und hat einen besonderen Fokus auf die Themen der Teamentwicklung und Führen in einer Matrixorganisation.

Daniel Schwarz

absolvierte sein Bachelor-Studium in Logistikmanagement (B.Sc.) und sein Master-Studium in Business Coaching & Change Management (M.A.) an der Europäischen Fernhochschule in Hamburg. Er arbeitet seit 2007 bei der Firma Bosch Rexroth, bei der er bisher in verschiedenen Funktionen und Bereichen wie u. a. der Fertigung und der Montage sowie dem Qualitätsmanagement und dem technischen Support tätig war.

Frank Strikker, Prof. Dr.

seit 2015 Studiengangsleiter Euro-FH Hamburg Masterstudiengang Business Coaching und Change Management, seit 2002 geschäftsführender Gesellschafter SHS CONSULT GmbH Bielefeld, arbeitet engagiert an den Schnittstellen von Wissenschaft und Wirtschaft und verbindet seit vielen Jahren die Erkenntnisse von Theorien mit den praktischen Erfahrungen als Berater, Trainer und Coach. Von 2002 bis 2009 hatte er eine Vertretungsprofessur an der Universität Bielefeld, Fakultät für Erziehungswissenschaft und von 2010 bis 2012 leitete er den MBA an der Fachhochschule der Wirtschaft Paderborn.

Seine aktuellen Arbeitsfelder sind neben Business Coaching, das Managen von Change Prozessen und die Qualifizierung von Führungskräften für Unternehmen im deutschen und internationalen Kontext.

Publikationen schwerpunktmäßig in den Bereichen Coaching, Change Management und Human Ressource.

Jochen Wannicke

absolvierte sein Studium Business Coaching & Change Management (M.A.) an der Europäischen Fernhochschule in Hamburg. Seit 2019 ist er bei der Trovarit AG als Unternehmensberater und Business Coach tätig mit den Schwerpunkten Projektbegleitung, Unternehmens- und Teamentwicklung im Kontext digitaler Transformationsprozesse.

Sarah Weyl

Studium Innenarchitektur (Dipl.Ing. FH), Erziehungswissenschaft & Soziologie (B.A.) sowie Business Coaching & Change Management (M.A.). Seit 2003 in verschiedenen Bereichen eines diakonischen Unternehmens beschäftigt. Derzeit Fachberatung im Bereich Qualitätssicherung, Beratung in fachinhaltlichen Fragen, Schulung und Teamentwicklung. Seit 2021 freiberuflich im Bereich Einzelcoaching und Teamcoaching tätig.

ibidem.eu